Knaur
MensSana

Bei Knaur sind bereits folgende Titel der Autorin erschienen:

Der Weg des Künstlers
Der Weg des Künstlers im Beruf
Von der Kunst des Schreibens
Kreative Spiritualität
Einsichten des Herzens
Inspirationen
Mit dem Fluss des Lebens gehen

Über die Autorin:

Julia Cameron ist Autorin der Bestseller *Der Weg des Künstlers* und *Der Weg zum kreativen Selbst.* Sie ist Künstlerin und international bekannte Seminarleiterin, außerdem schreibt sie Drehbücher für Film und Fernsehen. Ihre journalistischen Arbeiten wurden mehrfach ausgezeichnet. Julia Cameron lebt mit ihrer Familie in Taos, New Mexico.

Julia Cameron

Der Weg zum kreativen Selbst

Sieben Pfade zur Entdeckung des inneren Künstlers

Aus dem Amerikanischen
von Annemarie Pumpernig

Knaur
MensSana

Die amerikanische Originalausgabe erschien 1996 unter dem Titel
»The Vein of Gold« bei Putnam Book, New York

Besuchen Sie uns im Internet: www.knaur.de
Alle Titel aus dem Bereich MensSana finden Sie
im Internet unter www.knaur-mens-sana.de

Vollständige Taschenbuchausgabe 2001

Umschlaggestaltung: ZERO Werbeagentur, München
Umschlagabbildung: Corbis, Hamburg
Satz: Ventura Publisher im Verlag
Druck und Bindung: Nørhaven A/S
Printed in Denmark
ISBN 3-426-87132-7

4 5 3

Dieses Buch ist Domenica Cameron-Scorsese gewidmet,
meiner künstlerischen Tochter, und dem kreativen Geist
ihrer geliebten Großeltern James William Cameron,
Dorothy Shea Cameron, Lociano Charles Scorsese
und Catherine Cappa Scorsese,
deren Künstlerblut in ihren Adern fließt.

Inhaltsverzeichnis

Aufbruch

Mit dem Buch, das Sie soeben aufgeschlagen haben, begeben Sie sich auf eine heilende Reise, eine Pilgerreise. In der Tradition der nativen Amerikaner würden wir vielleicht von einer Visionssuche sprechen. Ich mit meinen keltischen Wurzeln ziehe einen einfacheren Ausdruck vor: Suche.

Geben Sie dieser Reise den Namen, der Ihnen gefällt.

Einige werden sie als spirituelle Reise empfinden und werden ihre Kreativität bewußt dazu einsetzen, ihrem Schöpfer gegenüberzutreten. Andere werden sie eher aus psychologischer Sicht betrachten, nach Ganzheit und einer gesunden Eigenständigkeit streben, die sich von den Forderungen anderer nicht vereinnahmen läßt. Wieder andere werden ihre Fortschritte vielleicht von einem politischen Gesichtspunkt aus betrachten und diese Arbeit als radikal empfinden, weil sie Bindungen an überkommene Hierarchien löst, die ihre ureigene Kraft bisher oft unterdrückten.

Die Reise, auf die ich Sie führen will, ist Ihre Reise, nicht meine. Ich würde lügen, wollte ich behaupten, daß Sie sie nie als anstrengend oder als mühsam empfinden werden. Wahrscheinlich gibt es Wörter, die Ihre Gefühle und Empfindungen besser beschreiben - Wörter wie faszinierend, brennend, magisch, schwierig, lohnend und vor allem persönlich.

Wir alle sind viel reicher, als wir glauben. Nicht ein Leben ist ganz ohne Magie, Schönheit oder Kraft. Unsere inneren Quellen sind die wahren Schätze, die wir in uns tragen – das, was ich unsere spirituelle DNS nenne. Diese Quellen besitzen wir in jedem Fall – auch dann, wenn wir sie noch nicht für uns erschlossen haben oder noch nicht einmal kennen.

Wenn ich von »spiritueller DNS« spreche, meine ich einen ganz besonderen Stempel, der so speziell und einzigartig ist wie meine blauen Augen, mein blondes Haar und meine Körpergröße. So wie unser körperliches Potential bei unserer Empfängnis festgelegt wird, glaube ich, daß auch unsere Talente – jedenfalls ihre Blaupause – in uns eingraviert sind. Viele Menschen haben weit mehr Talente, als ihnen bewußt ist. So kann zum Beispiel eine Liebe zur Musik darauf hinweisen, daß der betreffende Mensch auch musikalisch ist – ein Talent, das er aufgrund seiner persönlichen Lebensumstände vielleicht nie kultivieren konnte. Viele begeisterte Leser betätigen sich als Autoren – aber nur insgeheim, denn sie haben Angst davor, sich in die Arena ihrer Träume zu begeben. Diese Arena ist unsere spirituelle DNS, die wir mit auf die Welt bringen und die zu entwickeln unsere Aufgabe ist.

Seit anderthalb Jahrzehnten lehre ich eine Methode der kreativen Individuation und Entfaltung, die ich *The Artist's Way* nenne (einige von Ihnen kennen vielleicht mein erstes Buch über Kreativität: *Der Weg des Künstlers*). Wenn mich jemand fragt, wie es sei, mit Menschen zu arbeiten, die sich auf der Suche nach ihrer Kreativität befinden, antworte ich, es sei ein Gefühl ähnlich wie bei einer Schatzsuche. Nach all diesen Jahren empfinde ich es immer noch als spannend, irgendwo eine Goldader glitzern zu sehen. Wie man diese Goldadern findet und das Gold schürft, ist Thema dieses Buches. Wenn es uns gelingt, unser Leben auf diese Goldader abzustimmen,

wird es um vieles reicher werden. Es geht dabei allerdings nicht so sehr um Produktivität, sondern eher um Alchimie – um einen Prozeß der Transformation.
Im wesentlichen ist Kunst ein Vorgang der Alchimie. Wer sich künstlerisch betätigt, indem er ein künstlerisches Leben führt, ist sich seiner Goldader bewußt. Das, was ich »Goldader« nenne, hieß bei den alten Ägyptern übrigens »der goldene Strahl«. Gemeint war die unbestreitbare und unzerstörbare Verbindung jedes Menschen zum Göttlichen.
Die Goldader jedes Lebens befindet sich im Herzen dieses Lebens, und das Herz ist der Ursprung unserer kreativen Impulse. Wenn das Herz verwundet wurde, muß es geheilt werden. Deshalb muß dieses Buch eine Pilgerreise der Heilung sein, eine Reise nach Hause zu unserem inneren Selbst. Je weiter wir uns in unser Inneres begeben, desto besser wird es uns durch die Macht der Kreativität gelingen, das taube Gestein unseres Lebens – die Enttäuschungen, Verwundungen und Belastungen – in Gold zu verwandeln. Unser Leben kann sofort in goldenem Glanz erstrahlen, vorausgesetzt, daß wir die notwendige Transformationsarbeit leisten.
Der Weg des Künstlers ist ein Buch der Wiedervereinigung und des Entdeckens. Das künstlerische Selbst, das kreative Kind – oder das Göttliche Kind, wie es in der Sprache der Spiritualität genannt wird –, wurde uns irgendwann einmal gestohlen. Die Entdeckung unseres inneren Künstlers ist – genauso wie das Wiederfinden eines entführten, verlorengegangenen oder vermißten Kindes – Grund für ein großes Fest.

Wenn *Der Weg des Künstlers* ein Buch der Entdeckung und der Wiedervereinigung war, ist *Der Weg zum kreativen Selbst* ein Buch des Heilens und der Rehabilitation. Um unserem künstlerischen Kind seine Gesundheit wiederzugeben, müssen wir bereit sein, große Mühen auf uns zu nehmen, so wie wir es für ein leibliches Kind tun würden. Das bedeutet, daß wir wie Eltern eines kranken Kindes, die nach Mekka – oder auch in ein berühmtes Krankenhaus – pilgern, bereit sein müssen, eine Pilgerfahrt auf uns zu nehmen, mitsamt allen Schwierigkeiten und Belastungen, die damit verbunden sind.

Wenn das in Ihren Ohren schwierig und nach einer Menge Arbeit klingt, lassen Sie mich Ihnen versichern, daß wir etwas vollkommen anderes tun werden als das, was Ihnen wahrscheinlich vorschwebt. Da es unser Ziel ist, ein kreatives Kind zu stärken und zu heilen, werden wir viel spielen. Auf unserer autobiographischen Pilgerreise zu uns selbst werden wir unser Leben mit Hilfe von Werkzeugen erforschen, die wie Kinderspiele klingen: Bewegung, Schreiben, Sehen, Hören und Schweigen. Wir werden schaffen, neu schaffen und wiederum neu schaffen. Natürlich werden wir auch arbeiten, aber in Wirklichkeit werden wir spielend lernen.

Einige der in diesem Buch vorgestellten Werkzeuge werden Ihrem erwachsenen Selbst vielleicht banal oder kindisch erscheinen. Sie sind alles andere als das. Dies ist ein Buch, in dem es um eine tiefe, grundlegende, kreative Heilung geht, und die Werkzeuge, die wir dazu verwenden, sind kreative Werkzeuge. Nur mit Kreativität können wir unsere kreativen Verwundungen heilen.

Mit etwas anderem könnten wir nichts bewirken. Die kreative Heilung ist kein intellektueller Vorgang, denn unser erwachsenes Selbst kann eine Wunde lediglich »verstehen«. Es muß der kreative Künstler in uns sein, unser inneres, kreatives Kind also, das diese Wunde heilt. Die Aufgabe, die sich Ihrem erwachsenen Selbst während der Lektüre dieses Buches stellt, besteht darin, Ihr kreatives Kind auf dem Weg seiner Gesundung zu *begleiten.*

Eine Pilgerreise ist ein physischer Prozeß, ein Vorgang, der unser Herz und unsere Seele betrifft, nicht nur unseren so gut geschliffenen Intellekt. Was heißt das? Nun, die Werkzeuge, die wir für die Freilegung unserer Goldader brauchen, gehen tiefer und stoßen daher auch auf stärkere Ablehnung als die Werkzeuge, die ich in *Der Weg des Künstlers* vorgestellt habe. Der finstere Wächter des intellektuellen Skeptizismus (auch als Zweifel bekannt) wird Ihr ständiger Gefährte auf dieser Reise sein.

Während Sie die Reiche der Geschichten, des Sehens, des Hörens, der Einstellung, der Beziehungen, der Spiritualität und der Möglichkeit erforschen, werden Sie einfach lernen, zu »tun«, und Sie werden auch durch einfaches Tun lernen. Indem Sie sich erlauben, etwas zu machen, was Sie als »schlechte Kunst« oder als »schlechtes Kunsthandwerk« empfinden, werden Sie sich selbst heilen und sich jene Stärke und Demut aneignen, die Sie brauchen, um gute Kunst zu schaffen. Man könnte auch sagen, daß Sie, um nach vorn gehen zu können, zuerst zurückgehen müssen. Wenn Sie dies tun, werden Sie plötzlich wieder Ihre Schlüssel zu den kreativen Begabungen in Händen halten, die sich in Ihrem Inneren verbergen. Sie werden entdecken, daß Sie diese Schlüssel schon immer hatten. Das bedeutet natürlich nicht, daß ich es als meine Aufgabe betrachte, Sie zum Künstler zu proklamieren. Es wäre schön, wenn ich es könnte, aber diese Macht habe ich nicht. Sie müssen sich selbst zum Künstler ernennen. Sie selbst müssen nach Ihrem kreativen Potential Ausschau halten und es für sich in Anspruch nehmen. Niemand kann das an Ihrer Stelle tun. Sie müssen die Sache selbst in die Hand nehmen.

»Das ergibt doch keinen Sinn. Es hat nichts Produktives an sich. Man fühlt sich an Kindergartenspiele erinnert. Was sollen all diese Übungen mit Kunst zu tun haben?«

Diese geflüsterten Zweifel sind wie die Trolle, die in Märchen dem Wanderer unter Brücken auflauern, um ihn davon abzuhalten, sie zu überschreiten.

»Was soll ich davon haben? Das ist doch nichts als eine Verschwendung meiner wertvollen Zeit«, wird die Skeptikerin in Ihnen sagen, wenn sie mit einem spirituellen Werkzeug wie zum Beispiel Gehen konfrontiert wird. »Ich *verstehe* das einfach nicht!«

Nun, dieses Buch ist nicht dazu gedacht, durch Lesen »verstanden« zu werden. Man kann es ohne praktisches Tun ebensowenig beurteilen oder verstehen, wie man Indien oder Bangkok oder Jerusalem erfahren kann, ohne daß man dorthin reist. Ein Reisebuch ist eben nur ein Reise*buch*. Ich fordere Sie auf, sich statt dessen für die wirkliche Reise zu entscheiden. Die Werkzeuge, die wir verwenden werden, sind überaus wirksam, auch wenn sie spielerisch sind. Sie verlangen Einsatz und

Engagement. Anders ausgedrückt, ist dies nicht ein Buch der kreativen Theorien, sondern ein Buch der kreativen Praxis.

Spüren Sie, wie Ihnen bei dieser Feststellung die Haare zu Berge zu stehen beginnen? Steigen Zweifel in Ihnen auf, ja vielleicht sogar Ärger? Wenn ja, ist das gut. Ärger ist Energie. Sie sind auf Energie in Ihrem Inneren gestoßen, und Energie kann dazu genutzt werden, Veränderungen herbeizuführen.

»Veränderung« ist ein modernes Wort für »Wandel«, und Wandel oder Transformation entsteht durch Handeln: »Der Glaube ohne Werke ist tot.«

Dieses Insistieren, daß wir nur durch praktisches Tun lernen und daß wir nur geheilt werden können, indem wir selbst fühlen, kann unsere innere Skeptikerin zur Raserei bringen.

»So ein Unsinn! Ich kann mir nicht vorstellen, wie das funktionieren soll! Das ist doch einfach zu dumm ...« Ihre innere Skeptikerin hat gelernt, so zu denken.

»Ohne Fleiß kein Preis« ist eine Binsenweisheit, die wir sowohl in der Therapie als auch im Fitneßzentrum zu hören bekommen. »Streng dich an«, wird uns von Kindesbeinen an eingetrichtert, und so quälen wir uns mit Selbstbeobachtung und betreiben unablässig eine erbarmungslose Selbstkritik. Jahrzehnte der Therapieerfahrung haben uns gelehrt, an das zu glauben, was wir als »innere Arbeit« kennen und erfahren, meist in Form von Therapiegesprächen. Wir tragen die Vorstellung in uns, daß Einsicht und Heilung uns durch unseren Intellekt zuteil werden müssen. Wir versuchen, unsere Wunden

auf intellektueller Ebene zu verstehen und durch dieses Verständnis ihre Schmerzen zu lindern. Wir versuchen, uns auf den Weg des richtigen Handelns zu denken, anstatt auf dem Weg des richtigen Denkens zu handeln.
Es ist an der Zeit, daß wir versuchen, auf ganzheitlichere Weise und indem wir auf unser Herz hören, an die Selbstheilung heranzugehen. Dieses Buch fordert Sie auf, durch »inneres Spiel« mit der Idee des Wachsens und Heilens zu experimentieren. Es fordert Sie auf, Ihrem eigenen Widerstand Widerstand entgegenzusetzen, Ihre eigenen Zweifel anzuzweifeln und das Risiko auf sich zu nehmen, durch Ihre eigene Intellektverliebtheit hindurch- und über sie hinauszugehen. Viele von Ihnen werden dieses Ansinnen zunächst vielleicht als beängstigend empfinden – als ob Sie sich auf das Eis oder den Tanzboden hinauswagen müßten, ohne die Sicherheit zu haben, daß Sie das Ganze gut hinter sich bringen werden. Tun Sie's trotzdem!
Wie ich als Lehrerin und Beobachterin weiß, steht die Transformation jedem Menschen offen, der bereit ist, sich spiritueller Werkzeuge zu bedienen und sie zu seiner kreativen Entfaltung einzusetzen.
Warum spreche ich ausdrücklich von spirituellen Werkzeugen? Können wir keine andere Bezeichnung für sie finden? Wir könnten es zwar, aber ich meine, daß wir uns dadurch selbst in die Irre führen und abgesehen davon nur Wortkosmetik betreiben würden.
Alle Werkzeuge sowohl in *Der Weg des Künstlers* als auch in *Der Weg zum kreativen Selbst* dienen der spirituellen Öffnung. In der Welt des Geistes gibt es keine

Waisen oder Stiefkinder. Wir alle sind Kinder des Universums, und wir alle haben eine unglaubliche Aussteuer mitbekommen. Die Zurückeroberung dieser Aussteuer ist die Belohnung, die uns durch die Arbeit mit diesen spielerischen Werkzeugen winkt.

Und so beginnen wir unsere Reise und werden zu Pilgern. Da unsere Pilgerfahrt uns nach innen führt, zu den Reichtümern, die in unseren eigenen Herzen verborgen liegen, werden wir gleichzeitig zu Schatzsuchern und zu Goldschürfern.

Bis sie auf die kostbare Goldader stoßen, nach der sie suchen, müssen Goldschürfer oft viel wertloses Material durchsieben und wegwerfen, das oft »taubes Gestein« genannt wird. Auch bei unserer ganz persönlichen Suche können unsere schimmernden, kreativen Talente von unserem individuellen tauben Gestein überlagert sein.

Wir müssen die glitzernden Adern unserer Talente, Träume und Hoffnungen, die unter den negativen (oder einfach ignoranten oder irreführenden) Interpretationen anderer begraben liegen, aus eigenem Antrieb suchen, denn sonst werden sie nie entdeckt werden. Wie Goldgräber werden wir nach diesen geheimen Goldadern suchen. Wir werden die Nuggets unseres Selbst bergen, die unter der Oberfläche unseres alltäglichen Lebens verborgen liegen, sie säubern und für uns in Anspruch nehmen. Jedes Stück Authentizität bildet einen Teil unserer ganz persönlichen Goldader. Unser ursprüngliches Selbst entpuppt sich, sobald es entdeckt ist, als blutvoll und lebendig – ganz anders als das farb- und glanzlose

Wesen, das so viele von uns ihrem eigenen Empfinden nach geworden sind.
In diesem Buch geht es darum, daß wir wieder zu unserem ursprünglichen Selbst werden, und dazu müssen wir dieses ursprüngliche Selbst zuerst erkennen. Um es uns zurückzuerobern, müssen wir uns in uns selbst zurückziehen – ein Prozeß, bei dem wir unsere Energie auf unseren inneren Kern lenken und sie auf unser Selbst fokussieren, auf unser Zentrum, wo wir auf sie zugreifen können, um unsere Träume und Ziele zu verwirklichen. Anders ausgedrückt, ziehen wir unsere Energie ab von allen irregeleiteten Investitionen in die Prioritäten, Erwartungen und Interpretationen anderer.
Wir wissen nicht immer von vornherein, was uns glücklich macht. Wir wissen nur, was uns – nach unserer eigenen Ansicht oder nach der anderer – glücklich machen sollte. Wenn unsere Versuche, dieses Glück zu erlangen, dann fehlschlagen, fühlen wir uns vor den Kopf gestoßen und verwirrt. Endlich haben wir unseren Traumjob ergattert, und was passiert? Er entpuppt sich als Alptraum, und plötzlich vermissen wir unsere alte Arbeit, die eine Sackgasse für unsere Karriere war. Endlich haben wir uns zum Kauf des schicken, neuen Reihenhauses mit den riesigen Panoramafenstern entschlossen, nur um festzustellen, daß wir die alte Veranda, an der stündlich die Eisenbahn vorbeiratterte, schrecklich vermissen.
Was ist da los? Sollten wir nicht eigentlich klüger sein? Wie können wir nur so ... ja, so dumm sein?
Wir sind dumm, das steht fest, aber nur in dem Sinn, daß

wir sprachlos sind. Wir sind sprachlos, wenn es darum geht, unsere eigenen Präferenzen, Anliegen, Fähigkeiten und Talente genau zu benennen. Die Stimmen der Erwartungen anderer bringen die Stimme unseres ursprünglichen Selbst oft zum Schweigen, übertönen oder ersticken sie sogar. Die Sprache unseres ursprünglichen Selbst ist die Sprache des Herzens, und dieses Buch hat sich die Aufgabe gestellt, unsere Stimme zu verstärken.
Genau das ist es, was wir mit Hilfe der folgenden Übungen tun werden: Wir werden autobiographische Texte schreiben, Collagen zusammenstellen, und wir werden Masken und Puppen basteln. Wir werden spirituelle Übungen machen wie meditieren beim Spazierengehen, singen und schweigen, und wir werden uns die Frage stellen: »Wer bin ich? Was liebe ich? In welche Richtungen will ich mein Selbst erweitern?« Manche Antworten und Ergebnisse des Suchens werden überraschend sein. Vielleicht werden Sie manchmal das Gefühl haben, sich in einem Irrgarten oder in einem Labyrinth zu befinden.
»Was soll ich davon haben? Warum bringt sie mir nicht etwas Konkretes bei?« wird Ihre innere Skeptikerin kreischen.
Der Sinn dieses Buches ist nicht, daß ich Ihnen etwas beibringe, das müssen Sie schon selbst tun, und auch nicht, daß ich Fragen für Sie beantworte. Sie selbst müssen die Fragen stellen und sie auch für sich selbst beantworten. Sie sind gleichzeitig die Reisende und das Ziel. Ihr Bestimmungsort ist Ihre eigene, innere Wahrheit, Ihr Auge und Ihr Ich.

An diesem Ort der Erfüllung können wir uns der Partnerschaft dessen gewiß sein, den ich den »Großen Schöpfer« nenne. Andere mögen diese Kraft Gott, Höhere Macht, Christus oder Große Mutter nennen, oder einfach Tao. Aber auch wenn jeder von uns diese Kraft anders nennt und andere Vorstellungen oder Erfahrungen mit ihr verbindet, entzündet die Arbeit mit den Büchern *Der Weg des Künstlers* und *Der Weg zum kreativen Selbst* doch den Verbindungsfunken zu ihr. Es entsteht das Gefühl einer ständigen Zusammenarbeit, durch die unsere Pläne und Träume Wirklichkeit werden.
Die Erkenntnisse und Werkzeuge, die Sie in diesem Buch finden, sind die Früchte einer dreißigjährigen Arbeit als aktive Künstlerin. Ich könnte Ihnen erzählen, ich sei eine arbeitende Künstlerin, aber das wäre nicht richtig. Ich bin eine spielende Künstlerin, und beim Spielen sind mir die Schlüssel zu einer kontinuierlichen, unendlichen Kreativität in die Hände gefallen.
In *Der Weg des Künstlers* ging es darum, die verlorengegangene Verbindung zu unserer inneren Künstlerin wiederherzustellen. (Die wichtigsten Werkzeuge aus diesem Buch werden hier noch einmal vorgestellt, um sicherzugehen, daß sie jenen, die *Der Weg des Künstlers* kennen, wieder ins Gedächtnis gerufen werden, und um alle anderen mit ihnen vertraut zu machen. Sie finden sie im nächsten Kapitel »In Ihrem Rucksack«.) Der innere Heilungsprozeß ist eine Voraussetzung für unsere Produktivität, und er bringt sie in Gang. Um uneingeschränkt künstlerisch arbeiten zu können, muß man gleichzeitig verwundbar und robust sein. Dazu ist spi-

rituelle Autonomie notwendig, die ihrerseits das Geschenk eines geheilten Herzens ist.

Die Goldader ist das Gefühl der Verbundenheit zwischen unserem eigenen Selbst und dem anderer – ein Gefühl, das wir nur verspüren, wenn wir uns selbst gegenüber vollkommen wahrhaftig sind. Kurz gesagt, ist es eine Art Kraftstrahl, zu dem wir in unserem innersten Herzen Zugang haben, er ist das Licht der spirituellen Klarheit: In diesem Licht sehen wir unsere Begabungen als gottgegeben und erkennen, wie wir sie in die Wirklichkeit umsetzen können. Wenn wir in unserem Herzen zentriert sind, wenn wir im Einklang mit unserer ureigenen Natur handeln, dann haben wir Zugang zu unserer Goldader und können sie aktiv nutzen. Wir tun es auf automatische, kreative und beständige Weise. Dieses Buch will Ihnen helfen, Ihre innere Künstlerin zu stärken und zu heilen, so daß eine solche Lebensweise zur tagtäglichen Wirklichkeit für Sie werden kann.

Die meisten von uns sind so erzogen, daß wir unserem Schicksal nicht aktiv zu begegnen wagen. Vielleicht ist uns nicht einmal bewußt, daß wir ein Schicksal haben. Als Kinder bekommen wir nur in seltenen Fällen zu hören, daß wir einen einzigartigen Platz im Leben haben, der nur uns allein gehört. Statt dessen werden wir dazu angehalten, zu glauben, daß wir in unserem Leben in irgendeiner Weise die Erwartungen anderer erfüllen sollen und daß wir unsere Zufriedenheit in einer Lebensweise finden werden (oder sollten), in der andere die ihre gefunden haben. Anstatt dazu angeregt zu werden, uns selbst zu fragen, wer wir sind, werden wir dazu angehalten, andere zu fragen. Ständig müssen wir uns die Theorien anhören, die andere von uns haben. Wir werden nach den Vorstellungen anderer erzogen! Wenn wir auf der Suche nach unserem kreativen Selbst unser bisheriges Leben Revue passieren lassen, müssen wir oft feststellen, daß sich irgendwo am Horizont ein fast verlorener Traum befindet, den wir nie zu verwirklichen wagten, weil wir wie die Menschen in unserer Umgebung glaubten, daß er jenseits unserer Möglichkeiten läge. Viele von uns hätten etwas anderes getan oder wären etwas anderes geworden, oder wir hätten es zumindest versucht, wenn ...

... ja, wenn wir nur gewußt hätten, wer wir sind.

Aber wie hätten wir das erfahren sollen? Bei den Geschichten, die wir zu hören bekamen, wurden uns die verschiedenen möglichen »Happy-Ends« vorenthalten (und erst recht die diversen positiven Bedeutungen der Geschichten selbst).

Kreativität, die nur auf sich selbst gestellt ist, wird zu einem Trost, aber auch zu einer Quelle der Isolation. Die Sehnsucht nach gemeinsam bestandenen kreativen Abenteuern hat schon viele imaginäre Spielkameraden hervorgebracht. Der unterdrückte Wunsch nach einem Leben, das von mehr Magie bestimmt ist, erzählt oft von der unausgesprochenen Trauer des kreativen Erwachsenen, der das kreative Kind, das er einmal war, vergessen, aufgegeben oder beiseite gedrängt hat. Dieses Kind hatte Geschichten zu erzählen, und das wußte es. Diese Geschichten, die in späteren Jahren unter der Oberfläche unseres Lebens begraben wurden, warten noch heute

darauf, ausgegraben und erzählt zu werden – zuerst uns selbst und danach anderen.
Das Leben jedes einzelnen von uns ist geprägt von seinen eigenen, unverwechselbaren Farben. Jeder von uns trägt Geschichten in sich, die unter der Oberfläche seines sichtbaren Lebens schlummern. Das sind die Geschichten unseres ureigenen, wahrhaftigen Herzens. Was wir auf diesen Seiten üben werden, ist die Fähigkeit, unsere eigene Version unserer Geschichte – unserer Pilgerreise – zu entdecken. Wir sind unterwegs zu unserem eigenen Kern, zu unserer eigenen Realität, zu unserem eigenen Gefühl von Selbst und Selbstausdruck.
Obwohl die Werkzeuge, die wir hier verwenden, oft dreidimensional sind und nicht nur den Sehsinn, sondern auch den Hör- und Tastsinn mit einbeziehen, geht es in diesem Buch in erster Linie um Geschichten. Es geht um die Geschichten, die andere über Sie zu erzählen wissen, und es geht um die Geschichten, die Sie selbst zu erzählen haben. Im Zuge unserer Arbeit werden Sie sich fragen: »Welche Geschichten erzähle ich über mich selbst? Welche Geschichten erzählen andere über mich?«
Vielleicht werden Sie feststellen, daß Ihre eigenen Geschichten stark von den Geschichten abweichen, die andere über Sie erzählen. Oder vielleicht sind es die gleichen Geschichten, aber Sie messen ihnen eine ganz andere Bedeutung bei. Während Sie mit den Geschichten Ihres Lebens arbeiten, wird Ihnen Ihr Charakter möglicherweise in einem völlig anderen Licht erscheinen als bisher, und Sie werden vielleicht erkennen, daß Sie selbst das Drehbuch ändern können, nach dem Sie leben.

Obwohl in diesem Buch die Geschichten im Vordergrund stehen, ist es nur oberflächlich betrachtet ein Buch über das Schreiben. Genauer gesagt ist es ein Buch über das Zurechtrücken: Wir werden das falsche Bild, das wir von uns haben, zurechtrücken, und dazu werden wir die verschiedenartigsten Werkzeuge verwenden. Das Wort, das ich für viele dieser Aufgaben und Übungen verwende, ist »herausfordernd«, obwohl einige von ihnen so banal zu sein scheinen, daß Ihre innere Skeptikerin aufheulen wird.

Aber bedenken Sie, daß Ihre Skeptikerin ein Drache ist, der den Eingang zu Ihrer inneren Schatzkammer versperrt. Die Reichtümer, nach denen Sie suchen, liegen dahinter. Sie müssen Ihre Skeptikerin zum Schweigen bringen, ja, sie sogar überlisten, um Zugang zu Ihrem Herzen zu finden. Und trotzdem ist Ihre Skeptikerin nicht Ihre Feindin. Sie ist die Gegnerin, die Sie stark macht. Jedesmal, wenn Sie gegen Ihre Zweifel ankämpfen, jedesmal, wenn Sie Ihre Kopflastigkeit überwinden, jedesmal, wenn Sie sich dafür entscheiden, Ihre Kreativität auszuleben, anstatt sie nur in der Theorie zuzulassen, werden Sie einen Schritt nach vorn tun.

Ich möchte, daß Sie experimentieren und daß Sie die Werkzeuge anwenden, indem Sie sich auf experimentelle Weise auf sie einlassen. Dann erfahren Sie ihre Wirkung direkt, und nicht dadurch, daß Sie sich intellektuell von ihnen distanzieren, indem Sie über sie nachdenken. Oft sind es genau die Werkzeuge, denen Sie den stärksten Widerstand entgegensetzen, die Ihnen den größten Nutzen bringen. Nun lade ich Sie ein, in einem Geist der

Spannung und des Abenteuers zu experimentieren und selbst zu entdecken, ob ich recht habe.

Kunst entsteht durch eine Abfolge von Augenblicken – Entscheidungen –, und unser Leben folgt demselben Muster. Wenn wir ein künstlerisches Leben führen möchten, müssen wir nicht nur bewußt leben, sondern auch konkret. Wir müssen unserem Leben eine Form geben. Dieses Buch zeigt Ihnen eine Reihe von heilenden Werkzeugen, die Ihnen als Vorlage für ein künstlerisches Leben dienen können.

In Ihrem Rucksack: Die grundlegenden Werkzeuge

Morgenseiten

Ich möchte Sie bitten, für die Dauer dieser Pilgerreise (und wie ich hoffe, lange danach) jeden Morgen mit der Hand drei »Morgenseiten« zu schreiben. Ja, mit der Hand. Ja, am Morgen. (Wenn Sie das Buch *Der Weg des Künstlers* kennen, sind Sie bereits mit den Morgenseiten vertraut.) Sie können sich unter diesen Seiten vorstellen, was Sie möchten – von »Brainstorming« bis hin zu Meditation.

Die Morgenseiten dienen der Zentrierung, dem Kraftschöpfen und der Erleuchtung. Sie werden Sie aufmuntern, trösten, anregen, herausfordern, irritieren und aktivieren. Für Menschen der westlichen Welt sind sie eine gute Art zu meditieren. Wie jede Art der Meditation werden die Morgenseiten Sie mit sich selbst und mit Ihrer Persönlichkeit mitsamt all Ihren Ängsten, Schwächen und Eigenarten vertraut machen. Mit ihrer Hilfe werden Sie Ihre Spiritualität entdecken und in Ihrem Inneren dem Großen Schöpfer mit all seiner Gnade, Weisheit und Macht begegnen.

So wird's gemacht:

Füllen Sie jeden Morgen mit der Hand drei DIN-A4-Seiten mit allem, was Ihnen in den Sinn kommt – nicht mit Kunst, nicht mit Überlegungen, einfach mit ... Kram.

Wie mein Freund Timothy sagt: »Wir haben *alle* unseren eigenen Kram.«

Kram wie: »Mein Rücken schmerzt. Ich habe vergessen, Joanne zurückzurufen. Ich muß die Wäsche waschen. Was Terry gestern in dem Meeting über mich sagte, war schrecklich. Er ist so selbstgerecht. Ist eigentlich noch Hundefutter im Haus?«

Diese Morgenseiten mit ihren Banalitäten, Meckereien und Wehwehchen werden manchmal lustig ausfallen und manchmal traurig. Aber mitunter werden sich auch größere Dinge in ihnen finden. »Ich habe das Gefühl, daß Vater stärkere Schmerzen hat, als er uns sagt«, oder »Ich könnte vorschlagen, dieses Projekt in eine andere Richtung zu führen. Damit könnten wir genau richtig liegen ...«

Manchmal werden sich in den Morgenseiten Erkenntnisse darüber finden, was das richtige für Sie ist. »Irgendwie fühle ich mich rundum glücklich. Ich habe das Gefühl, daß mir diese täglichen Spaziergänge wirklich helfen.« Oder Sie drücken Sehnsüchte aus: »Ich würde für mein Leben gern nach Australien fahren.«

Nicht alle Erkenntnisse müssen umwerfend sein. Und nicht jeder Tag muß Erkenntnisse bringen. Anders ausgedrückt: Der Sinn dieser Seiten besteht einfach darin, sie zu schreiben: Prozeß, nicht Produkt. Ja, die Morgenseiten erfordern Zeit. Aber indem wir Prioritäten setzen, wie wir unsere Zeit verbringen wollen, verschaffen sie uns auch Zeit.

Habe ich deutlich genug darauf hingewiesen, daß die Morgenseiten mit der Hand geschrieben werden müs-

sen? Ich weiß, das ist unpraktisch, unangenehm, zeitaufwendig und altmodisch, aber ich möchte, daß Sie etwas davon haben.
Und was soll das heißen?

Warum mit der Hand?

Wir stechen uns in den Finger und unterschreiben mit unserem Blut. Das ist ein Eid, mit dem wir schwören, daß wir die Wahrheit sagen werden. Wenn wir in einem abgedunkelten Raum unsere Fingerspitzen berühren, hinterlassen sie eine Spur aus Lichtpartikeln. Das ist die Energie, die in unserer Hand wohnt, die Energie des Blutes, der Wahrheit und des Wissens, die tiefer geht als knapp unter die Haut. Das Blut ist die Tinte unseres Körpers. Wir schreiben unser Leben mit dieser Tinte. Das Blut erinnert uns an das, was wir in unserem Bewußtsein vergessen haben, und das Blut gibt seine Erinnerung an die Hand weiter.
Mit der Hand zu schreiben heißt mehr als nur schreiben. Es heißt zurechtrücken, richtigstellen. Wenn wir unserer Hand folgen, die unsere Gedanken lenkt und gleichzeitig von ihnen gelenkt wird, wird diese Hand uns den Weg weisen.
Mit der Hand zu schreiben ist wie zu Fuß zu gehen, anstatt mit dem Auto zu fahren. Wir behalten Orientierungspunkte im Gedächtnis. Wir bewahren uns ein Gefühl für die Richtung, in die wir gehen.
Bedenken Sie, daß sich in Ihrer Hand eine Landkarte verbirgt: die Finger, die den Stift halten, werden zum

Werkzeug des Kartographen. Jedes Wort ist eine neue Ankunft, ein Ort, an den wir gelangen, eine musikalische Note.

»Aber Julia! Ich kann viel schneller tippen als mit der Hand schreiben!«

Ich weiß, ich weiß. Aber Geschwindigkeit ist nicht immer erstrebenswert. Wir wollen einen Prozeß in Gang setzen, der Tiefe und Distanz zuläßt, nicht nur Geschwindigkeit. Wenn wir mit der Maschine oder mit dem Computer schreiben, mögen wir Seite um Seite füllen, aber ich bin mir nicht sicher, ob diese Seiten genug Tiefgang haben. Letzten Endes ist es besser, mit der Hand zu schreiben.

Wir befinden uns auf einer Pilgerreise, und das Schreiben mit der Hand ermöglicht uns eine genauere Wahrnehmung der Reise, auf der wir uns befinden. Wir schreiben unsere Ansichten nieder, wir sehen, wie wir uns fühlen. Wir sehen unser Leben an der Art, wie wir es mit unseren Händen niederschreiben.

Handleser sagen, daß unser Leben in unseren Händen geschrieben steht. Graphologen sind davon überzeugt, daß sich der Charakter eines Menschen in seiner Handschrift offenbart. Ich würde sagen, daß Sie, indem Sie mit der Hand schreiben, dazu beitragen, Ihr Leben zu gestalten.

»Aber Julia! Ich kann viel besser reden als schreiben! Kann ich meine Seiten nicht auf Band sprechen?«

Worte lassen sich auf Band sprechen und zu einer Rolle wickeln. So erfassen Sie zwar den Faden dessen, was Sie sagen wollen, aber es besteht die Gefahr, daß Sie isolierte Fäden auf das Band bannen, die das ganze Gewebe zu einer Lüge machen. Die Zunge ist vorschnell, glatt und ausweichend. Die Hand hingegen mag zwar flink sein, aber sie lügt nur selten. Eine Berührung bleibt eine Berührung, ganz gleich, welche Form wir ihr geben. Und deshalb berühren wir die Wahrheit, indem wir schreiben. Die Hand folgt dieser Wahrheit und hält sie fest.

»Aber Wahrheit ist etwas Fließendes – sie verändert sich!« sagen Sie nun.

Ja, das stimmt. Die Wahrheit verändert sich unter unserer Hand. Wir nennen das »Schreiben«, und wie Sie sehen werden, wird Ihre Hand das Richtige tun. Wir beginnen mit einer Version der Realität, die ordentlich, glatt und sauber ist – mit einem Blatt Papier. Während sich unsere Hand durch unsere Erfahrung hindurchbewegt, vollziehen sich kompliziertere Dinge. Wir erkennen, wo wir uns etwas Bestimmtes einredeten, während wir in Wirklichkeit etwas anderes fühlten. Indem wir eine Seite mit Zeilen füllen, beginnen wir, zwischen diesen Zeilen zu lesen. Wir begeben uns unter die Oberfläche der Ereignisse und hinein in unsere innere, mysteriöse Welt von Gefühlen, Eingebungen, Motiven und Erfahrungen.

Obwohl es sehr wertvoll sein kann, die Morgenseiten von Zeit zu Zeit zu lesen, sind sie nicht dazu gedacht, immer wieder durchgeackert und neu analysiert zu werden. Mit der Zeit werden sich bedeutsame Themen herauskristallisieren, die wieder und wieder zum Vorschein kommen, wenn wir uns nicht damit auseinandersetzen.

Als Regel gilt, daß Sie einige Wochen verstreichen lassen sollten, bevor Sie Ihre Seiten erneut lesen. Und lassen Sie niemals zu, daß jemand anders sie liest! Lesen Sie sie wie Ihre beste Freundin, die nach Quellen von Schmerz und Glück Ausschau hält. Achten Sie auf immer wieder auftauchende Themen, Sorgen und Anlässe zu Freude. Die Morgenseiten lehren uns, ein offenes Ohr für Hinweise zu haben, unseren Eingebungen zu folgen, uns im richtigen Rhythmus in Dinge zu vertiefen und sie wieder loszulassen und unsere Lieder aus dem Herzen heraus zu singen.

Denken Sie daran: Versteifen Sie sich nicht darauf, daß Ihre Morgenseiten eine literarische Qualität haben müssen. Sie sollen nicht Kunst sein, sondern Artefakt: die Tonscherben Ihres Julis, Ihres Septembers. Denken Sie, daß es das Schreiben Ihrer Seiten und nicht das Lesen ist, was ihren Wert ausmacht.

Übung: Morgenseiten

Stehen Sie jeden Tag – jeden Tag! – früh genug auf, um Ihre Morgenseiten zu schreiben. Noch einmal: Bedenken Sie, daß es hier nicht darum geht, Kunst zu schaffen. Verwenden Sie kein kleines Heft und keinen kleinen Notizblock, denn das kleine Format verkrüppelt Ihre Gedanken. Ich finde ein fest gebundenes DIN-A4-Heft oder ein Spiralheft am nützlichsten.

Künstlerisches Stelldichein

Das zweite Werkzeug, das ich Ihnen hier vorstelle, ist ein Horchwerkzeug, eine Zeit bewußter Einsamkeit, die ich »künstlerisches Stelldichein« nenne.

Die Morgenseiten versetzen uns in den Zustand eines sendebereiten Radios: Wir erzählen uns selbst und dem Universum von unseren Vorlieben, Abneigungen und Träumen. Das ist eine intensive Arbeit. Sie hilft uns, Dampf abzulassen, und schafft ein Vakuum, das von neuen Gedanken und Impulsen ausgefüllt werden kann, wenn wir es zulassen. An diesem Punkt setzt das Horchwerkzeug an, das ich Ihnen nun vorstelle.

Unser Leben gleicht einem Fluß. Wir können uns an der Oberfläche treiben lassen oder tiefer in die Welt unserer Erfahrungen eintauchen. Es ist Einsamkeit, die das Erfahren von Tiefe möglich macht. Die Ströme unserer Emotionen ängstigen uns. Wir spüren, daß sich in der Tiefe unseres Seins mächtige Kräfte verbergen. Diese Kräfte flößen uns oft Angst ein; das führt dazu, daß wir den Kontakt mit ihnen meiden. Wir lassen uns ablenken und treiben an der Oberfläche des Lebens dahin. Unsere Gedanken tauchen aus der Tiefe empor und flirren auf der spiegelnden Oberfläche der aktuellen Geschehnisse hin und her wie Libellen. Das Leben der schnellen, oberflächlichen Kontakte weckt in uns die Sehnsucht nach etwas Tieferem.

Aus diesem Grund geht es bei dem zweiten Werkzeug um kreative Vertiefung. Wie alle, die sich mit Kreativität auseinandergesetzt haben, wissen, erreicht man Durchbrüche, wenn auf eine Phase des fokussierten, rationalen Denkens eine Phase der Entspannung folgt. Deshalb passiert es so oft, daß uns, wenn wir frustriert und erschöpft vom Schreibtisch aufstehen und beschließen, uns eine Dusche zu gönnen – ping! –, das Richtige einfällt.

Das künstlerische Stelldichein ist eine Stunde oder mehr pro Woche, die wir nur mit uns selbst verbringen, indem wir etwas Festliches tun. Es ist dazu gedacht, uns Entspannung zu bringen. Und Entspannung wiederum bewirkt Inspiration.

Besuche von Museen, Kirchen oder Flohmärkten, ein Ausflug zu einem stillen Platz an einem Fluß – all das sind Dinge, die zu einem künstlerischen Stelldichein werden können.

Die meisten Menschen sind jedoch viel zu geschäftig und in intellektuellen Selbstverteidigungsmechanismen gefangen, um zuzulassen, daß sich die Inspiration durch solche kleinen Hintertüren Eingang in ihre Herzen verschaffen kann. Wir sehnen uns zwar nach Veränderung, meiden aber die Wege, auf denen wir sie finden könnten. Wir füllen unsere ruhige Zeit mit Arbeit oder mit Aktivitäten aus und können uns nicht entspannen, oder es ist uns nicht einmal bewußt, daß wir uns entspannen sollten.

In unserer produktorientierten Gesellschaft gibt uns die Arbeit, insbesondere die Vernetzung, das Gefühl, wichtig und produktiv zu sein. Natürlich kann es auch sein, daß wir uns mißmutig, übervorteilt, übermüdet, frustriert, gelangweilt und elend fühlen – aber wer hat schon Zeit, darüber nachzudenken? Wer *möchte* Zeit haben, darüber nachzudenken?

Das Planen und Antizipieren des künstlerischen Stelldicheins ist genauso wichtig wie die eigentliche Durchführung. Unsere künstlerischen Stelldicheins brauchen nicht abgehoben, aufwendig oder teuer zu sein. Mit ihnen umwerben wir unsere kreative Sehnsucht. Und nichts ist für eine Romanze tödlicher als ein paar gebrochene Versprechen.

Künstlerische Stelldicheins können gemeinsam mit den Morgenseiten wichtige Instrumente der spirituellen Chiropraktik sein. Das bedeutet, daß sie uns in Einklang mit dem bringen, was wir Glück, Zufall oder gute Richtung nennen könnten (mit dem, was C. G. Jung »Synchronizität« nannte). Wir befinden uns dann meist zur richtigen Zeit am richtigen Ort und erhalten nicht nur Unterstützung, sondern auch Chancen und Gelegenheiten. Im Idealfall ist das künstlerische Stelldichein ein guter Zeitpunkt für »Einflüsse« im wahrsten Sinn des Wortes – für neue Bilder, neue Perspektiven, die sich uns in der allein verbrachten Zeit eröffnen, neue Gedanken und Aktivitäten, ausgelöst durch das Wirken der Synchronizität.

Begehen Sie nicht den Fehler, das künstlerische Stelldichein aufgrund seiner augenscheinlichen Vorteile für etwas Einfaches zu halten. Die meisten von uns sind geschickte, spirituelle Clowns, und wir sind geübt darin, uns selbst die Nahrung vorzuenthalten, die wir brauchen. Planen Sie ein genußvolles, künstlerisches Stelldichein, und beobachten Sie dann, wie Ihre destruktive Seite, die alles niedermacht, in Aktion tritt und Sie dazu

bringt, sich plötzlich Fristen und unrealistische Zeitpläne aufzuerlegen, schlicht Dinge, die Ihre kreative Einsamkeit sabotieren. Der Besuch von Verwandten, ein bedürftiger Partner, lang vernachlässigte Freunde – alles kann Sie daran hindern, sich auf Ihr Solo-Abenteuer einzulassen. Sie werden staunend feststellen, daß plötzlich Hunderte plausible Ausflüchte (aber kein einziger guter Grund) dafür auftauchen, Ihr Vorhaben zu verschieben, fallenzulassen oder zu verwässern.
Machen Sie sich nichts vor: Künstlerische Stelldicheins sind »Blind dates« – die Beteiligten haben einander noch nie zu Gesicht bekommen.
Ich gebe zu, daß Einsamkeit, wenn sie bewußt erzeugt wird, etwas Bedrohliches sein kann. Ich gebe zu, daß es schwierig sein kann, sich Zeit freizuschaufeln. Vielleicht halten Sie mich sogar für einen Kleingeist. Was ist schließlich daran auszusetzen, *à deux* zum Ballett zu gehen?
Ganz einfach: Wenn Sie allein sind, beschäftigen Sie sich nicht mit den Gedanken anderer und leisten nicht anderen Gesellschaft. Sie beschäftigen sich mit Ihrer Seele und leisten nur ihr allein Gesellschaft.
Wenn Sie getreulich Ihre Morgenseiten schreiben und jede Woche ein künstlerisches Stelldichein planen, werden Ihnen die Übungen, Aufgaben und Expeditionen dieses Buches – einige die Psyche und andere den Körper betreffend – viel leichter fallen. Sie könnten sie übrigens mit spirituellen Sit-ups vergleichen. Sie machen sie stark, flexibel und körperlich fit, und das müssen Sie auf der Pilgerreise zu Ihrer persönlichen Goldader auch sein.

Übung: Planen Sie jede Woche ein künstlerisches Stelldichein

Führen Sie Ihr kreatives Bewußtsein jede Woche zu einer geplanten, festlichen Expedition aus. Vergessen Sie nicht, daß es sich bei diesem Rendezvous nicht um »hohe Kunst« handeln muß. Wichtiger ist, daß Ihnen das Rendezvous Seelennahrung liefert, was immer das für Sie ist. Bedenken Sie, daß Kunst etwas ist, was mit Bildern zu tun hat, und daß Sie diese Zeit dazu nützen sollen, Ihre Vorstellungskraft bewußt aufzuladen. Stellen Sie sich einen Teich voller tiefer und wirbelnder Bilder vor. Sie möchten, daß immer genug Bilder in diesem Teich sind, damit Sie, wenn Sie darin fischen, nie leeres Wasser vorfinden.

Die Kreativgruppe: Ihre Reisegefährten

Sie werden von dieser Pilgerreise wunderbar profitieren, wenn Sie sie allein unternehmen. Nach meiner Erfahrung finden es aber viele angenehmer, Reisegefährten zu haben. Ich nenne eine solche Gruppe gleichgesinnter Seelen eine »Kreativgruppe«.

In einer Kreativgruppe finden sich Menschen zusammen, die sich in ihrer Kreativität gegenseitig unterstützen möchten, indem sie sich zusammentun und diese Reise gemeinsam unternehmen. Eine solche Gruppe braucht keinen Leiter und keinen Moderator, kann aber durchaus einen haben. (Richtlinien finden Sie im Anhang am Ende dieses Buches.) Eine Kreativgruppe kann aus nur zwei Leuten oder auch aus einer unbegrenzten Zahl bestehen. Das Wichtigste an der Kreativgruppenarbeit ist, daß sie kein Konkurrenzkampf sein, sondern unterstützend wirken soll, und daß sie auf der tatsächlichen Arbeit mit den Werkzeugen basiert. Es geht also darum, Lösungen zu erarbeiten und nicht nur über die Hindernisse zu klagen! Die Gruppenmitglieder tauschen Erfahrungen aus und wachen darüber, daß sie nicht vom Weg abkommen.

Wenn Sie Kollegen für Ihre Kreativgruppe suchen, brauchen Sie nur nach Menschen Ausschau zu halten, die mit Ihnen spielen wollen. Diese Menschen sollten eine positive Einstellung haben und verläßlich sein. Sie sollten sich auch zu einer Erweiterung ihres eigenen, kreativen Potentials bekennen und nicht nur versuchen wollen, Sie zu unterstützen. Bedenken Sie, daß eine Kreativgruppe ein Kreis Gleichgesinnter ist, die einen gemeinsamen Zweck verfolgen: Sie wollen einander dabei helfen, ihre Kreativität zu entwickeln. Ich nenne die Mitglieder von Kreativgruppen gern »Vertrauensspiegel«. Sie spiegeln das Vertrauen wider, daß sich die Kreativität aller anderen entfalten wird.

Eine wichtige Funktion der Kreativgruppe besteht darin, uns daran zu erinnern, daß Kreativität ein Akt der Seele ist, und nicht irgendein »Egotrip«, in den wir uns verrannt haben.

Die Mitglieder einer Kreativgruppe in Chicago, die ich vor Jahren leitete, treffen sich heute noch regelmäßig jeden Dienstagabend. Was tun sie an diesen Abenden? Nun, sie lernen noch immer voneinander, sie helfen einander wachsen und unterstützen einander. Diese Kreativgruppe besteht fast ausschließlich aus Autorinnen, aber es gibt auch Kreativgruppen, deren Zusammensetzung weit vielfältiger ist. Sie brauchen keine deklarierte Künstlerin zu sein, um eine Kreativgruppe zu gründen oder sich einer anzuschließen. Sie brauchen nichts weiter als den Wunsch, mehr Kreativität in Ihr Leben zu bringen.

Als ich einige Absolventen meiner Seminare fragte, was für sie das Wertvollste an den Kreativgruppen sei, erhielt ich unterschiedliche Antworten, obwohl sich alle ausnahmslos über ihren Wert einig waren.

Kathy sagte: »Ich empfand die Kreativgruppe als wertvoll, weil sie die Skelette aus dem Kasten holte, so daß

sie nicht mehr so laut klapperten. Die Kreativgruppe brachte mir Mitgefühl und Einfühlungsvermögen.«
Joan meinte: »Eine Kreativgruppe hat etwas Faszinierendes und Erhellendes. Unsere hat mich an viele Dinge erinnert, die ich schon längst vergessen hatte.«
Melissa sagte leise: »Sie hat einen weiten Raum eröffnet. Die Intimität war oft unglaublich.«
Und Andrew sagte: »Eine Kreativgruppe bestärkt uns alle in unserer Menschlichkeit, und trotzdem werden wir in unserer Individualität anerkannt.«

Übung: Mitgliederliste für Ihre Kreativgruppe

Erstellen Sie für sich eine Liste von Menschen, mit denen Sie eine Kreativgruppe gründen könnten. Geographische Nähe ist zwar ein Vorteil, aber nicht immer eine Notwendigkeit. Kreativgruppen können sich auch auf telefonische – oder, noch besser, briefliche – Kontakte stützen. (In England werden sie hauptsächlich auf diese Weise geführt.)
Sobald Sie die Liste der Mitglieder Ihrer potentiellen Kreativgruppe in Händen halten, können Sie beginnen, die Leute zu kontaktieren und die Kreativgruppe tatsächlich zu gründen. (Noch einmal: Lesen Sie sich auf jeden Fall die Richtlinien für Kreativgruppen am Ende dieses Buches durch.) Wenn Sie nicht zur Tat schreiten wollen, bewahren Sie sich Ihre Liste einfach auf, und denken Sie daran, daß Sie diese Leute jederzeit anrufen können, wenn Sie irgendwann im Verlauf Ihrer Pilgerreise das Gefühl bekommen, daß Sie ein bißchen Aufmunterung gebrauchen könnten. Ich schlage vor, daß Sie ein oder zwei Personen Ihrer Liste tatsächlich anrufen und sie fragen, ob sie Ihnen für eine derartige Unterstützung zur Verfügung stehen würden. Eine Pilgerreise ist schließlich ein anstrengendes Unterfangen, bei dem Begleitung und Unterstützung von unschätzbarem Wert sein können.

Das Transportmittel Ihrer Wahl: Ihre Beine

Eines der wirkungsvollsten Werkzeuge für eine spirituelle Erneuerung ist ganz einfach und wird oft übersehen. Es ist so alltäglich, daß manche es für eine Metapher halten. Wir sagen: »Ich gehe in meine Kreativität zurück«, und das ist wörtlich gemeint. Gehen ist das stärkste kreative Werkzeug, das ich kenne. Obwohl es in unserer eiligen Zeit fast in Vergessenheit geraten ist, kann es das wirkungsvollste spirituelle Instrument sein, das dem Menschen zur Verfügung steht. Da ich Kreativität und Spiritualität in diesem Buch als Einheit betrachte, werden wir gehen, um Inspiration und Integration zu finden.

Ein kreatives Leben ist ein Prozeß, und dieser Prozeß heißt Verdauung. Wir sprechen von »Gedankennahrung«, machen uns aber kaum bewußt, daß wir als Künstler Gedanken als Nahrung brauchen. Wenn wir gehen, sind wir mit einem ständigen Zustrom neuer Bilder konfrontiert, und diese Bilder inspirieren uns zu Gedanken, die uns Nahrung sind.

Ja, Kunst ist ein innerlicher Prozeß, aber auch ein äußerlicher. Wir suchen nach Bildern, und wir sehen diese Bilder sowohl durch unsere physischen Augen als auch durch unsere seelischen. Nur allzuoft schneiden wir uns im Namen der Kunst von neuen Erfahrungen ab und verschließen uns nicht nur dem Sehen, sondern auch der Einsicht. Begraben unter einem Berg von Arbeit, fragen

wir uns, was aus unserer spielerischen Vorstellungskraft geworden ist.
Durch das Gehen öffnen wir uns. Bild für Bild läßt das Gehen in uns eine nahrhafte »Seelensuppe« entstehen, die uns Kraft gibt für die Arbeit, die wir leisten müssen, wenn wir unser Leben neu gestalten wollen. Anders ausgedrückt, können wir aus einem »Problem« hinaus- und in eine »Lösung« hineingehen.
Kreativität ist ein spiritueller Prozeß, ein Prozeß, bei dem es um »Inspiration« geht. Inspiration ist wie Atem holen. Das Gehen macht unsere Atmung rhythmisch und regelmäßig. Unser Atem beruhigt und vertieft sich beim Gehen, und das tun auch unsere Gedanken. Die großen spirituellen Schulen wissen das. Über die Kulturen und Kontinente hinweg ist das Gehen als alte und wörtlich verstandene Methode bekannt, einen spirituellen Weg zu gehen.
John Muir, Forscher, Umweltschützer und Naturmystiker, schrieb einst: »Ich ging nur hinaus, um einen Spaziergang zu machen, und entschloß mich schließlich, bis zum Sonnenuntergang draußen zu bleiben, denn ich erkannte, daß ich beim Hinausgehen in Wirklichkeit nach innen ging.«
Die Kulturökologin Joan Halifax schreibt: »Die Menschen wandern seit Jahrtausenden suchend über diese Erde. Sie singen auf ihrer Wanderschaft als lebendige Wesen, und sie bieten sich selbst, ihre Schritte, ihre Stimmen und ihre Gebete als Akte der Reinigung dar, die sie für eine Erfahrung des Verbundenseins öffnen.«
Der Reisemystiker und Buchautor Bruce Chatwin erin-

nert uns in seinem meisterhaften Buch *Traumpfade:* »Im Islam und vor allem bei den Sufi wird *siyahat* (der Vorgang oder der Rhythmus des Gehens) als Technik für die Loslösung von der Welt und als Hilfsmittel für den Menschen verwendet, sich in Gott zu verlieren.«

Die englischen Dichter waren große Wanderer (und sind es wohl heute noch). Sie waren auch Mystiker, und die Tatsache, daß sich beide Wege überschneiden, ist kein Zufall.

Es ist wirklich kein Zufall, daß viele Dichter zugleich Wanderer und Mystiker sind. Es ist kein Zufall, daß die Dichtkunst von Versfüßen spricht, die den poetischen Rhythmus vorgeben. Das Metrum ist der Takt, der »Schritt« eines Gedichts, und dieser Schritt führt uns oft in das Reich der Spiritualität. Große Dichter wie Blake, Rumi oder Roethke führen uns mit Schritten durch das Tor oder durch den Schleier, der uns vom Wissen um unsere spirituelle Kraft trennt. Wenn es uns gelingt, diese Kraft anzuzapfen – und das Gehen ist ein direkter Weg dazu –, dehnen sich die Grenzen unserer Kreativität weit über das, was wir für unsere Grenze halten. Das hat für die Künstler aller Zeitalter gegolten.

Aber Sie brauchen kein Künstler zu sein, um zu gehen! Das Gehen macht uns durch seine natürliche Rhythmik alle zu Künstlern. Wir sehen ein Rotkehlchen vorbeiflattern. Der Specht hämmert einen Rhythmus, den wir mit unseren Schritten übernehmen. Das Leben begleitet singend unseren Weg, während wir es in unser Inneres einladen, indem wir uns hinaus- und mitten hineinbegeben.

Aber zu alldem ist das Gehen eine Übung in gehobenem Zuhören. Beim Gehen erwecken wir unsere Nervenbahnen und machen sie sensibler. Das ist es, was der Seelenheiler Don Campbell als »sensibles Spüren in einem erweckten, mächtigen inneren Raum« bezeichnet, dem alle möglichen Offenbarungen folgen.
Um in den Genuß der Vorteile des Gehens zu gelangen, brauchen wir unsere Umgebung nicht zu verlassen. Wenn ich mich in einem urbanen Gebiet – wie etwa mitten in Manhattan – befinde, höre ich auf meinem täglichen Spaziergang eine Kassette in meinem Walkman, wie zum Beispiel *Timeless* von Tim Wheater. Wheater hält sich jedes Jahr eine Zeitlang in Australien auf, und das hört man seiner Musik an. Sie erhebt sich über den städtischen Lärm und führt den Zuhörer in ein Reich der Zeitlosigkeit.
Das Gehen ist eine Art Meditieren.
Wenn unser Leben zu kopflastig ist, übervoll von dem Geschwätz unseres streßerfüllten Alltags, können wir uns unsere spirituelle Energie durch unsere Füße zurückholen. Wir gehen auf der Erde, und wir erden uns durch das Gehen. Der Zen-Meister Dogen nannte dies »das Gehenlassen des Selbst«.
Britische Druiden wandern »auf den alten Pfaden« – auf Wegen, die quer durch das ganze Land führen. Diese Wege, auch Leylines genannt (das, was für chinesische Geomanten »Drachenlinien« sind), sind Wege oder Ströme der Energie. Die Suchenden, die diese Energielinien entlanggehen, spüren, daß sie wieder mit ihren Energien in Verbindung kommen. Wenn wir es zulassen, ist die

physische Welt eine großartige spirituelle Lehrmeisterin.
»Aber ich habe doch keine Zeit zum Spazierengehen!« sagen Sie nun vielleicht. »Mein Leben spielt sich in einer anderen Geschwindigkeit ab!« Ein solcher Widerstand ist ganz normal.
Philip Carr-Gomm, der derzeit dem Orden *Order of Bards, Ovates, and Druids* vorsteht, erklärt, worum es geht: »Im Mittelpunkt des Druidentums steht die Vorstellung, daß wir ›der Erde zuhören‹ sollten – daß sie zu uns sprechen und uns leiten kann, wenn es uns gelingt, uns ihr zu öffnen.« Durch das Gehen wird es uns möglich, uns über mehrere Sinnesorgane gleichzeitig von der physischen Welt leiten zu lassen. In unserer Kultur neigen wir dazu, Geschwindigkeit und Leistung zu verwechseln. Wir rennen bis zur Erschöpfung, wir »laufen uns tot«. In dem Irrglauben, daß mehr und schneller automatisch besser ist, verlieren wir oft den Puls unseres eigenen Lebens aus den Augen. Durch das Gehen können wir ihn wiederfinden.
Beim Gehen durch unsere Nachbarschaft oder durch die Landschaft finden und erkennen wir oft Orte und Wege, bei denen wir »ein gutes Gefühl« haben. Wenn wir nachfragen, erfahren wir vielleicht, daß wir den örtlichen Leylines folgen. Unabhängig davon, ob sie als solche erkannt werden, können uns solche Orte und Linien eine unglaubliche spirituelle Klarheit bringen. Wir brauchen uns nur mit offenem Geist auf ihnen zu bewegen.
In Großbritannien sind die Leylines durch die spirituellen Orte gekennzeichnet, die sich auf ihnen und insbe-

sondere an ihren Schnittstellen befinden. Dort findet man einen christlichen Schrein, der über einem heidnischen Schrein gebaut ist, der seinerseits über einem paläolithischen Schrein errichtet wurde. Durch alle Zeitalter hindurch spürten die Menschen, daß bestimmte Orte für bestimmte spirituelle Zwecke »richtig« waren.
In seinem Buch *Traumpfade* sagt Chatwin über den Glauben der Aborigines, der australischen Ureinwohner:

Die Ahnen sangen die Welt ins Dasein ... man dachte, daß jeder totemistische Ahne auf seiner Reise durch das Land eine Spur von Wörtern und Noten neben seinen Fußspuren ausgestreut habe ...

Der »musikalische Pfad« ist nicht nur das, was wir hören, sondern auch das, was wir während des Gehens tun. Wie schon unsere Ahnen, so benennen auch wir unsere Erfahrungen beim Gehen. Wir kennen die Resonanz, den »Widerhall« unseres Lebens, den die physische Welt reflektiert.
Die Bewohner von Hawaii sagen, daß jede ihrer Inseln einen anderen Klang hat. Jede Landschaft hat einen Ton, auf den wir reagieren können, einen Klang, an dem wir uns orientieren können, wie wenn wir uns auf einer musikalischen Tonleiter zurechtfinden. Anders ausgedrückt, hat jede Landschaft ihr eigenes Lied, das wir hören können, indem wir gehen. Und indem wir lernen, das Lied der Landschaft zu hören, werden wir in diesem Lied auch das Lied unseres eigenen Lebens erkennen. Wir werden erfahren, was uns Harmonie bringt und was Dissonanz.

Übung: Der tägliche Spaziergang

Zwanzig Minuten sind ausreichend. Vielleicht steigen Sie einfach auf dem Nachhauseweg von der Arbeit eine oder zwei Stationen früher aus der U-Bahn oder dem Bus aus. Sie können den täglichen Spaziergang auch in Ihre Mittagspause integrieren oder in Ihren Tagesbeginn oder -abschluß. Wann und wie Sie Ihren Spaziergang unternehmen, ist nicht so wichtig, wie *daß* Sie ihn unternehmen!

Übung: Unternehmen Sie wöchentlich einen einstündigen Spaziergang

Auf diesem längeren Spaziergang können Sie Orte erforschen, die entweder neu oder interessant für Sie sind. Sie können auch mit dem Auto hinausfahren und dann spazierengehen. Wenn Sie auf dem Land leben, können Sie in eine Stadt fahren und dort Ihren Spaziergang unternehmen. Es geht einfach darum, daß Sie sich sowohl die Beine vertreten als auch Ihren Horizont erweitern. Mit diesem Spaziergang füllen Sie das Reservoir Ihrer Bilder auf – denn Kunst ist ein bilderverschlingendes Unterfangen, und Sie werden Ihre Bilderdatenbank in den kommenden Wochen stark beanspruchen.

Übung: Nutzen Sie den Spaziergang zur Meditation

Nehmen Sie sich auf einem Ihrer Spaziergänge mindestens einmal in der Woche Zeit, um Ihre Dankbarkeit auszudrücken. Fassen Sie Ihre Dankbarkeit für alles in Ihrem Leben, was Ihnen lieb ist, in Worte. Das wird Ihnen am Anfang vielleicht schwerfallen und Sie spirituell sehr beanspruchen, aber es bringt Ihnen auch viel. Sie gewinnen dabei eine höhere Perspektive, von der aus Sie viel mehr Wahlmöglichkeiten haben.

Das Tor: Der Eintritt in das Reich der Imagi-Nation

Vielen von uns widerstrebt das Gehen, weil »es uns nirgendwohin bringt«, außer vielleicht physisch betrachtet. Wir mögen anerkennen, daß es eine gute körperliche Betätigung ist, aber meist tun wir es als »Zeitvertreib« oder sogar als Hobby ab. Wir sagen sarkastisch: »Da gehe ich nun täglich spazieren, und es verändert sich nichts, außer daß ich eine halbe Stunde meiner Zeit vergeude.« So denken wir nur, weil das Gehen für uns hauptsächlich ein physischer Prozeß ist, aber in Wirklichkeit ist es viel mehr.

Beim Gehen überqueren wir die Brücke zum Reich der Sehnsucht und der Vorstellungskraft. Ich nenne dieses Reich »Imagi-Nation«. Dieser Ausdruck ist sehr inhaltsstark und weist darauf hin, daß wir unsere Sinnesreiche mit magischen Bildern bevölkern und uns auf diese Weise unser eigenes Leben schaffen.

Indem wir täglich bewußt in unsere Imagi-Nation hineingehen, können wir in der physischen Welt die gewünschten Formen schaffen. Wir können unser Ideal verwirklichen, indem wir es mit so viel imaginativem Gewicht versehen, daß es eine konkrete Form annimmt. Dabei ist es gleichgültig, ob es um einen Roman, einen Film, eine glücklichere Beziehung zu einem Partner oder Freund oder um einen besseren Gesundheitszustand geht. Das, was wir uns im Reich der Phantasie vorstellen und uns aneignen können, können wir auch in der physischen Welt ausdrücken und materialisieren. Es gibt kreative Kräfte, die weit stärker sind als unsere eigenen und die wir uns bewußt zunutze machen können, um unser Schicksal und unsere Sehnsüchte zu gestalten.

Manche Künstler sprechen davon, »von der Muse geküßt zu werden«. Wie wir den Prozeß nennen, ist nicht wichtig. Wichtig ist, daß wir lernen, ihn zu realisieren. Es ist ein Klettern, ein Überqueren, das in den spirituellen Traditionen oft mit dem »Erklettern einer Leiter« oder dem »Überqueren einer Brücke« verglichen wird.

Eine andere Möglichkeit, sich dieses Überqueren vorzustellen, ist eine Art des »Andockens« – wie ein kleines Flugzeug, das sich mitten in der Luft an ein größeres ankoppelt, um aufzutanken. Dabei versuchen wir, unser individuelles Bewußtsein willentlich an das zu binden, was wir »größeres Bewußtsein« nennen. Dann, in diesem Stadium der Ausdehnung, lassen wir unsere Vorstellungskraft mit dem spielen, was wir zu erreichen hoffen. Dieses innere »Spiel« bewirkt die äußere Veränderung.

Wir wissen heute, daß die Aborigines seit mindestens vierzigtausend Jahren in der Traumzeit gehen. In dieser »zeitlosen« Dimension träumen sie sich in die Zukunft, und die Zukunft träumt zurück. In diesem Reich verändern sie die Zukunft, indem sie die Art und Weise verändern, in der sie sich in sie zurückträumen. Wir können dasselbe tun. Durch das Gehen kann sich unser Körper in Traumzeit versetzen – oder, wie ich lieber sage, er kann sich in die Imagi-Nation begeben.

Während wir auf unsere Zukunft zugehen, bewegt sie

sich uns entgegen, etwa so, wie Wolken sich auf ein Flugzeug zubewegen. Wir erhaschen kurze Ausblicke auf sie wie fotografische Bilder, die durch unser Bewußtsein kurz aufblitzen. Während wir gehen, wird das flüchtige Bild immer klarer. Nun ähnelt es eher einem Bild, das aus einer Luftspiegelung entsteht. Die Sehnsucht (Energie), verbunden mit Vorstellungskraft, schafft die Form. Wir betreten einen »Ort« oder einen »Raum«, in dem wir Veränderungen herbeiführen können. Die Metaphysik spricht hier von Kausalebene.

Je länger wir gehen, desto stabiler wird unser Traum. Schritt für Schritt geben wir ihm seine Form. Wie es die Aborigines seit jeher wußten, wie es die hawaiianischen Kahunas wissen, ist unsere geträumte Zukunft sowohl heilig als auch formbar. Indem wir uns täglich in unsere Imagi-Nation hineinbegeben, können wir der Form unserer wahrscheinlichen Zukunft begegnen und diese Form verändern, indem wir unsere Denkweise ändern. Wir können denken: Was wäre, wenn ich ...? Oder: Wäre es nicht schön, wenn ich ...? Oder: Ich glaube, ich könnte ...

In dem Reich der Traumzeit werden positive Träume Wirklichkeit. Vielleicht stellen Sie sich zuerst vor, daß Sie »so tun als ob« oder daß Sie einen »inneren Film« betrachten. Was immer Sie sich vorstellen, es handelt sich um einen veränderten Bewußtseinszustand, der sich Ihnen erschließt, indem Sie entweder durch Töne oder durch einen Rhythmus eine Art Brücke überqueren. Gehen ist eine einfache Methode, diese Brücke zu überschreiten.

Während wir uns mit unserem Denken auf positivere Möglichkeiten einstellen, rücken diese in den Bereich des Möglichen, ja des Wahrscheinlichen. Diese Erweiterung und diese Sehnsucht schaffen nicht nur die Möglichkeit einer Veränderung, sondern bewirken die Veränderung selbst. Die Klarheit, mit der wir uns ein erwünschtes Ergebnis ausmalen können, wirkt als Katalysator für dieses Ergebnis.

Wenn wir uns in die Imagi-Nation hineinbegeben, können wir sagen, daß wir das Reich betreten, in dem der Geist die Materie beherrscht, oder das Reich, in dem der Geist Materie zu schaffen scheint. Vielleicht stellen Sie sich darunter eine Art Magnetismus vor. Ein klarer Traum nimmt Gestalt an und bildet seine Form wie ein Magnet Metallsplitter anzieht.

Der Lehrer Shakti Gawain drückt es so aus: »Wenn wir etwas schaffen, schaffen wir als erstes immer eine gedankliche Form ... Die Idee ist wie eine Blaupause: Sie erzeugt ein Bild der Form, das dann die physische Energie magnetisch anzieht und sie dazu bringt, in diese Form hineinzufließen und sich schließlich auf der physischen Ebene zu manifestieren.«

Da das Gehen ein regelmäßiger, rhythmischer, Schritt für Schritt ablaufender Prozeß ist, ermöglicht es, daß unsere beiden Gehirnhälften miteinander kommunizieren. Wenn wir gehen, können sich die Informationen unseres intuitiven Künstlergehirns und unseres rationalen Gehirns miteinander unterhalten. Das sieht etwa so aus:

Rationales Gehirn: »Was denkst du darüber?« (Die Probleme im Büro, die Gesundheit Ihrer Mutter ...)
Künstlerisches Gehirn: »Hm.«
Rationales Gehirn: »Ich spreche mit dir. Ich habe gefragt: ›Was denkst du darüber?‹«
Künstlerisches Gehirn: »Hübsches Rotkehlchen. Schöner Kiefernzapfen ... Ich würde einmal folgendes ausprobieren ...«

Ein Aufenthalt im Reich der Imagi-Nation ist eine ausgezeichnete Möglichkeit, Probleme zu lösen, auch wenn die zu lösenden Probleme nicht immer künstlerischer Natur sind. Zum Beispiel ist auch Heilung im wesentlichen ein kreativer Prozeß: Wir schaffen einen neuen Zustand der Gesundheit. Als Künstlerin bin ich nicht die einzige, für die der tägliche Spaziergang ein Schlüssel zu Produktivität und innerem Gleichgewicht geworden ist. Auch wenn sie es nicht ausdrücklich sagen, haben doch viele Künstler erkannt, daß zwischen dem Gehen und dem Erschaffen ihrer Kunst eine Verbindung besteht.
Wenn ich gehe, entfaltet sich der Tag mit machtvoller Synchronizität vor mir. Ich habe an diesen Tagen nicht nur mit Gott gesprochen, sondern auch mit beiden Seiten meiner selbst. Das wichtigste ist aber vielleicht, daß das Land zu mir spricht. Ich liebe die Klarheit und das Gefühl des Fließens, das ich aus solchen Spaziergängen beziehe. So wie uns die Morgenseiten Schritt für Schritt einen Weg ins Innere unserer eigenen Gedanken bahnen, erzeugt das Gehen Schritt für Schritt Intimität

mit uns selbst. Wenn wir uns in die äußere Welt hineinbegeben, werden wir gleichzeitig in die innere geführt. In Zeiten intensiven Schmerzes gehe ich meinen Schmerz aus mir heraus. In Zeiten des Glücks, in denen ich meine Gefühle nicht richtig auszudrücken vermag, gehe ich, um zu meditieren und zu »hören«, und ich gehe auch, um zu beten und zu »sprechen«. Auf meinen langen, einsamen Spaziergängen schicke ich meine Botschaften ins Universum, und ich empfange, was mir das Universum zu sagen hat.

Die Spaziergänge bringen mich auf das, was ich meine »Alpha-Ideen« nenne. Diese Alpha-Ideen sind jene Ideen, die von einer höheren Quelle als mir selbst zu kommen scheinen, denn sie schlagen bessere Lösungen für meine kreativen oder alltäglichen Probleme vor, als dies mein normales Denken vermag. Wenn ich in das Reich der Imagi-Nation hineingehen kann, indem ich eine Brücke überquere, eine Leiter erklimme oder einen Baum hochklettere, sind Alpha-Ideen die Früchte, die ich von meinen Besuchen an diesen Orten mitbringe.

Übung: Manifestation: Betreten Sie Ihr Reich der Imagi-Nation

Gehen Sie während eines Monats und arbeiten Sie dabei am Drehbuch Ihres inneren Films. Beobachten Sie, wie sich dadurch die Form Ihres Lebens verändert. Schaffen Sie sich mit Hilfe des Schritt-für-Schritt-Rhythmus Ihres Gehens einen neuen Weg.

Denken Sie darüber nach, wovon Sie gern mehr und wovon Sie gern weniger hätten, was Sie glücklicher machen würde, welche Dinge Ihnen Freude machen. Dann versuchen Sie, sich speziell auf diese Phrase zu konzentrieren: »Es wäre herrlich, wenn ...«

Achten Sie darauf, daß Sie sich darauf konzentrieren und es genießen, sich positive Veränderungen und Verlagerungen vorzustellen. Vielleicht stellen Sie zu Ihrem Erstaunen fest, daß Ihre Gedanken ständig zu dunklen Vorstellungen hinstreben. Wenn sie das tun, scheuchen Sie sie einfach so weit »hinein«, daß Sie die zugehörigen Gefühle spüren und verarbeiten können, und dann treiben Sie sie wieder zurück auf die Sonnenseite der Straße. Mit der Zeit werden Sie entdecken, daß das positive Denken eine Art spiritueller Muskel ist, den Sie durch sanfte, tägliche Übung trainieren können, und die positiven Ergebnisse werden folgen.

Sie brauchen das alles nicht zu glauben. Ich möchte Ihnen einfach vorschlagen, daß Sie das Gehen ausprobieren und dabei über Ihr Leben nachdenken. Experimentieren Sie, indem Sie sich eine Liste mit zwanzig Dingen anlegen, die Sie in Ihrem Leben haben wollen.

Diese Dinge können materieller, spiritueller, intellektueller oder künstlerischer Natur sein.
Lesen Sie die Liste täglich durch und verwenden Sie sie als Gedankenfutter für Ihre täglichen Spaziergänge. Hängen Sie sie an einem Platz auf, an dem Sie sie täglich sehen, gehen Sie sie jeden Tag durch (im buchstäblichen Sinn!) und beobachten Sie, was sich in Ihrem Leben verändert.

Bekenntnis zur eigenen Kreativität

Wenn wir uns auf diese Reise begeben, ist es oft hilfreich, irgendeine Art von Bekenntnis abzulegen. Sie können den folgenden Vertrag verwenden oder selbst einen entwerfen. Unterschreiben Sie ihn, datieren Sie ihn und ergänzen Sie ihn, falls notwendig:

VERTRAG

Ich, ______________________,
bin mir bewußt, daß ich mich in einen starken inneren Veränderungsprozeß hineinbegebe, der mich sowohl auf die Probe stellen als auch befreien wird. Ich bekenne mich zu den drei entscheidenden Werkzeugen für eine kreative Selbstpflege: Morgenseiten, täglicher Spaziergang und künstlerisches Stelldichein.

Ich, ______________________,
trage Verantwortung für mein spirituelles Gleichgewicht, das ins Wanken geraten kann, wenn durch die Werkzeuge dieses Buches Probleme und Emotionen aufgewühlt werden, deshalb verpflichte ich mich, ausreichend zu schlafen, mich gut zu ernähren und mich körperlich zu betätigen. Ich bekenne mich zu Zeiten des Alleinseins und zu persönlichem Mitgefühl.

____
Name

____
Datum

Richtlinien

1. Gehen Sie liebevoll mit sich selbst um. Hüten Sie sich vor übermäßigem Konsum von Koffein, Zucker, Alkohol und Medikamenten, denn ein solcher Mißbrauch kann Ihre Forschritte behindern oder blokkieren.
2. Schreiben Sie Ihre Morgenseiten und machen Sie jeden Tag einen zwanzigminütigen Spaziergang. Planen Sie jede Woche ein künstlerisches Stelldichein.
3. Analysieren Sie diesen Prozeß nicht, sondern erfahren Sie ihn. Es ist besser, die Übungen durchzuführen, anstatt über sie zu diskutieren. Gehen Sie unvoreingenommen an die Übungen heran. Diese Werkzeuge sind für die langfristige Anwendung gedacht.
4. Halten Sie Konsultationen mit sich selbst ab. Ihr Ziel ist es, mit Ihrem Selbst in Kontakt zu kommen. Hören Sie auf Ihre eigenen Reaktionen. Sprechen Sie für die Dauer dieser Reise nicht mit anderen über die Werkzeuge, außer zu Unterstützungszwecken. Vermeiden Sie Diskussionen darüber.
5. Bedenken Sie, daß Sie für diese Arbeit sowohl Ihr »inneres Kind« als auch Ihren »inneren Erwachsenen« brauchen. Beide sollen einander helfen, durch Ihren Widerstand hindurchzu*gehen.*

Das Reich der Geschichten

Nach der Überlieferung der Hopi-Indianer wurde die Welt von der Spinnenfrau Wort für Wort ins Dasein gesungen. Im Neuen Testament sagt uns Johannes: »Am Anfang war das Wort.« Die Äthiopier glauben, daß Gott sowohl die Welt als auch sich selbst erschuf, indem er seinen eigenen Namen aussprach. Nach Überzeugung der Ägypter wurde die Welt vom Gott Thot durch die Sprache erschaffen. Die Inder sagen dasselbe: »Nada Brahma: Die Welt ist Klang.« Die australischen Aborigines glauben, daß die Welt entstand, indem sie von den Alten im Lied benannt wurde – ein Wort, eine Note, ein Ding nach dem anderen. Wie Chatwin in *Traumpfade* schreibt:

... der Ahne öffnete seinen Mund und rief: »Ich bin! Ich bin – Schlange ... Kakadu ... Honigameise ...« Die Alten sangen ihren Weg durch die ganze Welt. Sie sangen die Flüsse und die Bergketten, die Salzpfannen und die Sanddünen ... Sie hüllten die ganze Welt in ein Liedernetz ein; und als die Erde schließlich gesungen war, fühlten sie sich müde ...

Wie dieser kurze Abriß zeigt, werden wir kaum eine spirituelle Tradition finden, die nicht an die kreative Macht des Wortes glaubt. Ist es ein Wunder, daß das Wort, das so mächtig ist, daß es alles entstehen lassen kann, was uns umgibt, auch einen ungeheuren Einfluß auf die Entstehung unseres Selbstbildes hat? Wohl kaum.

Wenn uns klar wird, daß unser von Worten geformtes Selbstbild unsere Lebenserfahrungen schafft und auswählt, fangen wir an zu verstehen, wie wichtig Geschichten sind. »Die Art und Weise, wie wir unser Leben beschreiben und es verstehen, ist ultimativ und untrennbar mit der Art und Weise verbunden, wie wir es leben«, schreibt Mandy Aftel. Deshalb beginnen wir unsere kreative Pilgerreise, die Suche nach unserer Goldader, im Reich der Geschichten.

Die Lebenserzählung

Der Weg zu authentischer Kunst führt durch das Selbst. Er führt durch das Herz und nicht durch den Kopf. Ob es um unsere Vorlieben, unsere Abneigungen, unsere Wunden, Triumphe, Ängste oder unsere Verluste geht – unser Herz ist das Zentrum all dieser Dinge. Das Herz ist der Hort der Kunst.

Wir sprechen oft von kreativer Selbstverwirklichung, ohne uns bewußtzumachen, daß unsere Kreativität aus unserem Selbst kommt. Wenn wir unser Selbst noch nicht entdeckt haben, wenn es für uns unsichtbar und unhörbar ist, weil es von Meinungen und Interpretationen anderer zugedeckt wird, ist es ganz natürlich, daß wir befürchten, nichts zu sagen zu haben, zu farblos zu sein, zu »gewöhnlich«.

Unsinn. Unser Leben ist voller großartiger Dinge. Worin diese Dinge bestehen, werden Sie im Zuge unserer Reise entdecken. Sie werden Ihr Leben niederschreiben und »richtigstellen«. Welchen Sinn hat es, daß Sie Ihr Leben niederschreiben? Nun, es geht darum, die Geschichte Ihres ganz persönlichen Lebens zu schreiben. Die Tatsache, daß Sie die Fakten Ihres Lebens und Ihre Reaktion darauf niederschreiben, wird Ihnen helfen, Ihre Selbstwahrnehmung zu klären.

Meine Lebenserzählung – so wie sie mir erzählt wird – beginnt mit meiner Geburt an einem verschneiten, kristallklaren Wintertag, einem Tag, wie meine Mutter sie am liebsten mochte. So würde ich aber nicht beginnen.

Meine erste Erinnerung geht in meine Kleinkinderzeit zurück. Ich krieche unter einem Zaun durch, um inmitten einer Herde angriffslustiger Kühe aus der Nachbarschaft Wiesenblumen zu pflücken.
Der Unterschied der beiden Anfänge ist wichtig. In der ersten Geschichte ist es meine Mutter, die erzählt. Ich bin ihre Julie, einer der Edelsteine in ihrer Krone von sieben Kindern. Die Version meiner Mutter spiegelt ihre Liebe zu Schönheit, Ordnung, Ruhe und Perfektion wider: ein *kristallklarer* Wintertag. In meiner Version ist das Leben unordentlicher, wärmer, voller Abenteuer und Entzücken. In meiner Version ist Risiko mit Belohnung verbunden. Das Risiko sind die wilden Kühe, die Belohnung ein Strauß herrlicher Wiesenblumen.
Anders ausgedrückt: Die Erinnerung meiner Mutter und meine eigene sind nicht in derselben Tonart geschrieben. Jede Version läßt die Melodie einer anderen Persönlichkeit erklingen. Meine Mutter war eine melancholische Harfe. Ich selbst folgte dem Dudelsackpfeifer. Übermut und Ausgelassenheit, die zarten Schößlinge irdischen Entzückens, wohnten in mir.
Es ist deshalb auch kein Zufall, daß Peter Pan in meiner kindlichen Phantasie eine äußerst wichtige Rolle spielte. Das Lieblingsmärchen meiner Mutter war »Die Schneekönigin«. Ihre Träume und ihre Phantasie waren völlig anders geartet als die meinen.
Meine Mutter weiß noch eine andere Geschichte über mich zu erzählen. Sie pflegte mir *Alice im Wunderland* vorzulesen. Ich liebte dieses Buch und dachte, ich müßte die Erzählung in die Wirklichkeit umsetzen. Als ich ein-

mal im Wald einige Pilze entdeckte, konnte ich natürlich nicht anders und mußte sofort hineinbeißen. Ich weiß noch, daß man mich hastig ins Krankenhaus brachte. Ich erinnere mich an die freundliche, rothaarige Krankenschwester und daran, daß mir der Magen ausgepumpt wurde. Die Erinnerung meiner Mutter besteht darin, daß ich sie »zu Tode geängstigt« habe.
Nach Ansicht meiner Mutter beweist diese Geschichte, daß ich ein wildes, unberechenbares und sogar gefährliches Kind war. In meiner eigenen Erinnerung an diese Geschichte kommt der Schrecken nicht vor. Ich erinnere mich nur daran, daß ich diese Pilze gesehen und eine ungeheure Neugier verspürt habe. Würde ich, wenn ich diese Pilze aß, tatsächlich schrumpfen wie Alice ...?
Während meine Mutter sich nach Ruhe und Ordnung sehnte – und das in einem Haus mit sieben Kindern! –, gierte ich nach Abenteuern und Erlebnissen. Ich versuchte nicht absichtlich, gegen meine Mutter zu handeln, und sie versuchte ihrerseits nicht, meinem Forscherdrang Einhalt zu gebieten. Es war einfach so, daß unsere Bedürfnisse, unsere Persönlichkeiten und unsere Spiritualität nicht dieselben waren. Aber um der Liebe und der häuslichen Harmonie willen taten wir unser Bestes, um einander nicht allzusehr in die Quere zu kommen.
So ist das bei vielen Menschen. Nur allzuoft übernehmen wir die Träume unserer Eltern, ohne uns bewußt zu sein, daß sie unsere eigenen überschatten. Ich möchte klar sagen, daß wir nicht unweigerlich und willkürlich in ein Selbst hineingepreßt werden, das uns nicht ent-

spricht. Wir werden nur zu einem Selbst geformt, das für andere leichter akzeptabel oder besser verständlich ist.
Lassen Sie mich Ihnen eine andere Geschichte erzählen, die von meiner Familie immer wieder mit einem leicht schadenfrohen Unterton erzählt wird – ein weiteres Beispiel meiner angeblichen Verrücktheit. (Ich erzähle diese Geschichten, um zu zeigen, wie überzeugend die offiziellen Versionen unserer Persönlichkeit präsentiert werden können und wie schwer es – zumindest anfangs – ist, sie nicht zu glauben.)
Ich war fünf Jahre alt, als ich durch die Hintertür in unseren gepflasterten Hof ging und dort einen großen grünen Wurm sah. Er war in zwei separate, sich windende Teile getrennt, aus denen etwas Grünliches hervorsickerte. Meine Mutter hatte ihn mit ihrer Gartenharke in zwei Teile zerschlagen. Ich sah kurz hin, raste ins Haus, kehrte mit einer Packung Pflaster zurück und klebte den Wurm wieder zusammen.
»Als er dann in zwei Richtungen davonkroch, konntest du nicht aufhören zu weinen«, erzählte man mir. Auch diese Geschichte bewies meiner Familie wieder einmal, daß ich »verrückt« war. Das ist die eine Interpretation. Ich selbst akzeptierte sie – bis ich begann, mit den Werkzeugen dieses Buches zu arbeiten. Als ich mich selbst mit der Geschichte befaßte, tauchte hinter ihr eine andere auf – meine eigene, denn diese Geschichte sagt mir, daß ich von Natur aus eine Heilerin bin.
Ich bin davon überzeugt, daß die Geschichten, die wir *bewußt* über uns selbst erzählen und die wir für charakteristisch für uns halten, den Weg zu unserem echten,

lichten Selbst weisen. Solange wir die Arbeit scheuen, die Geschichten unseres Lebens auszugraben, sie für uns zu beanspruchen und sie in Besitz zu nehmen, laufen wir Gefahr, uns so zu sehen und zu beschreiben und unser Handeln so zu prognostizieren, wie andere es für angebracht halten. Wir folgen dem Drehbuch, das andere für unser Leben geschrieben haben. Das ist nicht nur schädlich, sondern auch gefährlich.

Wir müssen lernen, die negativen Geschichten, die uns in unserem Wachstum behindern, zu zerlegen und neu zu schreiben. Eine meiner Bekannten hatte ihr Leben lang das Gefühl gehabt, Aschenputtel zu sein. Durch die Arbeit mit ihrer Lebenserzählung erkannte sie plötzlich, daß ihr Märchen viel eher das des häßlichen Entleins war. Sie war nicht die ausgestoßene Schwester, sondern sie war der unerkannte Schwan. Dieser Erkenntnisblitz veranlaßte sie, nicht länger auf den Prinzen zu warten, sondern sich statt dessen in die Gesellschaft von Schwänen zu begeben. (Übrigens wurde sie dort vom Prinzen gefunden.)

»Aber Julia!« bekomme ich oft zu hören. »Was ist, wenn ich in Wirklichkeit gar nicht kreativ bin? Was ist, wenn ich meine Blockaden beseitige und sich herausstellt, daß ich ein langweiliger, uninteressanter Mensch bin?«

Diese Frage kann man stellen, aber ich bin mir heute nicht mehr sicher, ob es die richtige Frage ist. Ich glaube, die echte Frage lautet: »Was ist, wenn ich in mir Begabungen und Fähigkeiten entdecke und in diesem Leben nicht mehr wage, etwas aus ihnen zu machen?« Das ist die Frage und die echte, drohende Tragödie.

»Aber was ist, wenn das wirkliche Ich ein echtes Mäuschen, ein richtiges Mauerblümchen ist ...?«
»Und was ist, wenn dein wahres Selbst faszinierend ist und du diesem Selbst nur nicht vertraust?«
Und so beginnen wir. Wir beginnen dort, wo wir beginnen müssen: am Anfang. Wir schreiben unsere Autobiographie mit dem Ziel, darin neue Einzelheiten zu entdecken, die wir uns in jeder von uns gewünschten Weise zunutze machen können. Wir suchen Zugang zum Material unseres Lebens.
Natürlich kann unsere Verwundbarkeit schmerzhaft sein. Es kann sogar nach dreißig Jahren peinvoll sein, sie wieder zu durchleben. Deshalb möchte ich darauf hinweisen, daß wir, indem wir unsere Geschichte noch einmal Revue passieren lassen, die Möglichkeit haben, sie neu zu schreiben. Lassen Sie mich Ihnen ein Beispiel geben:
Als Carolyn achtzehn und neu am College war, wurde sie als Kandidatin für die »Homecoming Queen« aufgestellt. Zum damaligen Zeitpunkt empfand sie ihre Nominierung als grausamen Witz. Als Mauerblümchen in einer Familie voller schöner Schwestern und in ihrer Schule als Streberin verhöhnt, war sie einfach nicht bereit zu glauben, daß sie genauso schön war wie ihre lebensfrohen Schwestern und daß sie als anonyme Studienanfängerin an ihrem neuen College keiner als Streberin kannte. Ihre Kollegen nahmen sie so, wie sie sie sahen.
Als Carolyn ihre Lebenserzählung schrieb und an der Stelle anlangte, an der sie zur Homecoming Queen

nominiert wurde, überfluteten sie widersprüchliche Gefühle wie Trauer, Stolz und Zorn.

»Ich hätte am liebsten meine Mutter angerufen und sie gefragt: Warum hast du mir nie gesagt, daß ich hübsch bin? Ich wäre so gern hübsch gewesen!«

Statt dessen versuchte Carolyn mühsam, mit den Männern und ihren Motiven zurechtzukommen. »Mein Selbstbild war das von Carolyn, der Streberin. Stellen Sie sich vor, wie schockiert ich war, wenn ein Mann mir Avancen machte. Ich dachte, er müsse es aus Mitleid tun.«

Wirklich schade, daß Carolyn ihre Schönheit nicht genießen konnte. Wenn ein Mann sexuelles Interesse an ihr bekundete, verwirrte sie das und brachte sie aus dem Gleichgewicht. Durch die Arbeit an ihrer Lebenserzählung gelangte Carolyn zu der verspäteten, aber dennoch wunderbaren Erkenntnis, daß sie schon immer schön und nicht nur klug gewesen war.

Wenn wir unsere Geschichte schreiben, offenbaren sich Ursache und Wirkung oft auf unerwartete Weise. Jahrelang hatte sich Rose für eine Zeit in ihren frühen Zwanzigern geschämt, als sie plötzlich und aus unerklärlichen Motiven mit einem halben Dutzend ihrer männlichen Freunde ins Bett ging.

»Es war nicht so, daß ich mit Männern schlief, die ich nicht kannte, sondern ich schlief mit Leuten, die ich nur allzu gut kannte. Ich kann von Glück reden, daß von meinen Freundschaften überhaupt welche übrigblieben und daß ich selbst heil aus dem Ganzen hervorging!«

Als sie ihre Lebenserzählung schrieb, wurden Rose

plötzlich Zusammenhänge klar, auf die sie vorher nie gekommen war: »Ach ja, meine Eltern ließen sich damals scheiden, meine Freundin nahm eine Überdosis Drogen ... kein Wunder, daß ich aus dem Gleichgewicht geraten bin ... So verrückt war das gar nicht ...«

Zum ersten Mal konnte sie Verständnis für ihr Verhalten aufbringen. Zum ersten Mal spürte sie Mitgefühl und nicht Scham für ihr junges Selbst. Was sie gesucht hatte, war Sicherheit und Geborgenheit gewesen, nicht Sex (deshalb hatte sie sich ja auch Freunde ausgesucht und keine Fremden), und außerdem waren sie ja alle jung, verwirrt und von Hormonen geplagt ...

Solche plötzlichen Einsichten können bewirken, daß Sie eine Pause einlegen und eine Zeitlang bei Ihren neuen Erkenntnissen verweilen wollen. Machen Sie diese Pause nicht. So schön solche Erkenntnisse auch sind, sie sind doch ein Nebenthema. Sie mögen schön sein, aber sie sind nicht das, worum es geht. Worum es geht, ist eine kreative Wiederenteckung Ihrer Persönlichkeit. Das bedeutet, daß Sie eine ganze Menge Terrain wiedergutmachen müssen. Hören Sie also nicht auf zu schreiben. Stellen Sie sich Ihre Lebenserzählung vor wie eine Fahrt von der amerikanischen Ostküste an die Westküste. Wenn Sie bei jedem Aussichtspunkt eine Pause einlegen, werden Sie über Pennsylvania nicht hinauskommen. (Und übrigens können Sie ja später immer wieder zurückkehren, wenn Sie wollen. Genau das werden wir später mit Hilfe eines Werkzeugs tun, das ich »Cup« nenne.)

Entscheidend beim Schreiben Ihrer Lebenserzählung ist

es, daß Sie in Bewegung bleiben. Schreiben Sie schnell und ohne etwas auszubessern. Das Schreiben wirkt zwar therapeutisch, ist aber keine Therapie. Stellen Sie es sich statt dessen wie eine archäologische Grabung vor. Sie graben nach sich selbst. Schreiben Sie einfach und schlicht. Sie sollen hier keine Literatur schaffen. Vielleicht ist es eine kraftvolle, befreiende Erfahrung für Sie, die Fakten Ihres Lebens zu Papier zu bringen. Vielleicht werden Sie sich aber auch emotional distanziert, ja sogar gelangweilt fühlen. Lassen Sie sich nicht täuschen oder entmutigen. *Schreiben Sie weiter.*

Versuchen Sie nicht, emotional zu sein. Wenn Sie aber von Emotionen überwältigt werden, machen Sie sich bewußt, daß diese Emotionen, wie stark sie auch sein mögen, Sie wie eine Welle durchfluten und dann abebben werden. Lassen Sie sich durch die Stromschnellen treiben, aber glauben Sie nicht, daß Sie alle Tiefen ausloten müßten.

Manchmal müssen wir, um zu den Fakten zu gelangen, unseren Blickwinkel stark verändern. Lassen Sie sich nicht entmutigen, wenn Sie beim Schreiben zunächst ein Gefühl der Kälte und der Verwundbarkeit empfinden. Das ist verständlich. Meiner Erfahrung nach ist das eigentliche Ergebnis des Schreibens einer Autobiographie etwas ganz anderes: Stärke – das erste Aufleuchten von Mitgefühl mit dem eigenen Ich und Selbstakzeptanz.

Als ich an der Northwestern University lehrte, stieß ich auf die Arbeit der Schriftstellerin und Lehrerin Carol Bly, die von allen Teilnehmern ihrer Kurzgeschichtenkurse verlangte, daß sie eine Autobiographie schrieben. Was für eine wunderbare Idee, dachte ich und gab meinen Drehbuchstudenten dieselbe Aufgabe. Carol Bly bezweckte mit diesem Auftrag, die ureigene Stimme ihrer Studenten zu wecken und hörbar zu machen, ein Ziel, das auch ich hatte. Das Ergebnis dieses Prozesses ist die Fähigkeit, mit großer Originalität und Genauigkeit zu arbeiten.

Bald erkannte ich jedoch, daß das Schreiben der Lebenserzählung noch ein anderes, positives Ergebnis bringt, das mindestens ebenso wertvoll ist: Der Schreibende erhält nicht nur Material, mit dem er arbeiten kann, sondern er gewinnt auch persönliche Stärke. Künstler brauchen nicht nur das Material, sondern auch die Stärke, um mit diesem Material umgehen zu können.

An dieser Stelle möchte ich sagen, daß ich weiß, wie einschüchternd diese Aufgabe wirken kann. Auch wenn man die potentiellen Belohnungen kennt, kann einem das tatsächliche Schreiben schwerfallen. Wenn Sie sich festgefahren haben oder sich sammeln wollen, bevor Sie beginnen, versuchen Sie es doch so:

Unterteilen Sie ein DIN-A4-Blatt Papier horizontal in drei Spalten. Schreiben Sie in das oberste Drittel die Überschrift »Jahre 1 bis 5«, in das zweite »Jahre 5 bis10« und in das dritte »Jahre 10 bis 15«. Für die restlichen Jahre Ihres Lebens in Fünfjahresschritten bis zu Ihrem derzeitigen Alter verwenden Sie andere Blätter. Notieren Sie auf diesen Blättern die Antworten auf folgende Fragen:

- Wo lebten Sie?
- Wer waren die wichtigsten Menschen in Ihrem Leben?
- Hatten Sie Haustiere?
- Was aßen Sie am liebsten?
- Was war Ihr Lieblingsspiel?
- Was war Ihre Lieblingsmusik?
- Wer war Ihr/e Lieblingsfreund/in?
- Was war Ihr Lieblingsspielzeug?
- Was waren Ihre Lieblingshobbys?
- Wofür interessierten Sie sich am meisten?
- Was war Ihre Lieblingskleidung?
- Was waren die wichtigsten Ereignisse dieser Zeit?
- Was sind Ihre stärksten Erinnerungen aus dieser Zeit?

Machen Sie sich keine Sorgen, wenn Ihnen die Antworten schwerfallen. Diese Übung ist eine Art Säen. Indem wir über diese Fragen nachdenken, lösen wir eine Flut von Erinnerungen aus. Diese Erinnerungen kommen vielleicht nicht gleich an die Oberfläche. Üben Sie sich in Geduld, und irgendwann wird mit Sicherheit ein reicher Strom von Bildern und Hinweisen zu Ihnen kommen.

Selbst wenn Sie Ihr Leben nicht formell aufzeichnen, wird das Hinkritzeln der Notizen bewirken, daß Sie die Punkte Ihres zersplitterten Selbst miteinander zu verbinden beginnen. Dies ist *Ihre* Geschichte, vergessen Sie das nicht. Beurteilen Sie nicht, was Sie zu Papier bringen. Wenn eine Erinnerung zu Ihnen zurückkehrt – die komische Cowboylampe mit dem fransenbehangenen Lederschirm, die rustikalen Stockbetten –, vertrauen Sie dieser Erinnerung und notieren Sie sie: Lampe. Stockbett. Der Duft des spanischen Flieders vor dem Fenster Ihres zehnjährigen Selbst war möglicherweise der Auslöser für Ihre lebenslange Liebe zu Blumen. Vielleicht *brauchen* Sie als Nahrung für Ihr erwachsenes Selbst Blumen, ein Haus voller Duft und Sensibilität.

Gestatten Sie sich beim Schreiben Mitgefühl. Vergessen Sie nicht, daß nur Sie, Sie ganz allein entscheiden, welches Gewicht Sie den einzelnen Ereignissen beimessen. Beurteilen Sie Ihre Gefühle nicht! Wenn Sie beim Singen im Schülerchor Ihrer Stimme wegen gehänselt wurden, mag das die Sängerin in Ihnen zum Schweigen gebracht haben. Gestatten Sie sich, die Erinnerung auf derselben Ebene in Besitz zu nehmen, auf der sie Sie in Besitz nimmt!

Es kann sein, daß Sie für die Jahre eins bis fünf zwölf Seiten brauchen oder auch nur zwei. Sorgen Sie sanft, aber bestimmt für Tempo. Als Daumenregel für die richtige Länge der Lebenserzählung können zwischen fünftausend und fünfundzwanzigtausend Wörter gelten. Die meisten Leute finden mit zehn- bis fünfzehntausend Worten ein bequemes Auslangen. Die Gefahr zu großer Kürze besteht darin, daß Sie eine Art »Konservenform« Ihrer Person präsentieren, eine Version, wie sie von Familienangehörigen und Freunden vorgegeben wird. Wenn Sie zu ausschweifend schreiben, besteht die Gefahr, daß Sie sich entmutigt fühlen, weil die Fertigstellung in weiter Ferne liegt. Sie sollten ein Gleichgewicht zwischen Kürze und »Overkill« anstreben, ein Gleichgewicht zwischen:

a) »Ich ließ mich mit neunundzwanzig scheiden«, und
b) »An diesem Dienstag, dem dritten Dienstag im März, kurz nach meinem neunundzwanzigsten Geburtstag, knickte Sally die Zahnpastatube in der Mitte ... das war das erste Anzeichen für unsere bevorstehende Scheidung im selben Jahr.«

Wenn sich eine starke Erinnerung in Ihnen meldet, trauen Sie ihr. Nur Sie sind wichtig. Wenn ein Vorfall Gewicht für Sie hat, ist er bedeutend. Vertrauen Sie sich in dieser Hinsicht. Jeder von uns hat besondere Geschichten zu erzählen, und das Publikum, das wir brauchen, ist unsere eigene, liebevolle Aufmerksamkeit.
An dieser Stelle eine kleine Anmerkung: Nicht alle von uns haben in ihrem Leben etwas so Dramatisches erlebt wie zum Beispiel den plötzlichen Tod eines Bruders oder einer Schwester. Viele von uns gehen an ihre Lebenserzählung mit der Überzeugung heran, daß sie langweilig sei. Wir sind davon überzeugt, daß andere ein Leben in Technicolor führen, während wir über die Pastellfarben nie hinauskommen. Wenn wir uns aber wieder intensiv mit unserem Leben beschäftigen, das wir als öde empfinden, erkennen wir oft überrascht, daß es reicher und kräftiger an Farbe und Bedeutung wird, sobald wir uns nur wirklich darauf konzentrieren und ihm echte Aufmerksamkeit schenken.
Ich denke dabei an meine Freundin Laura, die in einem Kindergarten arbeitet. Sie begann ihre Lebenserzählung mit der Überzeugung, daß ihr Leben so einfach sei wie das Malbuch eines Kindes und so banal wie ein Kinderreim.

»Ich arbeite nun schon seit zwanzig Jahren im Kindergarten«, sagte sie mir. »Mein Leben besteht aus Kindern. Ich bin wie Mary Poppins.« Doch Mary Poppins entdeckte ein Leben, das reich war an vergessenen und verdrängten Gefühlen: eine vernachlässigte musikalische Begabung, die Liebe zum Tanz, ein intensives Interesse an der Kultur Kretas, die Liebe zur Küche des Mittleren Ostens ... ein Leben, in dem mindestens genausoviel Würze war wie Süße.

Vergessen Sie nicht: Während wir beim Schreiben hauptsächlich von unserer eigenen Person ausgehen, geht es auch darum, »er« oder »sie« zu sagen und dann zu beschreiben, wie wir das Tun oder die Persönlichkeit anderer empfanden. Üben Sie sich darin, all die interessanten kleinen Details zu berücksichtigen, die Ihnen in den Sinn kommen. »Meine Tante Bea roch immer nach Talk und Zitronen.«

Lassen Sie sich von Ihren vagabundierenden Erinnerungen nicht schockieren. Es kann sein, daß Sie manche Erinnerungsblitze tief treffen. Stellen Sie sie sich als Wärmeblitze vor: Sie erwärmen sich für die Aufgabe, sich selbst gegenüberzutreten. Beim Schreiben Ihrer Lebenserzählung halten Sie zwar Ausschau nach Orientierungspunkten, aber auch nach subtileren Spuren Ihres Herzens. Wen oder was liebten oder mochten Sie? Fragen Sie sich das – von Kleidungsstücken bis hin zu Klassenkameraden. Die Antworten sind winzige Puzzleteilchen Ihres authentischen Selbst.

Da sind zum Beispiel die Haustiere: Als ich ein Kind war, züchteten meine Eltern und Großeltern Boxerhunde.

Auch heute, wo ich erwachsen bin, hüpft mein Herz noch vor Freude, wenn ich einen Boxerwelpen sehe. Pudel, Beagles, deutsche Schäferhunde habe ich gern, aber ein kleiner Boxer fasziniert mich und entführt mich auf eine Reise in meine Kindheit.

Vielleicht stellen Sie beim Schreiben fest, daß sich Ihre Wahrnehmung langsam und fast unmerklich verschiebt, während Ihre Erinnerungen die Oberhand gewinnen. Sie werden sehen, daß Sie, indem Sie sich an Orte und Ereignisse erinnern, wieder in Verbindung mit einem jüngeren Selbst kommen und sogar die Energie dieses Selbst spüren können: glücklich, traurig, allein, übermütig ...

An dieser Stelle sollten wir festhalten (und es wird nicht das letzte Mal sein!), daß sich das Wort »ursprünglich« von »Ursprung« herleitet. Indem wir unsere Lebenserzählung schreiben, stecken wir das Territorium unseres Ursprungs ab. Wir stärken unsere Farben und unsere einzigartige, persönliche Frequenz. Wir nehmen unser Leben in Besitz, machen es zu unserem Eigentum, und indem wir unsere Lebenserzählung schreiben, erlauben wir unserem Selbst, etwas Besonderes zu tun, zu haben oder zu sein.

Das sind einige der »Aha«-Erlebnisse, die die Teilnehmer meiner Kurse durch die Arbeit mit diesem Werkzeug hatten:

»Mein Aha-Erlebnis bestand darin, wie grausam und voreingenommen ich in der Beurteilung meines Lebens bisher gewesen war.«

»Meines bestand darin, mir bewußtzumachen, daß ich

mir selbst und meiner Familie mehr Mitgefühl entgegenbringen sollte.«
»Ich habe ein wichtiges Thema meines Lebens erkannt – den Konflikt zwischen dem Bedürfnis, die Kontrolle zu behalten, und dem Bedürfnis, unbekümmert und kindisch zu sein.«
»Ich konnte meine alte Trauer und meine Wut loslassen.«
»Endlich konnte ich mein Leben ein wenig objektiver betrachten und mich an mehr positive Dinge erinnern. Früher konzentrierte ich mich nur auf das Negative. Ich begann auch zu verstehen, wie das mit vielen meiner unbewußten Verhaltensweisen zusammenhängt.«
Sie werden an dieser Aufgabe die nächsten zwei oder drei Wochen arbeiten. Unsere Lebenserzählung gibt uns das Gefühl einer persönlichen Kontinuität und:

- die Erlaubnis, das Unsägliche zu sagen;
- die Erlaubnis, das Undenkbare zu denken;
- die Erlaubnis, das bisher Undurchführbare zu Kunst zu machen.

Anders ausgedrückt ist die Lebenserzählung, obwohl an und für sich noch keine »Kunst«, der Quell, aus dem unsere Kunst entspringt.
Der Regisseur Martin Scorsese erinnert sich, daß über seinem Kinderbett im New Yorker Stadtteil Little Italy das allsehende Auge Gottes aufgehängt war. Diesem Auge entging nichts von dem Denken und Tun des kleinen Martin. Es nahm einen großen Platz in seiner jugendlichen Vorstellungskraft ein, und es verfolgte ihn

derartig, daß er an einem Seminar teilnahm, um Frieden mit Gottes fordernder Allwissenheit zu schließen. Ist es Zufall, daß jemand wie Scorsese Filme über Schuld und Vergeltung dreht? Seiner Meinung nach nicht.

Meine Schwester Libby, eine ausgezeichnete Porträtmalerin, verwendet ihre Begabung dafür, sich »durch die Erinnerungen hindurchzumalen«, um eine schwierige Jugendzeit aufzuarbeiten. Im Zuge dessen malte sie eine Reihe autobiographischer Ölbilder, auf denen sie selbst und die Stute dargestellt sind, die sie in ihren Kindertagen hatte. Diese Bilder zählen zu ihren besten und ursprünglichsten Arbeiten. Sie ließen auch erstmals die Hoffnung aufkommen, daß es ihr gelingen könnte, sich auf die außerordentlich schwierige Darstellung von Kindern und Tieren zu spezialisieren.

Indem wir unsere Erinnerungen für uns in Anspruch nehmen, gewinnen wir Zugang zu der kreativen Energie, die in ihnen steckt. Die Erinnerungen werden für uns zu einer Quelle – und zwar nicht nur zu einer Quelle der Inspiration, sondern zu einer Quelle der Kraft. Sie schenken uns nicht nur Ideen, sondern auch die Energie zu deren Verwirklichung. Echte Kunst entsteht von innen nach außen und nicht umgekehrt. Aus diesem Grund muß die Selbstdarstellung damit beginnen, daß wir uns mit unserem eigenen Selbst bekannt machen. Dafür brauchen wir Ruhe und Konzentration. Das sind die Voraussetzungen für das Schreiben unserer Lebenserzählung.

Übung: Notizen machen

Beginnen Sie noch diese Woche, an den Notizen für Ihre Lebenserzählung zu arbeiten. Sie werden feststellen, daß Sie die Notizen direkt zum Schreiben anregen, so daß Sie sich Hals über Kopf in das Projekt stürzen werden.

Übung: Kleben Sie sich eine Notiz an Ihren Spiegel

Ja, ich *kann* meine Lebenserzählung schreiben!

Übung: Kontaktieren Sie eine/n Freund/in und bekennen Sie sich zu Ihrem Projekt

Rufen Sie ein Mitglied Ihrer Kreativitätsgruppe an oder schreiben Sie ihm. Erklären Sie, was Sie vorhaben, und bekennen Sie sich offiziell zu Ihrem Ziel. Möglicherweise ist es günstig, sich einmal pro Woche mit der betreffenden Person zu treffen und über den Fortgang zu sprechen.

Übung: Schreiben Sie Ihre Lebenserzählung

Gleichgültig, ob Sie nur Notizen hinkritzeln oder sich sofort in Ihr Vorhaben stürzen – beginnen Sie, Ihre Geschichte auf dem Papier zum Leben zu erwecken. Schreiben Sie, ohne viel nachzudenken. Wenn Sie wollen, können Sie sich die Uhr auf eine maximale Schreibzeit von einer Stunde stellen. Natürlich können Sie auch länger schreiben, wenn Sie es nicht als anstrengend empfinden.

Ich werde oft gefragt, ob man die Lebenserzählung anstelle der Morgenseiten schreiben kann. Nein, auf keinen Fall! Die Morgenseiten bilden einen wichtigen Ankerpunkt in Ihrem aktuellen Leben. Verzichten Sie nicht auf diese Erdung. Betrachten Sie sie als Seil, das um Ihre Mitte geschlungen ist und dafür sorgt, daß Sie sicher sind und mit Ihrem Leben verbunden bleiben, ganz gleich, wie tief Sie sich in Ihre früheren Erfahrungen hinuntergraben.

Übung: Ausfüllen

Bitte füllen Sie die freien Zeilen für die Altersperioden aus, die Sie schon hinter sich gebracht haben. Machen Sie sich diese Notizen zusätzlich zu Ihrer Lebenserzählung.

1 bis 5 Jahre

Mein/e Lieblingsspielkamerad/in als kleines Kind war ____________

____

Das habe ich von ihm/ihr in Erinnerung behalten ____________

____

Mein Lieblingsspielzeug als kleines Kind war ____________

Ich erinnere mich, daß mein Lieblingsspiel ____________ war.

Wir wohnten in ____________

Unser Haus / Wohnung war ______________________________

____

Ich weiß noch, daß ich gern nach/zu ____________________ ging.

____

In meiner Familie hatten wir jede Menge ____________________

Meine Geschwister ______________________________________

____

Meine Haustiere _______________________________________

____

5 bis 10 Jahre

Mein Lieblingsthema als Kind war _________________________

____

Meine Lehrer fand ich ___________________________________

Ich mochte ____

Mein/e Lieblingslehrer/in war ____________________________

Ich erinnere mich an ____________________________________

____

Mein/e verhaßteste/r Lehrer/in war ______________________

In der Schule wurde ich gelobt für ________________________

____

Meine Eltern fanden, ich sei _____________________________

____

Meinem eigenen Gefühl nach war ich _____________________

____

10 bis 15 Jahre

Vor der Pubertät begann ich _____________________________

____

Ich liebte es, ____

Mein Lieblingsabenteuer war ____________________

Meine Freunde waren ____________________

Alkohol und Drogen waren ____________________

Sex war ____________________

Meine Eltern waren ____________________

In meiner Familie galt ich als ____________________

____

Meine Freunde nannten mich ____________________

Ich unterhielt mich mit ____________________

15 bis 20 Jahre

Als Jugendliche/r betrachtete ich mich als ____________________

Weniger isoliert fühlte ich mich, wenn ich ____________________

Der/die Freund/in, mit der ich am meisten Spaß hatte, war ________

____

Ich experimentierte mit ____________________

Mein Job als Jugendliche/r war ____________________

Von mir selbst hatte ich das Gefühl, ich sei ____________________

Meine Beziehung zu Alkohol, Drogen, Sex und Essen war ________

____

Am öftesten hielt ich mich auf in ____________________

Als Unterhaltung bevorzugte ich ____________________

____

Mit meinen Freunden/Freundinnen unterhielt ich mich, indem ich

____

20 bis 25 Jahre

Im Studentenalter war mein Selbstbild ____________________

____

Ich wollte studieren ____________________

Tatsächlich studierte ich ___________________________

Ich entdeckte ein neues Interesse an ____________________

Von der Universität gewann ich den Eindruck _______________

____

Meine Beziehung zu Alkohol, Drogen, Sex und Essen war ______

____

Während dieser Zeit war die Beziehung zu meiner Mutter ______

____

Während dieser Zeit war die Beziehung zu meinem Vater ______

____

Mir gefielen die folgenden Songs, Filme, Bücher
und anderen kulturellen Dinge ______________________

____

25 bis 30 Jahre

Als Twen fühlte ich mich im allgemeinen _________________

Meine engsten Freunde/Freundinnen waren _______________

Ich unternahm ________________________________

Mir wurde bewußt, oder ich begann zu glauben ____________

Ich begann Schwierigkeiten zu haben mit ________________

Ich gewann eine bessere Sicht von ___________________

Mein Selbstwertgefühl ___________________________

Mein spirituelles Leben __________________________

Ich definierte mich hauptsächlich über ________________

Ich hatte das Gefühl, folgende Möglichkeiten zu haben _______

____

30 bis 40 Jahre

Nach meinem 30. Geburtstag fühlte ich mich _____________

Mein Leben schien irgendwie _______________________

Ich glaube, das lag daran, daß ______________________

____

Meine Freundschaften schienen ____________________

Ich betrachtete mich als ________________________

Ich begann mich stärker zu interessieren für Hobbys __________

____

Mein Leben wurde dominiert von __________________

Ich betrachtete mich als ________________________

Ich begann mir zu wünschen ______________________

40 bis 50 Jahre

Nach meinem 40. Geburtstag erkannte ich ______________

____

Ich war überrascht, wie _________________________

____

Ich sehnte mich danach, einfach __________________

Ich sagte zu mir _____________________________

Ich entdeckte, daß ich könnte ____________________

____

Meine Freundschaften waren nun _________________

Ich benutzte meine Zeit, um _____________________

Immer stärker wandte ich mich zu ________________

Ich gewann ein tieferes Gefühl für _______________

Die Welt vermittelte mir das Gefühl ______________

50 bis 60 Jahre

Nach meinem 50. Geburtstag entwickelte sich

mein spirituelles Leben _________________________

Mein Tagesablauf ____________________________

Ich schloß Frieden mit _________________________

Ich spürte Zorn wegen ___________________________

Ich entschied mich, ___________________________

Ich begann, ___________________________

Ich wandte mich ___________________________ zu.

Ich stellte fest, daß ich ___________________________

Meine Lebenseinstellung ___________________________

Ich begann von mir aus, anzustreben ___________________

60 bis 70 Jahre

Mit sechzig stellte ich fest, daß ich _______________ könnte.

Überraschend fand ich, daß ___________________________

____

Es gefiel mir, mich zu fühlen ___________________________

Ich fühlte mich befreit von ___________________________

Mein Bedauern verwandelte sich in ___________________

Meine klare Einstellung zu ___________________________

Mein Sinn für Gerechtigkeit verlangte ________________

____

Ich orientierte mich an ___________________________

Ich hatte das Gefühl, ich könnte nicht länger ____________

Ich entschied mich, ___________________________

____

70 bis 80 Jahre und danach

Nach meinem 70. Geburtstag entwickelte ich Interesse an ______

____

Meine Konzentration auf ___________________________

Mein Gefühl ___________________________

Meine Leidenschaft für ___________________________

Meine Freude an ___________________________

Mein Loslassen von ______________________________

Meine Sorgen über ______________________________

Meine Rückkehr zu ______________________________

Meine Akzeptanz von ______________________________

Meine Neugier auf ______________________________

»Cups«: Der Schlüssel zur Selbsterkenntnis

Auf Ihrer Reise durch Ihre Lebenserzählung stießen Sie sicher auf einzelne schmerzvolle oder so emotionsgeladene Erinnerungen, daß es Ihnen schwerfällt, sie sich ins Gedächtnis zu rufen. Diese Teile sind das ideale Rohmaterial für das Werkzeug, das ich »Cup« nenne.

Was ist nun genau ein Cup, und was kann es enthalten? Ein Cup ist eine »Schöpfkelle« für Zeit, Gefühl und Erinnerung, die Sie aus Ihrer Lebenserzählung nehmen, um sie näher betrachten zu können. Als Regel gilt, daß ein Cup zwischen einem und mehreren tausend Wörtern enthalten kann.

Während manche Cups schmerzhafte Erinnerungen oder Geheimnisse enthalten, können sich andere einfach auf jene Teile unseres Selbst beziehen, die wir verdrängt oder vergessen haben. Als Cokey ihre Lebenserzählung schrieb, erinnerte sie sich, daß sie es als Kind geliebt hatte, in halsbrecherischer Geschwindigkeit radzufahren. Deshalb schrieb sie ein Cup über »Geschwindigkeit«. Darin skizzierte sie das blitzschnelle Kind, das in ihr steckte und das mit seinem Rad in lebensgefährlichem Tempo über Stock und Stein flitzte. Als Erwachsene fuhr sie ihr Auto wie ein weiblicher Mario Andreotti, sehr zum Leidwesen ihrer Familie, die fand, daß es sich für »Mom« nicht schickte, so wild zu fahren. »Geschwindigkeit« war ein wichtiger Teil ihrer Persönlichkeit, stellte Cokey fest.

Eine andere effektive Methode des Herangehens an das Cup besteht darin, einen Blick auf das zu werfen, was ich »Mörder« nenne. Schreiben Sie ein »Eifersuchts-Cup« oder ein »Gier-Cup«. Dann durchforsten Sie Ihre Lebenserzählung, um festzustellen, ob Ihnen jemals »Stolz« zum Verhängnis wurde oder ob es da irgendwo ein Cup mit »Wut« gibt, das vor sich hin köchelt.
Kurz gesagt: Cups haben etwas Reinigendes und Heilendes. Wenn eine Erinnerung besonders stark ist – der letzte Urlaub mit Ihrer Mutter, die Nacht vor der Geburt Ihres ersten Kindes, der Augenblick, an dem Sie wußten, Sie würden heiraten –, eignet sich diese Erinnerung ideal für ein Cup. Cups können dazu verwendet werden, Trauer zu verarbeiten und Gefühlen über Verrat Luft zu machen. Sie können dazu verwendet werden, Familiengeheimnisse abzustauben oder zu lüften.
Es folgt ein kleiner Auszug aus einem meiner wertvollsten Cups:

Verwundbarkeit

Ich komme aus einer Familie, in der sowohl Zerbrechlichkeit als auch Beharrlichkeit fest verankerte Familientraditionen sind. Ich mußte erleben, daß meine beiden Eltern im Krankenhaus lagen, während ich meine Geschwister versorgen mußte. Den dunklen Tagen vor Lithium und Antidepressiva folgten Zeiten, in denen es Lithium gab – friedliche, störungsfreie Jahrzehnte. So unglaublich es auch erscheinen mag – die Stabilisierung meiner Eltern hing von einer einfachen Prise Salz ab.

Natürlich zeigten sich Nebenwirkungen, aber die akzeptierten wir gern. Meine Mutter nahm zu, und die Hände meines Vaters begannen stark zu zittern. Nach dem Tod meiner Mutter suchten wir bei ihm Zeichen des nahenden Endes, aber wir liebten ihn mit grimmiger Fürsorge, vielleicht so, wie er, unser dahinschwindender Patriarch, uns liebte.

Keines von uns Geschwistern erbte die Zerbrechlichkeit unserer Mutter oder unseres Vaters. Kein einziges. Alle sieben waren wir geistig und körperlich gesund, und wir brauchten diese Gesundheit auch. Unsere Durchschnittsleistung: eindrucksvoll. Vielleicht beobachteten wir einander etwas zu genau – wir waren überwachsam, inspizierten uns gegenseitig mit dem Scharfblick, den wir gemeinsam entwickelt hatten, um allfällige Veränderungen in der Psyche unserer Eltern aufzuspüren.

»Was findest du, wie hat er sich angehört?« Wir überprüften unsere Wahrnehmung, indem wir die anderen nach ihrem Eindruck fragten und indem wir von den Telefonaten mit unseren Eltern berichteten.

Oder: »Mutter klang gut.«

(Während ich dies hier schreibe, wird mir klar, daß die unausgesprochene Alternative immer präsent war, daß sie mitten unter all diesen Schatten lauerte, die wir alle beobachteten und trotzdem zu ignorieren suchten.)

Ein Jahrzehnt, manchmal auch mehr, ohne Krankenhausaufenthalte ... wir wurden mit der Zeit zwar nicht gerade unbekümmert ... doch, genau das wurden wir. Unsere Berichte glichen einem Frisbee, das an einem langen Urlaubsnachmittag durch die Luft segelt.

»Wie geht's Dad?« Wurf. Zurück zu dir.
»Klang gut.« Wurf. Zurück zu dir ...

Durch das Schreiben dieses Cups konnte ich meine Familiengeschichte objektiver betrachten. Außerdem gewann ich mehr Verständnis und Mitgefühl für meinen Wunsch, das Leben meiner Tochter möge »sicher« – will heißen: stabil – sein. Ich muß wohl auch hinzufügen, daß dieses Cup bei mir den Grundstein zu einem Spiel gelegt hat. Cups sollen zwar keine Kunst sein, aber sie werden oft zum Nährboden für Kunst. Indem wir den übermäßigen emotionalen Gehalt, die gewisse Situationen oder Ereignisse für uns haben können, erden, gewinnen wir die Freiheit, das in ihnen enthaltene Material als Bausteine für unsere Kunst verwenden zu können. Darüber hinaus macht es uns dieser Erdungsprozeß möglich, mehr Kunst in unser Leben zu bringen. Lassen Sie mich das näher erklären.
Solange wir nicht wissen, wer wir sind, neigen wir zu allen möglichen Fehlern und Pannen – vor allem zu dem, was ich Unbesonnenheit nenne (die Psychologen sprechen von preisgeben). Wie man es auch nennen will, es geht darum, daß man scheinbar unabsichtlich oder in unangemessener Weise sehr persönliche Informationen preisgibt. Der Auslöser ist oft ein von außen kommender Stimulus oder Übereifer. Sehr oft löst ein Bekenntnis von jemand anderem ein unwillkürliches Selbstbekenntnis aus, das wir lieber nicht abgelegt hätten.
»Ich habe einmal eine Abtreibung machen lassen. Es war schrecklich.«

»Wirklich? Ich auch. Ja, es war wirklich furchtbar.«
Manchmal sind solche Bekenntnisse harmlos. Oft jedoch knirschen wir im Geiste mit den Zähnen: »Ich wünschte, ich hätte das nicht gesagt!«
Warum haben wir es gesagt?
Wenn wir unser Leben und unsere Gefühle nicht verarbeitet haben, kann es sein, daß sie uns aus dem Hinterhalt überraschen. Die beste Analogie ist vielleicht ein Phänomen, das den Bekämpfern von Waldbränden bekannt ist. Sehr oft hat es den Anschein, als seien die Flammen gelöscht, nur um plötzlich weit jenseits der Brandschneise wieder aufzulodern. Wie kann das geschehen?
Wie Feuerwehrleute aus eigener, trauriger Erfahrung wissen, kann sich das Feuer unkontrolliert durch das unterirdische Wurzelsystem weiterfressen. Genau das tun auch unsere Emotionen, wenn wir versuchen, sie vor uns selbst zu verbergen. Die Wutgefühle aus einer alten Beziehung, die wir uns nie bewußtgemacht haben, flakkern plötzlich wieder auf und zerstören eine wunderbare, neue Liebe. Vielleicht machten wir uns nie bewußt, wie elend uns nach dieser Abtreibung tatsächlich war.
Wenn wir regelmäßig mit dem Werkzeug des autobiographischen Selbstausdrucks arbeiten, ermöglicht uns dieser private Akt der Selbstoffenbarung den Luxus der Privatheit in der Öffentlichkeit. Privatheit ist etwas anderes als Geheimniskrämerei. Sie hat wenig mit Geheimhaltung zu tun, aber viel damit, etwas zu schützen – nämlich sich selbst. Was wir mit Privatheit schützen, ist nicht unsere Würde, denn die gehört in Form unserer

Seele unzerstörbar uns. Was wir mit Privatheit schützen, ist unser kreatives Kind.

Wann immer wir vorzeitig oder auf unpassende Weise etwas von uns preisgeben, machen wir die Erfahrung, die Kontrolle zu verlieren und in den Status eines Opfers zu geraten. Plötzlich haben »sie« (unsere Zuhörer) »etwas« gegen uns in der Hand. So wird dieses Bekenntnis, das wir eigentlich nicht ablegen wollten, zu etwas, dessen Offenbarung wir uns schämen, und Scham ist ein Hemmschuh für Kreativität und erschwert es uns, etwas zu schaffen. Die Scham und ihre Handlanger, die Schuldgefühle, werden dazu verwendet, jene zu manipulieren und zum Schweigen zu bringen, die offen zu sagen drohen, daß der Kaiser keine Kleider anhat – oder neue braucht.

Als Künstler versuchen wir ständig, den Schleier der kulturellen Vorschriften und Gebote zu lüften und unsere persönliche Wahrheit zu finden. Zu diesem Zweck müssen wir Tapferkeit und so viel Offenheit für unsere eigene, innere *Landschaft* aufbringen, daß unsere Kunst einen Ausdruck finden kann. Es muß uns also gelingen, die Scham zu besiegen und uns bewußt für die Selbstoffenbarung zu entscheiden. *Das erfordert Mut.* Alle Werkzeuge, die Sie im Reich der Geschichten verwenden werden, sollen Ihnen helfen, den Mut zu finden, Ihre eigene Wahrheit zu verkünden.

Sowohl die Morgenseiten als auch unsere Lebenserzählung verschaffen uns die heilige Ruhe der Privatheit und Unabhängigkeit. Wenn wir uns mit Hilfe dieser Werkzeuge der Selbstbegegnung stellen, lernen wir, in welchen Bereichen wir verwundbar sind und wo unsere Stärken liegen. Wir spüren unser Bedürfnis nach Mitgefühl mit unserem Selbst oder nach künftiger Selbstkontrolle. Ironischerweise stellen wir fest, daß wir, indem wir uns selbst besser kennenlernen, eine authentische und angemessene Selbstoffenbarung gegenüber anderen riskieren können.

Eines der Paradoxa der Selbsterforschung ist, daß die Selbstoffenbarung mit steigender Selbstkenntnis und Selbstakzeptanz sowohl leichter fällt als auch leichter steuerbar wird. Sie sind nicht länger darauf angewiesen, andere zu fragen, wer Sie sind, oder sich nach der Meinung zu richten, die andere über Sie haben. Das Bild, das die anderen von Ihnen haben, interessiert Sie vielleicht weiterhin oder auch nicht. Wenn Sie wissen, wer Sie sind und was Sie tun, können Sie sich anderen mitteilen oder auch nicht, ganz nach Ihrer Entscheidung. Die »Cups« sind eine sehr intensive Methode, sich selbst mitzuteilen, wer Sie sind.

Cups könnten sein:

- Unsere Familie hatte ein Geheimnis ...
- Mein/e engste/r Freund/in in der Kindheit ...
- Am stärksten bedauere ich ...
- Mein geheimes Laster ...
- Die schönsten Weihnachten meiner Kindheit ...
- Mein/e liebste/r Verwandte/r ...
- Mein Lieblingshaustier ...
- Mein bösester Verrat ...
- Meine tiefste Angst ...

- Mein geheimer Traum ...
- Meine größte Beinahe-Katastrophe ...
- Meine tiefste Dankbarkeit ...

Übung: Schreiben Sie fünf Geheimnisse auf

Geheimnisse sind oft Begebenheiten oder Episoden, die uns mit Scham oder Verwirrung erfüllen. »Ich weiß nicht, wie ich in diese Situation geraten konnte«, sagen wir zu uns selbst. Und: »Ich wünschte, es wäre nie passiert«, oder: »Ich weiß nicht, warum ich das getan habe – und es tut mir leid, das steht jedenfalls fest.«
Manchmal ist auch das Gegenteil der Fall. »Ich möchte lieber nicht, daß jemand davon erfährt, aber genossen habe ich es auf jeden Fall.«
Ob negative oder positive Energie – Geheimnisse sind jedenfalls mit Energie geladen. Punkt. Und Energie ist die Kraft, die unser Herz und unsere Kunst mit Vitalität erfüllt. Schreiben Sie sich fünf Geheimnisse auf, und befassen Sie sich in Ihrer Lebenserzählung mit ihnen.
Wählen Sie nun eines Ihrer Geheimnisse aus. Tauchen Sie ganz hinein und machen Sie ein Cup daraus. Bedenken Sie, daß Ihre Cups ebenso wie die Morgenseiten nur für Ihre Augen bestimmt sind. Sie können also ohne Hemmungen schreiben.

1. ____________________
2. ____________________
3. ____________________
4. ____________________
5. ____________________

Aufgabe: Gestalten Sie ein Fotoalbum zu Ihrer Lebenserzählung

Illustrieren Sie die Erinnerungen Ihrer Lebenserzählung mit Bildern. Lassen Sie sich eine Farbkopie von Ihren Lieblingsfotos machen, und fragen Sie im Fotogeschäft, ob es möglich ist, Briefpapier mit einem Bild zu bedrucken, das Sie als Kind zeigt.

Was Worte bewirken können

Wer keine Macht über die Geschichte hat,
die sein Leben beherrscht, wer nicht die Macht hat,
diese Geschichte neu zu erzählen, sie neu zu denken,
sie auseinanderzunehmen, über sie zu scherzen
und sie je nach den wechselnden Zeiten zu verändern,
der ist buchstäblich machtlos,
denn er ist keiner neuen Gedanken fähig.

Salman Rushdie

Eines meiner Lieblingsmärchen ist das vom häßlichen Entlein. Es erzählt von einem hübschen jungen Schwan, der inmitten einer Schar Entlein groß wurde. Der junge Schwan hatte einen schönen langen Hals, wie Schwäne ihn haben. Die jungen Entlein hatten – wie alle Enten – kürzere Hälse. Sie betrachteten den Schwan als mißraten, als »häßliches Entlein«. Der junge Schwan, der nie etwas anderes gehört hatte und in seinem Leben noch nie einen anderen Schwan gesehen hatte, hielt sich ebenfalls für eine mißratene Ente. Und das war er natürlich auch, denn es sollte ja nie eine Ente aus ihm werden.
Viele, besonders kreative Kinder leiden unter dem Syndrom des häßlichen Entleins. Da ihre keimenden Talente größer sind als die ihrer Spielgefährten, werden sie zu Außenseitern. Oft werden ihnen ihre Begabungen verzerrt widergespiegelt, wobei der Spiegel das jeweilige Auge des Betrachters ist.
Andrea, ein sehr musikalisches Kind, bekam von ihrer

Musiklehrerin zu hören, daß sie ein »schlechter Alt« sei, und sie wurde dazu angehalten, leiser zu singen, während die anderen Schüler aufgefordert wurden, lauter zu singen. Als sie Mitte Vierzig war, besuchte Andrea ein Kreativitätsseminar, an dem zufällig auch eine Gesangslehrerin teilnahm. Als die Gruppe es mit Singen probierte, stieg in Andrea die altbekannte Angst auf, ein »schlechter Alt« zu sein. Sie sang aber trotzdem. In der Pause kam die Gesangslehrerin auf sie zu.
»Meine Liebe, Sie sind kein schlechter Alt«, sagte sie sanft. »Sie sind ein Koloratursopran! Sie sollen nicht tief singen, sondern ganz hoch, hier oben! Versuchen Sie's mal!«
Dann zeigte sie ihr eine Stimmübung. Andrea probierte sie aus und spürte, wie ihre Stimme Flügel bekam. Ein Sopran!
Wenn man uns sagt, daß wir auf bestimmten Gebieten nicht begabt seien, glauben wir das nur allzu leicht. Und weil wir daran glauben, sagen wir uns die vernichtenden Worte auch noch selbst vor und legen so den Grundstein für negative Ergebnisse. »Ich kann nicht tanzen«, »ich kann nicht singen«, »ich habe kein Gefühl für Farben«, plappern wir nach wie ein Papagei, ohne zu hinterfragen, ob die Unzulänglichkeit real und tatsächlich vorhanden ist oder lediglich ein Teil unserer familiären Konditionierung.
Wenn ich das Konzept von der kreativen Decke lehre, spreche ich oft über Chicago, eine Stadt voller alter Gebäude. Die Räume sind hoch, und die Decken sind mit hübsch verzierten Zinnplatten verkleidet – Decken,

unter die oft eine niedrigere, »moderne« Styropordecke eingezogen wurde. Früher war es mein Lieblingsspiel, in die Paneele (sie waren nicht besonders hart) hineinzustechen und nachzusehen, was für Schätze sich dahinter verbargen. In vielerlei Hinsicht sind wir diesen Gebäuden mit den künstlich eingezogenen Decken sehr ähnlich. Die verborgenen Schätze, von denen wir glauben, daß sie weit jenseits unserer kreativen Kapazität liegen, sind oft nur verborgen. Häufig macht sich ein solchermaßen verborgenes Talent fast unmerklich bemerkbar, indem es wie ein winziges Mäuschen an der Decke unseres Bewußtseins kratzt. Wenn wir den geflüsterten Wunsch dieser Begabung vernehmen, sagen wir: »Oh, das könnte ich nie!« Aber manchmal brauchen wir nichts weiter zu tun, als ein kleines Loch in die künstliche, niedrige Decke zu bohren. Genau das will ich mit dem Kapitel, das Sie gerade lesen, erreichen. So unangenehm es auch sein mag, sich an die negativen Worte zu erinnern, die ich Sie heraufzubeschwören bitte – aber im Akt dieses Erinnerns liegt das Versprechen von Freiheit.

Viele Menschen leiden unter ihren niedrigen »Kreativitätsdecken«, die dadurch entstanden, daß andere bestimmte Dinge über sie sagten. Da ihnen beigebracht wurde, den Worten anderer Glauben zu schenken, versagen sie in einer Kunstform, die sie lieben, weil sie entweder Angst vor dem zaghaftesten Versuch haben oder weil sie, wenn sie einen Versuch wagen, diesen Versuch so unbarmherzig beurteilen, daß sie aufgeben, bevor sie auch nur die geringste Chance auf Erfolg haben. Kraß

ausgedrückt könnte man sagen, daß negative Worte sie für ihre eigenen Stärken blind gemacht haben.
In den Jahren meiner Lehrertätigkeit war ich immer wieder erstaunt, wie leicht negative Worte ein vielversprechendes künstlerisches Talent dämpfen, ja sogar fast auslöschen können. Deshalb trifft mich »künstlerische Mißhandlung« so sehr, wie andere Leute »Kindesmißhandlung« trifft.
Aus meiner Sicht *ist* künstlerische Mißhandlung Kindesmißhandlung, denn der kreative Teil unseres Selbst ist tatsächlich ein verwundbares inneres Kind. Dieses leuchtende innere Wesen ist direkt mit dem Göttlichen verbunden und besitzt die Kraft, enorme Dinge zu erreichen. Dazu muß es diesem künstlerischen Kind aber ermöglicht werden, zu überleben und all die negativen verbalen Programmierungen, die eine künstliche, niedrige Decke unter seine kreativen Begabungen einzuziehen versuchen, zu überwinden und zur Seite zu schieben.
Als kreative Wesen tragen wir ein kleines Samenkorn des Glaubens in uns, das uns sagt: »Ich möchte Schriftsteller, Maler, Fotograf, Schauspieler sein ... und ich glaube, das bin ich auch ...«
Dieses Samenkorn der Sehnsucht wird von unseren Familien oft nicht gern gesehen. Es kann hart sein, trotz wohlmeinender familiärer Skepsis an diesem Strohhalm des Glaubens an die eigene Begabung festzuhalten. Manchmal verhalten sich Eltern so, als sei unser Wunsch nach künstlerischer Betätigung ein Sabotageakt gegen die Pläne, die sie für uns haben. Das ist elter-

licher Kolonialismus. Unsere Eltern haben ihr Leben zu leben und wir das unsere. Da sie aber unsere Eltern sind, hoffen sie, uns führen zu können – wobei die Richtung leider oft die falsche ist.

Vollgestopft mit Anti-Künstler-Mythen, wissen sie oder glauben sie zu wissen, wie »schrecklich« das Leben eines Künstlers sein kann und wie versoffen, verrückt, promiskuitiv und *pleite* Künstler »immer« sind. Das Überleben als Künstler beginnt also in dem Augenblick, in dem unsere Eltern uns einzuwickeln versuchen, indem sie sagen: »Das ist ja alles gut und schön, Liebes, aber du glaubst doch nicht wirklich, daß du davon leben kannst?«

Es ist nicht so, daß Kinder zur Welt kommen und von Anfang an den diabolischen Plan hegen, eine künstlerische Karriere zu verfolgen, um die Träume ihrer Eltern zunichte zu machen. Kein Siebenjähriger sagt: »Ich werde es den alten Idioten so richtig zeigen – ich werde Schriftsteller.« Und trotzdem werden viele kreative Kinder (und alle Kinder sind kreativ) von ihren Familien und Lehrern als Problemfälle abgestempelt.

»Ich bin einfach nicht kreativ«, bekomme ich oft von Menschen zu hören, die ganz offensichtlich kreativ sind – offensichtlich für mich, aber nicht für sie.

Judi schreibt wundervolle Gedichte, »aber nicht gut genug«, wie sie sagt. Mittlerweile ist sie eine der besten Köchinnen, die ich je getroffen habe, eine ausgezeichnete Weberin und Gestalterin von Räumen, die den Geist ansprechen und das Herz zum Singen bringen. Als Freundin ist sie unendlich und auf spielerische Weise

aufmerksam. Sie sucht und findet immer wieder ein Buch, den großen Strauß Trockenblumen für den Flur und ähnliche Dinge mehr.
Muß ich erst noch erwähnen, daß Judi ihre mangelnde Kreativität beklagt? Wie viele Menschen ist sie davon überzeugt, daß Künstler ein elitäres Grüppchen sind, zu dem »ein gewöhnlicher Mensch wie ich« einfach nicht dazugehören kann, und wie viele andere Menschen muß Judi erst zu der Erkenntnis gelangen, daß Kreativität etwas Angeborenes ist, das uns allen von Natur aus mitgegeben ist. Solange sie sich selbst mit Worten abqualifiziert, wird sie es auch in ihren Taten tun.
Es ist eine besondere Ironie, daß die Phrasen, die dazu benutzt werden, Kinder bloßzustellen und zu beschämen, ausgerechnet die Essenz ihrer kreativen DNS der Lächerlichkeit preisgeben. Zu verschiedensten Dingen begabt, die unsere Eltern oder Lehrer für bedrohlich oder subversiv halten, werden viele von uns als Träumer oder auch als etwas anderes abgestempelt. Oft sind die negativen Wörter, mit denen man uns beschreibt, in Wirklichkeit Versuche, uns dazu zu bewegen, unser Verhalten nach den Zielen unserer Eltern auszurichten.
»Träum doch nicht in den Tag hinein ... räum lieber dein Zimmer auf ...«
»Sei nicht so laut ... hör auf zu singen, ich will fernsehen ...«
»Sei nicht so überheblich ... ich sage dir, du bist nicht der Nabel der Welt ...«
Nicht allen diesen Kontrollversuchen liegt eine schlechte Absicht zugrunde. Das ist sogar eher selten der Fall.

Trotzdem lohnt es sich, unsere Jugend hin und wieder lebendig werden zu lassen und einige der Phrasen wiederzuentdecken, die uns damals den Wünschen anderer gefügig machen sollten. (An dieser Stelle sollte außerdem festgehalten werden, daß auch Schweigen Bände sprechen kann und daß die Verweigerung von Lob oder die Anerkennung unserer Begabungen oder kreativen Bemühungen ebenfalls ein wirkungsvolles Kontrollinstrument ist.)

Kathleen, eine talentierte Textildesignerin, die sich heute mit der Rückeroberung der Kreativität befaßt, erinnert sich, daß die Erwachsenen ihrer Kinderzeit nicht mit Begeisterung oder Ermutigung auf ihr Spiel mit Stoffen reagierten, sondern mit eisigem Schweigen.

Justin, ein Schriftsteller, der heute dabei ist, seine großen Talente freizulegen, erinnert sich, daß seine Schreibversuche in seiner Kindheit unbarmherzig kritisiert wurden. Oft schrieb sein Vater seine Texte sogar vollkommen neu. Einmal, als er mit dem Schreiben eines Gedichts beauftragt wurde, schrieb es sein Vater »für ihn« und bestand darauf, daß er diese Arbeit als seine eigene ausgab, da er ja keine dichterische Begabung hätte.

Ist es denn ein Wunder, daß es sowohl Kathleen als auch Justin schwerfiel, sich das Ausmaß ihrer Begabungen bewußtzumachen und daran zu glauben? *Sie* war durch Schweigen entmutigt worden. Die Sprache selbst war dazu verwendet worden, um *ihm* die Sprache zu stehlen. Beide wuchsen heran, ohne an ihre Talente zu glauben, weil diese Talente für ihre Eltern nicht existierten.

Universitätsbuchhandlung Stephanus
Im [illegible]
54290 Trier
Tel.: 0651 / 48499

[illegible]		MwSt	Preis
[illegible]		7,0%	9,90 EUR
[illegible] De			
	Bar		[illegible] EUR
	Rückgeld		[illegible] EUR

Gesamtsumme : 9,90 EUR
Nettosumme : 9,25 EUR

enthaltene Mehrwertsteuer : 0,65 EUR
1132 04.01.2006 17:32:37
USt Id.-Nr.: DE149792298

Vielen Dank für Ihren Einkauf.
Besuchen Sie uns auch online unter
www.stephanus.de .

Wenn wir als Jugendliche von außenstehenden Autoritäten beurteilt werden, übernehmen wir deren Urteil oft als unser eigenes. Der Universitätsprofessor, der seinen Studenten sagt: »Ihre Aufgabe ist es, mich davon zu überzeugen, daß Sie brillant sind!«, spricht seinen Studenten das Recht auf Selbstausdruck ab. Selbst im Erwachsenenalter kann ein defensiver Ehepartner, der sagt: »Du glaubst doch nicht im Ernst, daß irgend jemand diese Dinger (Bilder, Skulpturen, handgenähte Schürzen, Fotos) kaufen wird?«, dem anderen den Willen rauben, sich weiterhin künstlerisch zu betätigen.
Die Schamanen nennen den Verlust dieser Anteile des Selbst »Seelenverlust«. Jede schwerwiegende Erniedrigung kann ausreichen, eine solche Selbstverdrängung auszulösen, und die Ergebnisse können sowohl für die Identität als auch für die Produktivität katastrophal sein. Wenn ein Teil unseres Selbst – unsere gestalterische oder dichterische Begabung – abschätzig beurteilt wird, verleugnen wir diesen Teil, und diese verleugnete Begabung taucht dann in den Untergrund ab.
Natürlich wäre es schön, wenn es uns gelänge, solche abwertenden Beurteilungen mit einem Schulterzucken abzutun. Allzuoft gelingt uns das aber nicht.
Da unser kreativer Anteil *immer* kindlich ist, ganz gleich, wie alt an Jahren wir sind, fehlen uns die Verteidigungsmechanismen, die uns gegen die herabsetzenden Angriffe von außen immun machen könnten. Genau jene Verwundbarkeit und Offenheit, die uns kreativ macht, macht uns auch verletzlich und anfällig für Irreführung. Deshalb müssen wir uns diese Attribute bewußtmachen. Sie müs-

sen an das Tageslicht der Vernunft gezerrt und entladen werden wie Gewehre, die andernfalls unweigerlich gegen uns selbst losgehen würden.

(Bitte stellen Sie sich dieser Aufgabe, so schwer Ihnen dies auch fallen mag. Es ist zwar verständlich, daß Ihnen das Säubern einer Wunde widerstrebt, aber wenn Sie es nicht tun, kann sie nicht verheilen.)

Im besten Fall sind die kontrollierenden Beschreibungen, mit denen wir als Kinder konfrontiert werden, einfach Meinungen. Im schlimmsten Fall können sie die Persönlichkeit zerstören. »Komm heraus aus deinem Wolkenkuckucksheim ... aus dir wird doch nie etwas ...«

Wenn uns solche negativen Beurteilungen in einem Alter eingeimpft werden, in dem wir sie noch nicht durchschauen oder die Autorität ihres Urhebers in Frage stellen können, kann es passieren, daß wir sie als Faktum akzeptieren.

Als Erwachsene haben wir hoffentlich gelernt, den Urheber einzuschätzen, aber diese Gabe haben Kinder noch nicht. Das kreative Kind in uns läßt sich von jedem Kreativitätsmörder beeinflussen, und die entstehende Scham führt automatisch zu Seelenverlust. Erniedrigt, verachtet, lächerlich gemacht und beschämt zieht sich der Sänger oder die Schriftstellerin in uns buchstäblich in den Untergrund zurück. Und das ist oft nur ein Teil des Schadens, der angerichtet wird.

Wie die keltische Schamanin Caitlin Matthews schreibt: »Was den Seelenverlust besonders schlimm macht, ist die Tatsache, daß Menschen, die einen vitalen Teil ihres

Selbst verlieren, sich einen Ersatz suchen, um ›die Lücke zu schließen‹. Das führt oft zu Suchtverhalten.«

So kann es passieren, daß wir uns, statt unsere Kreativität zu leben, mit Alkohol, Drogen oder Essen vollstopfen, unser Leben mit »Geschäftig-Sein«, mit irgendwelchen »Dingen« oder mit suchtgeprägten Beziehungen ausfüllen, nur weil wir das Gefühl des Verlusts zu übertünchen versuchen, das wir empfinden, weil wir unsere kreativen Träume und Begabungen nicht ausleben können. Mit alldem töten wir das Gefühl des Verlusts ab, und wir töten sogar das Bewußtsein ab, daß es überhaupt jemals einen Verlust gegeben hat. In unser Bewußtsein prägen sich die beschämenden Worte ein, während die Begabung, die durch diese Worte negiert wird, sich unserem Zugriff entzieht.

Die meisten dieser Beurteilungen wurden nie einer Neubewertung im Lichte der eigenen Werte und Überzeugungen unterzogen. Da sie dazu gedacht waren, uns zu beschämen, halten wir sie – beschämt – vor uns selbst und vor dem Rest der Welt versteckt. Oft ist nur ein Schimmer von Erfolg nötig, damit wir es wagen, sie in das unbarmherzige Licht der Sichtbarkeit zu rücken. Das Vakuum unseres Selbstwertgefühls füllen wir mit den Worten auf, mit denen wir gelernt haben, uns selbst zu beurteilen. Unsere emotionale oder intellektuelle Achillesferse beginnt uns zu peinigen, wenn alte Wunden wieder aufreißen.

Bei der Arbeit mit den Lebenserzählungen vieler Seminarteilnehmer habe ich festgestellt, daß die kreativsten Menschen ganze Litaneien der Selbstbeschimpfung in sich tragen, die Beschreibungen, die in ihrer Kindheit für sie – oder genauer gesagt, gegen sie – verwendet wurden. Es ist erstaunlich, wie viele Wörter, Phrasen und echte Beschuldigungen unsere Kreativität niederhalten können.

In meinen Kreativitätsseminaren habe ich eine Lieblingsübung, die besonders reinigend wirkt: Ich lasse die Gruppe die Worte in den Raum rufen, mit denen sie in ihrer Kindheit niedergehalten wurden. Oft bekommen wir eine Liste mit fast hundert abschätzigen Wörtern zusammen! Ein paar Beispiele:

Träumer	distanzlos	wahnsinnig
Dilettant	unrealistisch	besessen
Schwärmer	kindisch	Zauderer
unpraktisch	Wunschdenker	Trödler
unverantwortlich	überheblich	eingebildet
verrückt	arrogant	unweiblich
faul	egoistisch	unmännlich
komisch	einfältig	unkonzentriert
närrisch	dumm	undiszipliniert
exzentrisch	hochnäsig	unrealistisch
übersensibel	Illusionist	

Vielleicht fallen Ihnen noch andere Wörter ein, die Ihnen entgegengeschleudert wurden. Interessant an ihnen ist, daß sie oft widersprüchlich sind. Häufig wurden wir gleichzeitig beschuldigt, zuviel von einer Charaktereigenschaft und zuwenig von einer anderen zu haben. So werden unsere verleugneten Begabungen, die unausgedrückt, ohne Anerkennung und ohne Wertschätzung bleiben, zu Schattenversionen ihrer selbst. Unsere guten Seiten werden zu schlechten. Was immer es ist, was wir sind oder waren, es ist falsch. *Wir sind Versager.* Augenblick – vielleicht sind die anderen Versager!

Viele von uns werden auch als Erwachsene noch von den Wörtern gepeinigt, mit denen sie als Kinder beschrieben wurden. Oft erkennen sie nicht, daß sich diese Wörter zu Gold spinnen lassen! Gehen Sie Ihre Lebenserzählung durch und halten Sie Ausschau nach erniedrigenden oder einschüchternden Wörtern. Betrachten wir sie und die prägenden Beschreibungen Ihrer Kindheit einmal aus einem anderen Blickwinkel.

In den mystischen Traditionen wurde die Alchimie als ein Prozeß beschrieben, bei dem die Schwingungen unedler Metalle so lange angeregt wurden, bis diese sich in Gold verwandelten. Dieser »Anregungsprozeß« war ein streng gehütetes Geheimnis, und magische Worte und Geheimnisse gehörten dazu.

Wir werden die Techniken der Alchimie dazu verwenden, die destruktiven Wörter aus Ihrer Kindheit in Gold zu verwandeln. Dazu brauchen wir nichts weiter als die Wörter selbst, Ihre Vorstellungskraft und eine Prise Mitgefühl als Katalysator für die Verwandlung. Sie werden aufgefordert, sich Ihre Vergangenheit anzusehen und sie durch Akzeptieren zu verwandeln. Machen Sie sich die destruktiven Wörter bewußt und arbeiten Sie mit ihnen. Das klingt vielleicht, als ob ich etwas Abgehobenes von Ihnen verlangte, aber in Wirklichkeit geht es um etwas sehr Pragmatisches, um einen persönlichen »Hausputz«.

Bei dieser Übung nehmen Sie zehn negative Attribute aus Ihrer Kindheit und sehen sie genau an. Oft sind genau jene Dinge, die Sie als Ihre Schwächen kennen, in

Wirklichkeit Stärken, die Ihnen bei Ihren kreativen Vorhaben wertvolle Dienste leisten können. Um die Verwandlung zu bewirken, brauchen Sie Vorstellungskraft und Mitgefühl. Hier sind einige Beispiele:

Dilettantin	wird zu	*interessiert an vielen Dingen*
Träumer	wird zu	*phantasiebegabt*
unpraktisch	wird zu	*visionärer Denker*
exzentrisch	wird zu	*originell*

1. ____________________
2. ____________________
3. ____________________
4. ____________________
5. ____________________
6. ____________________
7. ____________________
8. ____________________
9. ____________________
10. ____________________

Übung: Notieren Sie Ihre goldenen Worte an einer gut sichtbaren Stelle

Es gibt viele Möglichkeiten, diese Übung durchzuführen, und sie sind alle gleich gut. Sie können Ihre Wörter zum Beispiel aus Zeitschriften ausschneiden. Eine andere Möglichkeit ist, sie in einer ausgefallenen Computerschrift zu drucken. Sie können sie auch mit Filzstift auf grobem Papier schreiben. Welche Möglichkeit Sie auch wählen: Nehmen Sie jedes Ihrer frisch verwandelten Wörter und machen Sie eine Post-it-Version daraus (vielleicht sogar mehrere). Verzieren Sie dieses Post-it-Zettelchen. Vergolden Sie es, bestreuen Sie es mit Glitter, illustrieren Sie es, beleuchten Sie es. Aber vor allem: Halten Sie es in Ehren! Sie sind das neue Wort, nicht das alte!

»Originell« ... »leidenschaftlich« ... »aufregend« ... »phantasievoll« ... »gesellig« ... »humorvoll« ... »großzügig« ... »abenteuerlustig«.

Diese Selbstbeschreibungen hängen Sie nun an die Spiegel in Ihrem Haus, über Ihren Arbeitsplatz, in den Schrank oder an die Tür, so daß Sie sie ein jedes Mal sehen, wenn Sie das Haus verlassen. So tragen Sie ein positives Selbstbild hinaus in die Welt.

Außerdem können Sie diese Wörter auf Band aufnehmen, so daß Sie sie beim Autofahren anhören können. Versuchen Sie, sie in der ersten, zweiten und dritten Person aufzunehmen:

»Ich, Tom, bin erfinderisch, klug, zielstrebig ...«

»Du, Tom, bist erfinderisch, klug, zielstrebig ...«

»Tom – er ist erfinderisch, klug, zielstrebig ...«

Sie können die vollständige Liste auch in der Nähe Ihres Bettes aufbewahren, so daß Sie sie sich selbst vorlesen können, bevor Sie zu Bett gehen, oder morgens nach dem Aufstehen als erstes zu Gemüte führen.

Übung: Töten Sie Ihr Kreativitätsmonster

Wir alle waren in unserer Geschichte mit Kreativitätsmonstern konfrontiert. Sie beschämten uns als kreative Persönlichkeiten und verhinderten so, daß wir uns kreativ zu betätigen wagten. Da der kreative Teil unserer Persönlichkeit ein inneres Kind ist, ein verspieltes, sensibles und verwundbares Wesen, ist ein Kreativitätsmonster ein echtes Ungeheuer. Natürlich gehören Ungeheuer ins Reich der Märchen, und genau dorthin wollen wir sie auch stellen.

Dazu müssen wir zu unserer Lebenserzählung zurückkehren, uns ein Kreativitätsmonster aussuchen und ihm den Kopf abschlagen. Es muß dabei nicht wirklich sterben, denn manchmal ist eine Bestrafung eine viel köstlichere Genugtuung. Ich denke dabei an ein Märchen, das eine meiner Seminarteilnehmerinnen schrieb, um mit einem Monster abzurechnen, das sie Grammatikmonster nannte. Wie gut sie auch schrieb (und sie war eine brillante Schreiberin), der Lehrerin fiel an ihrer Arbeit nie etwas anderes auf als Grammatikfehler. Manche davon waren so unbedeutend, daß man sie fast schon mit der Lupe suchen mußte.

»Mit einer solchen Grammatik wirst du nie eine echte Schriftstellerin werden«, brüllte das Grammatikmonster. (Es hatte unrecht.) Trotzdem wirkten diese Bemerkungen destruktiv und steckten wie Stacheln im Selbstbewußtsein der Frau, des Opfers, deren Grammatik im übrigen tadellos war.

Gehen Sie in das Märchen hinein. Tötete meine Studen-

tin das Grammatikmonster? Pfählte sie es? Nein. Sie tat etwas, was ihr viel mehr Befriedigung verschaffte: Sie überantwortete es einem Tod durch *Fehler*. Mit einem einfachen Federstrich erweckte sie das Grammatikmonster zum Leben – aber zu was für einem! Es war nicht in der Lage, sich grammatikalisch richtig auszudrücken! Jedesmal, wenn es sein Maul öffnete oder zu schreiben versuchte, war das Ergebnis grammatikalisch fehlerhaft. Verdammt zu einem langen und elenden Leben, bei dem es »vor Peinlichkeit fast verging«, wurde das Grammatikmonster schließlich aus dem Bewußtsein meiner Studentin ausradiert, ausgestoßen und geächtet. Das können Märchen bewirken.
Ich werde oft dafür kritisiert, daß ich dieses Werkzeug geschaffen habe, und deshalb hoffe ich, daß Sie sich bei seiner Verwendung bestens unterhalten werden! Man sagt mir, daß es einfach zu blutrünstig sei und daß es das Schlechte in uns hervorkehre. Ich glaube das nicht. Ich bin davon überzeugt, daß in den negativen Erinnerungen eine unglaubliche Kraft steckt – eine Kraft, die uns gehört. Mit dieser Übung beanspruchen wir diese Kraft für uns. Probieren Sie's – Sie werden sehen, daß es funktioniert.

Übung: Feiern Sie einen Kreativitätswohltäter

Wir alle brauchen Kreativitätswohltäter, die uns in unserer Persönlichkeit und bei unserer Arbeit ermutigen und unterstützen. Manche von uns haben das Glück, in

ihrem Leben echte Wohltäter getroffen zu haben. Andere hatten weniger Glück und fanden wenig solche Unterstützung. Wir alle könnten mehr davon brauchen, und genau das, nämlich sich mehr davon verschaffen, werden Sie jetzt gleich tun.
Dazu verwenden wir denselben Hintergrund wie bei der vorhergehenden Aufgabe: erfinden Sie einen Kreativitätswohltäter. Er kann aussehen wie Merlin oder wie eine gute Fee. Er kann die Gestalt einer Elfe oder eines Meistermagiers haben. Formen Sie ihn so, wie er Ihnen am besten gefällt. Dann schreiben Sie eine kurze Geschichte, in der Ihr kreatives Kind um den kreativen Segen dieser Gestalt bittet – und ihn erhält. Zum Beispiel:

Der Wortzauberer

Ich bin ein kleines Kind, und ich möchte Schriftstellerin werden. Ich habe eine Geschichte zu Papier gebracht und trage sie in einer Rolle bei mir. Ich weiß, daß in der Nähe meines Hauses, in einem großen Zauberwald, ein mächtiger Wortzauberer wohnt, der Wunder und Mysterien zu wirken vermag. Mit dem Segen dieses Zauberers können meine Worte das auch. Obwohl mich alle warnen, daß der Wald dunkel und beängstigend ist, mache ich mich auf den Weg, um den Zauberer zu suchen, denn mein Wunsch, Schriftstellerin zu werden, ist größer als meine Angst.
Ich gehe und gehe. Es wird Mittag, Nachmittag. Die Dämmerung bricht herein, und meine Furcht wird immer größer. Just bei Einbruch der Dunkelheit sehe ich vor mir

ein glühendes goldenes Quadrat, das in den Waldboden eingelassen ist. Als ich näher komme, sehe ich, daß es sich in Wirklichkeit um eine Glastür handelt, durch die ich einen Tunnel erkennen kann. Der Tunnel wird von Fackeln erleuchtet. Er könnte meine Rettung sein, aber auch mein Verderben.

Ich öffne die Tür und betrete den Tunnel. Ich weiß, daß ich auf einen Drachen stoßen könnte. Aber ich könnte auch den Wortzauberer finden ... Im flackernden Licht der Fackeln gehe ich lange Zeit im Tunnel weiter. Der Tunnel führt immer tiefer in die Erde. Ich umklammere fest meine Papierrolle. Es ist die beste Geschichte, die ich je geschrieben habe – zumindest ist es die Geschichte, die ich an diesem Tag geschrieben habe –, und ich hoffe, daß sie mir den Segen des Zauberers bringen wird.

Schließlich mündet der Tunnel in eine große, runde Höhle. Die Wände sind mit dunkelrotem Leder ausgekleidet, und in den Regalen stehen Bücher in vielen Sprachen. Wo, so frage ich mich, ist der Wortzauberer? In der Mitte des Zimmers erkenne ich einen hohen Spiegel. Vielleicht versteckt er sich darin, denke ich. Zauberer tun so etwas oft.

Vorsichtig, aber entschlossen blicke ich in den Spiegel. Ja! Da ist der Zauberer!

»Zeig mir dein Manuskript«, befiehlt er und zeigt dabei mit seinem juwelenverzierten Schwert auf mich. Ich entrolle meine Geschichte und lasse sie ihn lesen, und er berührt jedes Wort mit der Spitze seines Schwertes. Zu meinem Erstaunen fällt bei jedem Wort ein funkelnder Edelstein auf den Boden der Höhle.

»Möchtest du deinen Schatz wiederhaben?« frage ich den Zauberer, als er aufgehört hat zu lesen und ein ganzer Berg von Juwelen zu meinen Füßen liegt.
»Törichtes Kind!« brüllt der Zauberer. »Der Schatz gehört dir! Das ist der wahre Wert deiner Worte!«
Damit verschwindet der Zauberer, und ich stehe vor dem Spiegel und starre in mein Gesicht. Ein bißchen sehe ich aus wie der Zauberer. Auch die Juwelen liegen noch verstreut zu meinen Füßen. Sie warten darauf, daß ich sie aufhebe und in Besitz nehme. Ich stopfe mir die Taschen damit voll und berge meine Geschichte sorgfältig unter meinem Hemd, nahe an meinem Herzen. (Sie ist viel wertvoller, als ich dachte.)
Reich, wie ich nun bin, lenke ich meine Schritte wieder durch den Tunnel, öffne die schwere Glastür und klettere hinaus auf die Waldlichtung, wo ich von einer Schar Dorfbewohnern erwartet werde.
»Wer ist da?« rufen sie.
»Ich bin es«, verkünde ich. »Die Zauberin der Worte.«

Geheime innere Persönlichkeiten

Die Stadt, in der ich lebe, ist mit einem außergewöhnlich schönen, natürlichen Licht gesegnet, und deshalb leben hier auch so viele Künstler. Das bedeutet neben anderen Dingen, daß die Stadt oft einen verspielten Zug annimmt, vor allem zu Halloween. In den Tagen davor und danach trifft man überall auf verkleidete Gestalten – im Supermarkt, im Baumarkt, beim Mechaniker. (Ja, natürlich verkleiden sich die Kinder auch, aber die Erwachsenen übertreffen sich selbst.)

Zu Halloween lassen wir nicht nur unser kindliches Selbst aus dem Sack, sondern auch die Katze. Unsere Kostüme spiegeln oft unsere geheimen, versteckten Persönlichkeitsanteile wider, die wir im täglichen Leben verbergen. Einer meiner Freunde, ein Redakteur, ist im Alltag zum Beispiel eine wichtige Säule der Gemeinde und ein Beispiel an Gutmütigkeit und Integrität – verheiratet, monogam und dabei in jeder Hinsicht glücklich. Zu Halloween erscheint er jedoch in Gestalt seines Alter ego, als skelettartiger Don Juan mit schwarzer Kappe, Schnurrbart, ein leichtfüßiger und verführerischer Tänzer. Diese Figur ist ein geheimes Selbst, das er in sich trägt, und er genießt es sichtlich, es einmal im Jahr an die Oberfläche kommen zu lassen.

In jedem von uns stecken, so Whitman, viele verschiedene Personen. Wenn wir mit der bunt durcheinanderschwirrenden Vielfalt unserer inneren Persönlichkeiten

in Kontakt treten, geben wir ihnen die Möglichkeit, zu sprechen und sich auszudrücken.
Das kann unser Leben sehr bereichern. Bei der Arbeit mit der Lebenserzählung gewinnen viele vergessene und verdrängte Teile Ihrer Persönlichkeit schärfere Konturen. Vielleicht erinnern Sie sich mit großer Klarheit an den kleinen Jungen, der so gern Modellflugzeuge baute, oder an die kleine, begeisterte Pfadfinderin, die es genoß, Jahr für Jahr Blätter zwischen Wachspapier zu pressen, so daß sie ihre Herbstfarben behielten.
Diese historischen Persönlichkeiten bilden das Wurzelsystem für die geheimen Persönlichkeiten, die Sie als Erwachsener in sich tragen. Lassen Sie mich ein Beispiel geben.
Eine meiner geheimen Persönlichkeiten ist die Mutter Oberin. Sie ist das Produkt meiner sechzehnjährigen katholischen Erziehung, das Ergebnis von Jahren in einem faden, langen graublauen Trägerrock. Wie nicht anders zu erwarten, hat Mutter Oberin eine festgefügte Meinung darüber, was sich schickt und was nicht. Kleider müssen knöchellang und formlos sein und dürfen nicht eng am Körper anliegen. Das gilt besonders für Lehrpersonen, beharrt Mutter Oberin. Und so sehen die Kleider, die ich beim Unterrichten trage, genau aus wie von Mutter Oberin vorgeschrieben ...
Neben Mutter Oberin versucht ein anderes geheimes Selbst, sich Geltung zu verschaffen. Ich nenne es Bon Bon. Bon Bon ist eine flatterhafte Blondine. (Die Erwachsenenversion meines Cheerleader-Selbst aus der St. Joseph's Catholic School.) Mutter Oberin und sie sind

extreme Gegensätze, und sie müssen sich wirklich anstrengen, um miteinander auszukommen. Bon Bon liebt Sportwagen und feuerrote Unterwäsche, sie liebt frivole Dinge aller Art, und ihre Version eines Abendkleids ist ein bißchen aufreizend. Das gefällt Mutter Oberin gar nicht!

Das Vermitteln zwischen diesen beiden Persönlichkeiten kann sich schwierig gestalten. Aber es ist auch lebenswichtig für mich. Wenn ich Mutter Oberin die alleinige Oberhand ließe, würde ich mein Leben in Armut, Keuschheit und Gehorsam leben. Wenn hingegen Bon Bon das alleinige Sagen hätte, würde ich ein Leben als Gesellschaftslöwin führen, die Arbeit jeder Art scheut. Ich versuche, mit beiden Persönlichkeitsanteilen zu jonglieren, und so führe ich ein Leben, das sowohl gesellig als auch produktiv ist. Es gibt viele Tage, an denen unter der äußeren Oberinnentracht Bon Bons rote Spitze hervorlugt. Es gibt aber auch andere Tage, an denen ich trotz Bon Bons hedonistischen Beharrens das schaffe, was ich mir in puncto Schreiben, Lehren und anderer Arbeit vorgenommen habe.

Jede dieser beiden Persönlichkeiten ist mir wichtig. Jede von ihnen leistet wertvolle Beiträge zu meiner Identität, und jede ist eine Stimme, auf die ich hören muß, um mir meine innere Harmonie zu bewahren. Eine Möglichkeit ist es, sich das eigene Selbst nicht als einzelnes Instrument vorzustellen, sondern als ganzes Orchester. Jede unserer geheimen Persönlichkeiten hat eine ganz bestimmte Klangfarbe, die das Lied unseres Lebens bereichert.

Natürlich besitzen sowohl Männer als auch Frauen eine Vielzahl geheimer Persönlichkeiten, und beide Geschlechter können enorm profitieren, wenn sie ihnen einen Platz in ihrem bewußten Selbstbild einräumen.
Mein langjähriger Freund und Partner Mark Bryan hat eine geheime Persönlichkeit, der wir den Namen Geekley gaben. Sein Geekley trägt dicke Brillen und hätte nichts dagegen einzuwenden, sich in einem Berg von Büchern zu vergraben und als einzige Kommunikation mit der Außenwelt von Zeit zu Zeit eine E-Mail-Nachricht hinauszuschicken.
Wenn man Mark als die Persönlichkeit kennenlernt, die er normalerweise zeigt – groß, dunkelhaarig und attraktiv –, würde man nicht einmal im Traum an Geekleys Existenz denken. Und doch war es Marks intellektuelle Bücherwurmseite, die uns wegen seiner Liebe – und Begabung – für das Schreiben zusammenbrachte.
Wenn wir unsere geheimen Persönlichkeiten nicht anerkennen und akzeptieren, können sie sich sehr unangenehm bemerkbar machen. Vielleicht denken Sie nun: »Du liebe Güte. Das klingt ja nach Therapie.« Ja, das tut es, denn Kunst *ist* auch Therapie. Erst wenn Sie Ihre geheimen inneren Persönlichkeiten entdecken und befreien, werden Sie ein bewußteres, kreativeres Leben führen können.
Sie könnten zum Beispiel entdecken, daß Ihre öffentlich zur Schau gestellte Persönlichkeit eine der unangenehmsten ist, die Sie haben. In der Hoffnung, sich Zustimmung zu erkaufen, spielen Sie vielleicht eine Märtyrerin oder einen pflichtbewußten Menschen. Viel-

leicht brauchen Sie nur ein bißchen zu graben, und Sie stoßen auf ein unterdrücktes Selbst, das viel lebendiger ist und dem Ich, das Sie am liebsten leben würden, viel näher steht. Anders ausgedrückt haben Sie Ihr dominantes Selbst vielleicht so fest wie einen Deckel auf ein geheimes Selbst gepreßt, in dem es vor Energie und Begabungen nur so brodelt.

Wenn wir es unseren geheimen Persönlichkeiten gestatten, ihre Meinungen und Stimmen zu artikulieren, bekommen wir oft eine weit ausgewogenere Sicht der Situation, in der wir uns befinden, als wenn wir das nicht tun. So kann zum Beispiel Ihre öffentliche Person nach dem Motto »sei lieb und brav« agieren. Ein solches Denken leistet Ihnen in einer hochrangigen beruflichen Stellung, in der Sie sich ständig gegen Gemeinheiten und Intrigen wehren müssen, aber keine guten Dienste. Während das eine Ich denkt: »Er/sie kann doch unmöglich ernsthaft die Lorbeeren für meine Arbeit einheimsen wollen«, könnte das andere Ich, die Furie, denken – *und sagen*: »Moment mal. Das ist *mein* Konzept. Ehre, wem Ehre gebührt.«

Das Kennenlernen unserer geheimen Persönlichkeiten bringt uns in die Position eines Verkehrspolizisten. Wir können dem jeweils geeigneten Selbst signalisieren, in den Vordergrund zu treten. Einer meiner Freunde, der immer wieder in heikle gesellschaftliche Situationen kommt, hat sich den Trick ausgedacht, sich zu fragen: »Was würde Cary Grant in dieser Situation tun?« Und genau das tut er dann.

Seine geheimen Persönlichkeiten zusammenzutrommeln

ist eine wirkungsvolle Methode, sich Zugang zu ihrer kollektiven Weisheit zu verschaffen. Und es ist ganz einfach. Sie brauchen nur ein Blatt Papier zu nehmen, eine Frage zu stellen und dann jede Ihrer geheimen Persönlichkeiten ihre Meinung oder ihren Rat dazu äußern zu lassen. Jede Stimme als gleichwertig und wichtig zu betrachten ist oft ein Schlüssel zu einer viel besseren Selbstakzeptanz und einem besseren Gefühl für die eigene Person.

Wenn wir unsere geheimen Persönlichkeiten anerkennen und akzeptieren, können wir ganzheitliche Entscheidungen treffen, und unser Leben nimmt die Form und die Farben unserer facettenreichen Persönlichkeit an.

Ich habe übrigens noch ein geheimes Selbst, das ich Violet nenne. Violet ist der scheue, intellektuelle Bücherwurm in mir. Sie ist jener Teil, der schreibt und Gedichte liest. Sie ist das geheime Selbst, das dafür sorgt, daß mein Arbeitszimmer mit zarten Blütenkränzen geschmückt ist, und sie ist es, die in dem Raum, in dem ich an meinen Musicals arbeite, Spitzenvorhänge aufhängt und die Wände in einem zarten Lila streicht.

Bitte gehen Sie an die folgende Übung so spielerisch heran wie an ein Halloween-Stück. Wir laden unsere geheimen inneren Persönlichkeiten ein, in unser Bewußtsein zu treten, so daß sie in unserer Phantasie und in unserem Leben buchstäblich eine Rolle *spielen* können.

Übung: Benennen Sie fünf geheime Persönlichkeiten

Suchen Sie sich ein besonders verspieltes Musikstück aus. Zünden Sie eine Duftkerze an oder legen Sie ein paar Weihrauchkörner auf die Herdplatte. (Wenn Sie nichts davon zu Hause haben, können Sie einen Wattebausch mit einem Spritzer Vanille- oder Zitronenduftöl beträufeln.) Es geht darum, Töne und Düfte zu erzeugen, die Sie aus Ihrem alltäglichen Selbst herausführen und Sie neugierig und aufnahmebereit machen.

Nun listen Sie fünf Ihrer geheimen Persönlichkeiten auf. Es kann sein, daß sich in Ihnen Widerstand gegen diese Aufgabe regt, wie etwa: »Wie können sie geheim sein, wenn ich sie kenne?«

Nehmen Sie das Ganze nicht so wörtlich. Wir wollen hier einen Blick auf uns selbst in ein paar Kostümen werfen, die wir nicht oft tragen. Wenn Ihnen das schwerfällt, denken Sie sich in Ihre Lebenserzählung zurück. Gab es in Ihrer Jugendzeit ein geheimes Selbst, das immer noch in Ihnen steckt? Was ist mit Ihren Twen-Jahren? Tauchte damals eine geheime Persönlichkeit auf? Wenn Sie immer noch das Gefühl haben, nicht weiterzukommen, listen Sie zwanzig Dinge auf, die Sie lieben, und fragen Sie sich, welcher Teil von Ihnen sie liebt. Das sollte eigentlich ausreichen, daß Ihnen ein oder zwei Persönlichkeiten einfallen.

Übung: Benennen Sie diese Persönlichkeiten

1. ______________________________
2. ______________________________
3. ______________________________
4. ______________________________
5. ______________________________

Übung: Was liegt in Ihren Kleiderschränken?

Stellen Sie sich bei dieser Übung vor, Sie öffneten den Kleiderschrank jeder Ihrer geheimen Persönlichkeiten. Listen Sie fünf Dinge auf, die Sie in jedem Schrank finden. Benennen Sie sie genau, wie zum Beispiel:

1. *Märtyrerin Maria:* vernünftige Schnürschuhe, ein blaues Gabardine-Stadtkostüm, ein biederes Blümchenkleid mit Spitzenkragen, ein Hauskleid aus Frottee, Filzpantoffeln, ordentliche weiße Unterwäsche.
2. *Bon Bon:* rote Stiletto-Pumps, einen tiefschwarzen Spitzenbody, ein rotes, seidenes Abendkleid, einen seidenen Pyjama, einen politisch unkorrekten Pelzmantel.
3. *Verläßlicher Ralph:* ein halbes Dutzend einfarbig weiße und einfarbig blaue Hemden, zwei Anzüge, einen dunkelblauen und einen braunen, feste Schnürschuhe, einen Regenmantel, einen normalen schwarzen Regenschirm. Ach ja, Galoschen zum Überziehen.
4. *Wagemutiger David:* einen schwarzen Pullover, ein schwarzes Seidenhemd, ein kragenloses weißes Leinenhemd, einen grauen, »noppigen« Rohseidenpullover, zwei italienische Designerhosen, einen weißen Seidenschal, einen schwarzen Kaschmirmantel und Lederhandschuhe zum Autofahren.

Übung: Wie würde Ihr Leben aussehen, wenn ...?

Bei dieser Übung sollen Sie sich vorstellen, wie Ihr Leben aussehen würde, wenn eine Ihrer geheimen Persönlichkeiten die Oberhand hätte. Ich beginne gern, indem ich mir die unangenehmste meiner Persönlichkeiten aussuche, mit der nicht gut Kirschen essen ist. Nehmen Sie sich fünf Minuten Zeit und schreiben Sie auf, wie Ihr Leben unter der Ägide dieses Selbst aussehen würde. Nicht gerade angenehm, nicht wahr?

Als nächstes nehmen Sie das geheime Selbst, das am unterhaltsamsten ist. Wie würde Ihr Leben aussehen, wenn dieses fröhliche Geschöpf es bestimmte? Schreiben Sie auch hier wieder fünf Minuten lang.

Nun arbeiten Sie mit jenen Persönlichkeiten, die zwischen die beiden Extreme fallen. Lassen Sie jede einmal ans Steuer. Sie werden entdecken, daß jede Ihrer geheimen Persönlichkeiten sowohl Vorteile als auch Nachteile hat.

Wenn man sich künstlerisch betätigt, gewöhnt man sich leicht daran, eine seiner geheimen Persönlichkeiten auf Kosten aller anderen hervortreten zu lassen. Vielleicht empfinden Sie Ihre Arbeit als »fröhlich« oder als »düster«. Wenn Sie lernen, Persönlichkeiten zu akzeptieren und zu schätzen, die anders sind als das Selbst, das Sie normalerweise nach außen kehren, können Sie Arbeitsbereiche erforschen, die jenseits Ihres üblichen Fachgebiets liegen.

Das Film-Selbst

Vielleicht kennen einige von Ihnen den alten Danny-Kaye-Film *Walter Mittys Geheimleben.* In diesem Film spielt Kaye ein Muttersöhnchen, dessen Leben von einer dominanten Mutter bestimmt wird. Glanz vermag er in dieses Leben nur durch seine hartnäckigen, kreativen Phantasien zu bringen, in denen er, Walter Mitty, ein Held ist.

Diese übergroße, aufgeblasene, heldenhafte Version seiner selbst ist das, was ich »Film-Selbst« nennen würde. Obwohl es oft den Anschein erweckt, nur Schall und Rauch zu sein, ist unser Film-Ich oft ein Ausdruck unserer verborgenen Goldader – eine Modellversion eines größeren, großartigeren Selbst, das darum kämpft, geboren zu werden.

Ich hatte einmal Gelegenheit, zwei Bekannte dabei zu beobachten, wie sie sich vor meinen ungläubigen Augen in ihre Filmpersönlichkeiten verwandelten. Als ich während des Watergate-Skandals bei der Washington Post arbeitete, waren Carl Bernstein und Bob Woodward meine Kollegen. Wir kannten sie alle. Es waren diese netten Typen, die nur ein wenig besessen waren ...

»Carl und Bob«, so sagte man im Newsroom, »die beiden sind ein bißchen verrückt.« Etwas später sagte man: »Carl und Bob. Diese beiden sind ein bißchen verrückt ... aber sie könnten recht haben.« Noch später hieß es dann: »Carl und Bob ... die beiden haben tatsächlich recht!«

Aber trotzdem war der Newsroom in keiner Weise darauf vorbereitet: »Carl und Bob ... die beiden sind *Dustin Hoffman und Robert Redford?«* Diese alltäglichen Journalistenpersönlichkeiten verwandelten sich plötzlich in glamouröse Filmcharaktere. Ich erinnere mich genau an den Tag, als Robert Redford das erste Mal in den Newsroom kam. Zum Glück gab es gerade keine Sensationsmeldungen, denn die Telefonistinnen waren sehr damit beschäftigt, Mr. Redford anzustarren, die glamouröse »Filmversion« Bob Woodwards.

Auch wenn Carl und Bob nicht persönlich zu Filmstars geworden waren, waren sie nun auf jeden Fall Starjournalisten. Ihre Filmpersönlichkeiten hatten unauslöschbare Spuren hinterlassen, soviel stand fest.

Wir alle haben ein Selbst, das wir als unser normales, alltägliches Selbst betrachten. Dieses Selbst ist wahrscheinlich größer, als es früher war, und kleiner, als wir es gerne hätten, und es gibt viele Tage, an denen wir wünschen, wir wären größer, als wir es gerade sind. Alles ist relativ, sagen wir. An den Tagen, an denen wir uns relativ groß fühlen, nehmen wir das Risiko auf uns, unser Leben zu erweitern. An den Tagen, an denen wir uns relativ klein fühlen, ziehen wir uns in die Sicherheit einer kleineren Version unseres Selbst zurück. Wie Walter Mitty hängen wir Tagträumen nach, in denen wir uns ausmalen, wie unser Leben wohl aussähe, wenn es uns nur gelänge, unser größeres Film-Selbst besser zu leben. Ich möchte Sie bitten, mit diesem Film-Selbst ein wenig zu spielen.

Ein Film-Selbst ist eine überlebensgroße, idealisierte Version Ihrer Persönlichkeit. Es ist das Selbst, das Ihnen von der Leinwand aus zuwinkt, es ist glänzender, tollkühner und glamouröser, als Sie es sind, aber es basiert auf der Person, die Sie in Wirklichkeit sind. Sie sind der Prototyp, der dieser Persönlichkeit zugrunde liegt. Vielleicht stellen Sie sich das vor, was die Kreativitätslehrerin Barbara Sheer »Stilsuche« nennt.

Aufgabe: Film-Selbst

Bitte beantworten Sie folgende Fragen:

1. Welches Auto fährt Ihr Film-Selbst? Vielleicht mehrere? Ist es ein klassisches Mercedes-Cabrio, ein gepflegter alter Käfer, ein Chevy-Pick-up Baujahr '65?
2. Was ist in der Kleidung das »Markenzeichen« Ihres Film-Selbst? Eine Bomberjacke? Ein Carole-Lombard-Pyjama?
3. Wo lebt Ihr Film-Selbst? In der Stadt? Auf dem Land? Sowohl als auch?
4. Welche spirituellen Übungen praktiziert Ihr Film-Selbst? Tai Chi? Wandelt es auf den Pfaden Jesu in der Wüste? Huldigt es einem Göttinnenkult?
5. Welche drei Orte, an denen Sie noch nicht waren, gefielen Ihrem Film-Selbst besonders gut? Tibet? Texas? Die Costa del Sol?
6. Welchen Titel gibt Ihr Film-Selbst seinen Memoiren? *Reisen eines rastlosen Geistes* oder *Abenteuer einer friedlichen Seele* oder *Erinnerungen eines begeisterten Anglers*?

7. Welches Verhältnis hat Ihr Film-Selbst zu Tieren? Keines, herzlichen Dank? Oder die Einstellung des Zoos von San Diego?
8. Mit welchen drei Eigenschaftswörtern läßt sich Ihr Film-Selbst am besten beschreiben? Charismatisch, kindlich, abenteuerlustig?
9. Wie sieht es mit den Freunden Ihres Film-Selbst aus? Hat es einen großen Bekanntenkreis? Einen kleinen Kreis enger Freunde? Würden Sie es einen Einzelgänger nennen?
10. Wer stellt Ihr Film-Selbst im Film dar? Ein einziger Star oder mehrere, entsprechend den verschiedenen Altersstufen? Sie selbst oder eine etablierte Filmpersönlichkeit?

Die Goldader

Inzwischen sollten Sie sich bereits besser kennen als am Anfang – vor allem, wenn Sie Ihre Lebenserzählung zu Ende geschrieben und auch ein wenig mit Cups gearbeitet haben.

Nun wollen wir ein Spiel spielen. Es ist ein ziemlich anspruchsvolles Spiel, aber wir haben darauf hingearbeitet, und nun sind wir bereit dafür. Das Spiel heißt »Goldader«.

Bevor wir beginnen, möchte ich etwas zu diesem Titel sagen: Ich habe ihn gestohlen. Ich hatte zweimal das Privileg, längere Unterhaltungen mit dem verstorbenen Filmregisseur Martin Ritt zu führen, einem »Schauspieler-Regisseur«, wie es keinen zweiten gab. Es gelang ihm, seine Schauspieler zu brillanten Leistungen zu motivieren, die viele von ihnen berühmt machten.

Ritt hatte eine Theorie über Schauspielerinnen und brillante Leistungen. Er nannte diese Theorie »Goldader«.

Dieser grauhaarige, griesgrämige Mann saß einmal mit mir vier Stunden lang in einer Hotelsuite in Chicago und das andere Mal im Keller einer kanadischen Kirche. Dabei setzte er mir seine Ansichten auseinander. Schon während wir uns unterhielten, hatte ich das Gefühl, daß er mir einen kreativen Stein von Rosette geschenkt hatte, indem er mich in eine geheime Schule der Kunst einführte. Er selbst hätte eine so dramatische Beschreibung sicher übertrieben gefunden, aber er entzifferte einen Code für mich und überreichte mir den Schlüssel zu

einem ganzen Jahrzehnt weiterführender Arbeit. Das war die Quintessenz seiner Fähigkeiten, das Geheimnis seiner Qualitäten als Regisseur.
»Alle Schauspieler haben ein bestimmtes Terrain, einen bestimmten Bereich, für den sie geboren sind. Ich nenne diesen Bereich ihre ›Goldader‹. Wenn Sie diese Goldader treffen, wird ein Schauspieler *immer* brillante Leistungen erbringen. Natürlich kann man einem Schauspieler auch jederzeit eine Rolle geben, die außerhalb seiner Goldader liegt. Wenn man das tut, kann er mit Hilfe von Handwerk und Technik eine gute, eine sehr glaubwürdige Leistung bringen, aber niemals eine so brillante wie dann, wenn er innerhalb seiner Goldader arbeitet.«
Ich dachte an Robert De Niro und an seine Brillanz in Rollen, bei denen es um Themen wie Männerbündnisse, Loyalität und Verrat geht. Ich dachte an Kevin Kline und seine soliden Leistungen als dramatischer Schauspieler. Aber verblaßten sie nicht neben seinen hintertriebenkomödiantischen Charakteren?
Meryl Streep, eine Schauspielerin, die Komödien liebt und sie spielt, sooft sie kann, fasziniert uns eher in dramatischen – sehr dramatischen – Rollen. Ihre Arbeiterheldinnen fesseln uns niemals so wie ihre Aristokratinnen.
Das soll auf keinen Fall heißen, daß Schauspieler nicht das spielen sollten, wonach ihnen der Sinn steht und was ihnen Freude macht. Es soll nur heißen, daß sich Ritt auf einer heißen Spur befand, als er die Goldadern erkannte.
Jahre nach diesen Gesprächen stellte ich in meiner

Arbeit als Schriftstellerin und Regisseurin immer wieder fest, daß meine Gedanken zu Ritt und seiner Theorie zurückkehrten. Nachdem er mir die Theorie einer kreativen Goldader in den Kopf gesetzt hatte, sah ich überall Beweise für ihre Gültigkeit, nicht nur bei Schauspielern. Ich sah bei allen Leuten in meiner Umgebung, daß es in ihrem Leben und in ihrer Arbeit bestimmte Themen gab, die in ihnen auf mehr Widerhall stießen und die für sie lohnender waren als andere.

Sie könnten nun natürlich einwenden, daß wir alle über irgend etwas nachdenken, und damit haben Sie durchaus recht. Wahr ist aber, daß Ihnen manche Themen mehr Spaß machen als andere. (Sie können auch sagen, daß sie interessanter sind, falls es Ihnen schwerfällt, zuzugeben, daß es Ihnen einfach Spaß macht, zum Beispiel schaurige Mordgeschichten zu lesen oder sich in die Sexskandale berühmter Persönlichkeiten zu vertiefen.) Diese habituellen Gedankenlinien, diese Bereiche der Spekulation, die wir immer wieder streifen, geben uns exzellente Hinweise darauf, worüber wir schreiben, was wir malen sollten, was wir im Tanz ausdrücken, worüber wir eine Collage anfertigen, nach welchen Motiven wir stricken sollten und so weiter.

Es ist sehr wichtig, daß wir in unserer Kunst das Thema bearbeiten, wofür wir uns wirklich interessieren, und nicht das, wofür wir uns nach unserer eigenen Meinung oder nach der anderer interessieren sollten. Nur allzuoft versuchen wir das Drehbuch zu schreiben, das wir schreiben *sollten*, und wenn es dann fertig ist, liest es sich bedauerlicherweise genau so – bemüht, gut

gemeint, aber irgendwie hohl. Dasselbe gilt für pflichteifrig produzierte Bilder, Mahlzeiten, Gedichte, Briefe oder meinetwegen Vorhänge.
Michell Cassou und Stewart Cubley schreiben in ihrem Buch *Life, Paint and Passion:*

Kreativ zu sein bedeutet, sich auf unbekanntes Terrain vorzuwagen – sich in die Mystik des eigenen Ich hineinzubegeben, ein Gefühl aufsteigen zu lassen, verschüttete Wahrnehmungen zu befreien, lebendig und frei zu sein, ohne sich über das Ergebnis Sorgen zu machen. Aber unser Gehirn ist darauf konditioniert, zu denken, daß es ein schönes Bild möchte, einen schönen Baum, eine schöne Landschaft. Nein! Vielleicht wollen Sie Ungeheuer. Vielleicht wollen Sie Chaos, vielleicht wollen Sie Konfusion. Vielleicht würde es Ihnen ein wirklich gutes Gefühl vermitteln, ein häßliches Bild zu malen. Vielleicht würde das Ihr Wesen stärker öffnen als ein Meisterwerk …

Wenden wir uns noch einmal Martin Ritts Theorie zu. Wissen Sie noch? Er sprach von der »Goldader«. Wir werden diese Goldader in uns selbst suchen, aber bevor wir damit beginnen, werden wir uns ansehen, wie solche Goldadern in der öffentlichsten Kunstform funktionieren, die wir haben – im Film.
Denken Sie noch einmal an Robert De Niro. Er brilliert in Rollen einsamer Wölfe oder als Darsteller von Männern, die sich intensiv mit anderen Männern verbünden. Wir waren begeistert von De Niro in *Taxi Driver, Der Pate II,*

The Deer Hunter, GoodFellas – Drei Jahrzehnte in der Mafia und in vielen anderen Filmen, in denen er seine Stärke als männlicher Mann ausspielte. Filme, in denen es um das Mann-Frau-Verhältnis geht, liegen ihm offenbar weniger. Die romantische Liebe ist offensichtlich *nicht* De Niros Goldader, sondern seine Goldader heißt Männerbündnisse.

Wir haben auch Meryl Streep erwähnt. Werfen wir einen Blick auf ihre facettenreiche Karriere, und machen wir uns bewußt, wie sehr sie uns beeindruckt, wenn sie eine überlebensgroße Heldin mit Oberklassenproblemen, einem ausländischen Akzent und einem edlen, gequälten Herzen spielt. Sie selbst liebt Komödien, aber wir haben sie zu keiner umjubelten Komödiantin gemacht. So solide ihre Arbeit in Filmen, in denen sie Arbeiterinnen und Unterschicht-Mütter spielte *(Silkwood* und *Am wilden Fluß),* auch war, unvergeßlich wurde sie als Isak Dinesen in *Jenseits von Afrika* und als Sophie in *Sophies Entscheidung.*

Schriftsteller, Maler, Fotografen – wir alle haben unsere Goldader. Meist ist es so, daß wir am liebsten das Thema künstlerisch gestalten, das wir selbst gern sehen – das, worüber wir gern nachgrübeln. Dabei spielt es keine Rolle, ob Sie dieses Thema in einem Zeitungsartikel oder in einem Film, in einem Magazin oder in einem Gespräch finden. Wenn Sie viel über ein Thema nachdenken, ist es wahrscheinlich, daß es in den Bereich Ihrer Goldader fällt.

Woher weiß ich, worüber ich nachdenke? fragen Sie nun vielleicht. Es stimmt, daß wir uns manchmal so intensiv mit unseren Lieblingsthemen beschäftigen, daß uns gar nicht bewußt ist, worin sie bestehen. Deshalb möchte ich Ihnen nun einige Detektivwerkzeuge an die Hand geben, mit denen Sie Ihre Goldader aufspüren können.

Technik: Lieblingsfilme. Nennen Sie fünf Ihrer Lieblingsfilme. Es können alle Arten von Filmen sein – gute, schlechte, Kinder- oder Erwachsenenfilme, alte, neue, klassische oder Avantgardefilme. Suchen Sie sich einfach fünf aus, ganz egal, welche. Hier ist als Beispiel meine eigene Liste:

1. *Das Gespenst und Mrs. Muir.* Ein alter britischer Film über schicksalhafte Liebe. Die Situation der Liebenden ist unterschiedlich: Eine Person lebt und ist wohlauf, die andere ist ein Geist.
2. *I Know Where I'm Going.* Ein weiterer britischer Klassiker des Regisseurs Michael Powell. Eine weitere Liebesgeschichte über »schicksalhafte Liebe«. Diesmal ist das Mädchen eine Städterin, während der Mann vom Land kommt.
3. *Ferien.* Ja, schon wieder eine Liebesgeschichte über zwei Menschen unterschiedlicher Herkunft. Diesmal ist sie eine Erbin und er ein Aufsteiger, der um ein Haar die »falsche« Schwester geheiratet hätte.
4. *Always*, Steven Spielbergs »offiziell« erfolgloser Film über – dreimal dürfen Sie raten – schicksalhafte Liebe. Diesmal geht es darum, daß die Liebe über den Schleier des Todes hinaus bestehenbleibt.

5. *Geisterkomödie.* Schon wieder ein Film, in dem es darum geht, daß die Liebe den Tod überdauert.

Das ist meine Liste. Ihre kann vollkommen anders aussehen. Es geht also darum, daß Sie sich die Filme, die Ihnen in den Sinn kommen, notieren und sich dann die Liste ein wenig näher ansehen. Welche gemeinsamen Nenner haben diese Filme?

Meine Filmliste zeigt, daß ich eindeutig Filme mag, die in einer anderen Zeit und an einem anderen Ort spielen. In den meisten spielen Außenseiter eine Rolle. Wenn man sich als Zuschauer mit ihnen identifiziert, muß man zwangsläufig eine andere Sicht der Dinge entwickeln. Bei vielen der Filme geht es um den Glauben an übernatürliche Dinge, die das Schicksal der Menschen beeinflussen. Schicksal und Tod spielen in allen meinen Filmen eine große Rolle.

Aber es gibt noch mehr gemeinsame Nenner. In allen meinen Filmen geht es um Mysterien – theologische, technologische oder psychologische. In allen geht es um Fragen von Leben und Tod. (Übrigens ist ein weiterer meiner Lieblingsfilme ein anderer Klassiker von Michael Powell, *Irrtum im Jenseits,* in dem es, jawohl, um schicksalhafte Liebe, jawohl, um Übernatürliches, und jawohl, um Fragen von Leben und Tod geht.) Ein weiteres Thema, das meinen Filmen gemeinsam ist, ist das Infragestellen konventioneller Überzeugungen. Ohne viel nachzudenken, hätte ich ebensogut eine ganz andere Liste erstellen können:

1. *Zwei Engel ohne Flügel*
2. *Ein Kerl namens Joe* (die »Quelle« für *Always*)
3. *Splash*
4. *Die Lage der Union* (und jede Menge anderer Hepburn/Tracy-Filme, in denen es um unpassende und doch so passende Liebe geht)
5. *Mordsache »Dünner Mann«*

Wird meine erste Liste durch diese zweite außer Kraft gesetzt? Überhaupt nicht. Im Gegenteil, sie erweitert und bestätigt sie. Noch einmal: In allen diesen Filmen geht es um schicksalhafte Liebe, um Liebende verschiedener Herkunft, um Mysterien – und immer wieder um den Tod. Sex und Tod sind, ebenso wie die Fragen des Schicksals und dem Leben nach dem Tod, untrennbar miteinander verbunden.
Mein erstes Theaterstück, *Public Lives*, ist eine Tragikomödie über das Leben nach dem Tod. Der Held stirbt in der ersten Szene. In der zweiten Szene richtet er sich auf der Totenbahre auf, zündet sich eine Zigarette an, und die Dinge nehmen ihren Lauf. Mein erster Film, in dem ich sowohl Drehbuchautorin als auch Regisseurin war, *God's Will*, beginnt mit dem Tod der Protagonisten und verfolgt dann deren Laufbahn als umtriebige Geister.
Die Liste endet hier nicht. Da ist *Twinkle*, von meinem Hollywood-Agenten als eine Art »Zur Erde gefallener *Splash*« eingestuft. Da ist *Literatur statt Liebe*, eine Komödie über ein unglückliches Liebespaar, das Leben für Leben versucht, dasselbe Mysterium zu lösen – und daran scheitert.

Ich habe es immer wieder auf viele verschiedene Arten ausgekostet, über die Dinge zu schreiben, die ich mir gern ansehe und die ich gern lese, und damit bin ich nicht allein.
Die folgende Übung soll Ihnen helfen, mit der Suche nach Ihrer Goldader zu beginnen. Manchmal kann es hilfreich sein, einen scharfsichtigen Freund oder eine Freundin mit einzubeziehen, denn oft stehen uns unsere Themen so nahe, daß wir Gefahr laufen, sie zu übersehen, wenn wir nach ihnen suchen.

Übung: Das Goldader-Quiz

1. Listen Sie fünf Lieblingsfilme auf. (Irgendwelche – Sie müssen sie nur mögen. Es können aktuelle Filme oder Oldies sein. Diese Liste muß nicht in Stein gemeißelt werden. Schreiben Sie sie einfach rasch auf, so wie sie Ihnen in den Sinn kommt.)
2. Nennen Sie Ihr Lieblingsbuch, das Sie als Kind hatten. (Dieses Buch sollte nach Möglichkeit aus Ihrer eigenen Kindheit stammen und nicht ein Buch sein, das Sie Ihren Kindern vorlesen.)
3. Nennen Sie drei Charaktere, die Sie lieben.
4. Nennen Sie drei Charaktere, die Sie gern spielen würden.
5. Nennen Sie drei Themen, über die Sie oft nachdenken.
6. Nennen Sie drei Themen, über die Sie oft lesen.
7. Wovon handelte das Lieblingsbuch Ihrer Kindheit?
8. Wovon handeln Ihre Lieblingsfilme?
9. Haben Ihre Lieblingsfilme und -bücher irgend etwas gemeinsam?
10. Gibt es zwischen Ihren Lieblingscharakteren, Ihrem Lesestoff und Ihrem Denken einerseits und Ihren Lieblingsfilmen und Büchern andererseits irgendwelche Zusammenhänge?

Es kann ein bißchen problematisch sein, dieses Quiz in Eigenregie zu absolvieren. Vielleicht ist es günstiger, wenn mehrere Freunde Ihrer Gruppe Ihnen sagen, welchen gemeinsamen Nenner sie in Ihren Listen erkennen.

(Sie können sich auch als Gruppe treffen und eine Quizparty veranstalten.) Stellen Sie sich einfach vor, Sie spielten mit sich selbst ein kompliziertes Spiel, bei dem Sie einem Hinweis nach dem anderen nachgehen müssen.
Sie können in Ihrem Quiz auch Ausschau nach dem halten, was ich als »Karmafrage« bezeichne. Damit meine ich ein Thema, eine Frage oder eine Sorge, an deren »Lösung« Sie und Ihre Lieblingscharaktere arbeiten.

Übung: »Leseorgie«

Diese Technik beinhaltet etwas, was die meisten kreativen Menschen von sich kennen: Leseorgien.
Bevor Sie beginnen, notieren Sie schnell fünf Themen, über die Sie oft lesen (auch solche, über die Sie nur im geheimen lesen).

1. ______________________________
2. ______________________________
3. ______________________________
4. ______________________________
5. ______________________________

Nun gehen Sie zum Zeitschriftenhändler und kaufen Sie sich mindestens drei »Revolverblätter«, mit denen Sie sich niemals erwischen lassen möchten. Wenn Sie unbedingt wollen, kaufen Sie sich auch seriösere Zeitungen. Tragen Sie sie alle nach Hause, sperren Sie sich mit

Schere und rotem Filzstift in Ihrem Schlafzimmer ein und schneiden Sie alle Geschichten aus, die Sie auch nur im entferntesten interessieren. Sie können sie natürlich auch markieren. Nach einer Woche sollten Sie eine hübsche Sammlung beisammenhaben.
Nun beginnen Sie zu sortieren. Halten Sie Ausschau nach dem gemeinsamen Nenner in Ihren Geschichten: Sex. Medizin. Geld. Tragödien. Wissenschaft. Achten Sie dabei auch auf die gemeinsamen psychologischen Nenner: Triumph über die Wahrscheinlichkeit, Verrat durch die beste Freundin, Sieg durch Hartnäckigkeit etc. Kurz gesagt – nehmen Sie, falls das möglich ist, eine Unterteilung nach Themenkreisen vor.
Wenn Sie dabei sorgfältig vorgehen, sollten Sie eine ziemlich gute Vorstellung davon bekommen, was Sie interessant finden.
Vielen von Ihnen wird diese Übung dumm erscheinen – zu beliebig, um aussagekräftig zu sein. Nun, mir ist es gleichgültig, was Sie glauben, solange Sie es nur versuchen. Und dann versuchen Sie's gleich noch mal.

Übung: Wühlkisten-Collage

Reißen Sie, so schnell Sie können, zwanzig bis dreißig Bilder aus einem Stapel von Magazinen. Kleben Sie sie auf eine Unterlage, so wie es Ihnen in den Sinn kommt. Die Bilder brauchen keine besondere Bedeutung zu haben, und das haben sie oft auch nicht. Ordnen Sie sie ganz frei und spontan an, wie es Ihnen beliebt. Es kann ein »dunkles« oder ein »helles« Bild daraus werden. Einfach reißen und kleben, und fertig. Denken Sie auf keinen Fall über diese Übung nach und gehen Sie erst dann zur nächsten über, wenn Sie damit fertig sind!

Übung: Abstimmen

(Anmerkung: Lesen Sie diese Anweisung erst, wenn Sie mit der vorherigen Übung fertig sind. Sonst machen Sie alles zunichte!)
Wenn Ihre Collage fertig ist, setzen Sie sich damit und mit Ihrem Goldaderquiz hin. Sehen Sie nach, ob Sie irgendwelche Übereinstimmungen finden. (Es war Mark Bryan, der mich als erster auf dieses Phänomen aufmerksam machte, und er hatte recht!)
Erkennen Sie ein Bild aus einem Lieblingsbuch Ihrer Kinderzeit? Erkennen Sie Bilder aus Ihren Filmen? Was ist mit diesen Löwen und Palmen? Steht nicht *Jenseits von Afrika* auf Ihrer Liste? Sehen Sie sich all die Kinder in der Mitte Ihrer Collage an. Ist nicht Bildung ein Thema, über das Sie viel lesen?
Noch einmal: Nehmen Sie die Hilfe eines scharfsichtigen Freundes oder einer Freundin in Anspruch. Oft erkennt ein Freund Bilder und Themen, die uns selbst entgehen. Auf diese Weise erfahren wir einerseits das, was offensichtlich an uns und für uns ist, und andererseits kommen wir näher an das heran, was nicht so offensichtlich ist. Vielleicht sind Sie weichherziger oder entschlossener, als Sie zuzugeben wagen. Indem wir unsere Gold-

ader erkennen und in Besitz nehmen, können wir vielleicht auch nach ganz anderen Reichtümern schürfen als nach denen, mit denen wir gerechnet hatten.

Übung: Schreiben Sie auf, was Sie entdeckt haben

Stellen Sie eine Zeituhr auf eine Stunde ein und wählen Sie eine Musik, die »erweiternd« auf Sie wirkt. (Ich verwende *Green Dream* von Tim Wheater.) Nun setzen Sie sich hin und schreiben Sie auf, was Sie bei Ihrer Arbeit mit der Goldader über sich selbst gelernt haben. Stellen Sie sich das Ganze vor wie einen Live-Bericht. Sie können von sich auch in der dritten Person schreiben:

Roberts Live-Bericht

Ich entdeckte, daß Robert seit seiner Kindheit ein starkes Interesse am Wohlergehen seiner Gemeinde hat. Das zeigte sich in der Liste seiner Lieblingsfilme, auf der Filme von Frank Capra und Sidney Lumet auftauchten, zwei Regisseuren, die sich hauptsächlich mit Themen sozialer Gerechtigkeit auseinandersetzen. Beim Lesen lag sein Schwerpunkt auf sozialen Fragen und internationalen Ereignissen, und auch hier interessierte er sich besonders für die Unterprivilegierten. In seiner Collage zeigte sich dasselbe Interesse durch eine Gruppe von Bildern aus Ländern der Dritten Welt, von UNICEF-Kindern und Flüchtlingslagern.

Sie sollten unbedingt eine Stunde lang oder länger schreiben. Bringen Sie sich wirklich zum »Sprechen« über die Dinge, die Sie überraschten, die Sie erschreckten und die Sie faszinierten. Erkenntnisse, die darauf hinweisen, daß ein Richtungswechsel angezeigt sein könnte, dürfen auf keinen Fall unter den Tisch fallen. Nehmen Sie sich die Zeit, darüber zu spekulieren, wie ein solcher Richtungswechsel wohl aussehen könnte.

Aufbruch

»Wenn wir beginnen, unserer eigenen Geschichte zuzuhören, sind wir erstaunt, wie interessant unser Leben ist«, sagt die Lehrerin und Schriftstellerin Mandy Aftel. Ich hoffe aufrichtig, daß die Arbeit mit dem Reich der Geschichten Sie genau zu dieser Überzeugung gebracht hat. Nun, da Sie dieses Reich verlassen, halten Sie einen Augenblick lang inne und rufen Sie sich alles, was Sie sich erarbeitet haben, noch einmal ins Gedächtnis.

Mit Ihrer Lebenserzählung brachten Sie die Ereignisse Ihres Lebens in eine zusammenhängende Form, die Sie anerkennen und schätzen können. Durch die Arbeit mit den »Cups« (so benannt nach den durchlässigen Kupellen, mit denen Sand nach Gold und Silber durchsucht wird) konnten Sie reichhaltige Lager an autobiographischem Material erschließen. Ihre Märchen haben Ihnen gezeigt, welch reinigende Kraft die Phantasie im Spiel mit den Ereignissen Ihres Lebens haben kann. Ihre geheimen Persönlichkeiten und Ihr Film-Selbst haben Ihnen gezeigt, welche Charaktere in Ihnen stecken, und das Goldaderquiz gab Ihnen das Gefühl für die Themen, die sich durch Ihr Leben ziehen und die Ihre Aufmerksamkeit verlangen.

Gönnen Sie sich das befriedigende Bewußtsein, ein weites Feld durchgearbeitet und die spirituelle Kraft erworben zu haben, die Sie brauchen, um weiterzukommen. Sie werden sehen, daß die Werkzeuge, die Sie im Reich des Sehens kennenlernen werden, auf der Arbeit aufbauen, die Sie bereits geleistet haben. Gestatten Sie es sich, sich über die spirituelle Qualität des Fundaments zu freuen, das Sie sich erworben haben.

Das Reich des Sehens

»Die Schönheit liegt im Auge des Betrachters«, sagen wir. Aber um Schönheit aufnehmen zu können, müssen wir uns auf sie konzentrieren. Denken Sie nur an eine Autofahrt durch eine wunderschöne Gegend. Wenn Sie zu schnell fahren oder zu sehr in sich versunken sind, zieht die Landschaft vorbei, ohne daß Sie Notiz von ihr nehmen. Dasselbe gilt für unser Leben. In diesem Reich werden wir unser Leben mit Hilfe des Sehens erforschen. Wir werden uns unser Leben buchstäblich anschauen, um zu sehen, wie es aussieht. Das bedeutet, daß wir unsere Wahrnehmung bewußt auf die Informationen konzentrieren werden, die wir aus visuellen Quellen beziehen können.

»Sich die Welt ringsum nur anzusehen ist etwas vollkommen anderes, als sie tatsächlich zu sehen«, sagt der Künstler Frederick Franck.

Für jene von uns, die in ihrer Informationsverarbeitung sehr kopflastig sind, kann es sowohl ein Schock als auch eine Erleichterung sein, sich von den Wörtern den Bildern zuzuwenden. Wenn wir lesen, suchen wir von uns aus Information. Es ist ein appetitabhängiger Erwerbsprozeß, für den der Ausdruck »Wissensdurst« bezeichnend ist. Wenn wir uns mit Bildern befassen, müssen wir lernen, uns zu öffnen und Informationen auf ganzheitliche Weise aufzunehmen. Wir erhalten nicht nur Informationen, sondern auch Eindrücke, Inspiration und Gefühle. An dieser Erfahrung sind viele Sinne beteiligt, obwohl sie auch intellektueller Natur sein kann. Seien Sie nicht überrascht, wenn Ihre innere Skeptikerin Widerstand leistet, denn sie liebt es, zu »kontrollieren«.

»Ein Bild sagt mehr als tausend Worte.« Dieser Satz kann zu einer wirklichen Erfahrung für Sie werden. Bleiben Sie hartnäckig, und Ihre Kreativität wird sich weiterentwickeln.

Sehen

Joan Didion sagt, daß das Schreiben eine Art ist, »ich, ich, ich« zu sagen. Ich glaube auch, daß es das oft ist, aber noch öfter bedeutet es für mich »sehen, sehen, sehen«. Wir schreiben über das, was wir sehen, und über das, was wir klar zu sehen versuchen. Wir schreiben und schreiben, weil Sprache ebenso wie die Wahrheit schwer zu fassen ist. Wir schreiben, weil sich das Licht, in dem wir die Dinge betrachten, ständig verändert.

»Unser Leben ist das Instrument, mit dem wir mit der Wahrheit experimentieren«, sagt Thich Nhat Hanh.

Das Schreiben ist eine Möglichkeit, unsere Wahrnehmung der Realität zu überprüfen. Es ist eine Form, in der wir die Realität erforschen und ausdrücken können. Wie alle Formen des Ausdrucks verlangt auch das Schreiben, daß wir uns die Dinge ansehen. Unserem Widerstand und unserem Bequemlichkeitsbedürfnis zum Trotz fordert es, daß wir sehen. Wenn ein Mensch oder ein Ereignis klar zu »beschreiben« ist, dann liegt das daran, daß wir willens und imstande sind, diesen Menschen oder dieses Ereignis klar zu sehen. Wenn wir etwas sehen, können wir es benennen. Dies gibt uns ein Gefühl des Besitzens, zumindest das Gefühl, Besitzer unserer eigenen Erfahrung zu sein.

Aber es gibt viele Dinge, die sich nicht leicht mit Worten benennen lassen, und deshalb tun wir mehr, als nur zu schreiben. Manchmal reicht die Sprache nicht aus, und

um wirklich zu sehen, müssen wir die Dinge anders betrachten und andere Werkzeuge verwenden.
Wenn wir visuell anstatt verbal arbeiten, stellen wir oft tiefe, intuitive Zusammenhänge her. Wie Frederick Franck sagt: »Wenn das Auge erwacht, um wieder zu sehen, hört es plötzlich auf, irgend etwas als gegeben zu betrachten.«
Wenn Sehen Glauben bedeutet, bedeutet es auch Verstehen. Lassen Sie mich Ihnen ein Beispiel geben. Ich hatte als Schriftstellerin jahrelang mit dem Material meiner frühen Kindheit gearbeitet. Ich wußte, daß ich ein ungebärdiges »Sandwich-Kind« war, das sich immer stärker anstrengte als die anderen. Als zweite Tochter meiner Eltern war ich die zweite Wahl, eine Art genetische Ellipse zwischen dem erstgeborenen Kind und ihrem ersten Sohn. Ich trug abgelegte Kleider, lebte im Schatten des Glanzes meiner älteren Schwester und hielt sozusagen im Vergleich zu der hellbrennenden Fackel meines flachsköpfigen Bruders Jaimie nur eine trübe Funzel in der Hand.
Das war, bevor ich mir Rod Stewarts Ausspruch »Jedes Bild hat eine Geschichte zu erzählen« zu Herzen nahm. Als ich begann, das Material meines Lebens nicht nur verbal, sondern auch visuell aufzuarbeiten, vertiefte und erweiterte sich mein Verständnis.
Bei der Arbeit mit alten Familienfotos und Magazinen stellte ich eine Collage meiner Kindheit zwischen meinem ersten und meinem fünften Lebensjahr her. Zuerst dachte ich, ich wüßte, wonach ich suchte und was ich finden würde. Ich wollte ein Zebra, ein Pferd und einen

Esel – wegen meiner drei geliebten Stofftiere Zeebie, Reddie und Donk-Donk. Ich wollte, daß dieser Esel gleich zwei Funktionen auf einmal erfüllen sollte, und schrieb unter das Bild des Esels die ätzenden Worte meiner Mutter: »Du gibst einen wundervollen Esel ab, Julie, aber als Schoßhund bist du unbrauchbar.« Laut meiner Mutter – und der Groll darüber hatte sich tief in mir eingebrannt – war ich nicht so anschmiegsam, zutraulich und weich, wie ein kleines Kind sein sollte. Und als ich mit meiner Collage begann, wußte ich schon, was für eine Ansammlung von Schrecknissen sie werden würde. Stellen Sie sich meine Überraschung vor, als ich wirklich sah, worauf ich schaute, anstatt einfach nur zu sehen, wonach ich suchte. Ich hatte überhaupt nicht das Bild vor mir, das ich erwartet hatte. Ja, da war dieses berühmte Bild meines kleinen Selbst, mit Schlamm beschmiert und an einem Gartenschlauch saugend, als wäre er eine Wasserpfeife. Aber was war denn das? Wer waren diese jungen, zerbrechlichen, hoffnungsvollen Liebhaber, die einander mit so sehnsüchtigen Augen betrachteten? Die schlanken Beine meiner Mutter ... der rassige Dreitagebart meines Vaters ... das Strahlen in ihren Augen, in ihrem gemeinsamen Lächeln über den Köpfen ihrer drei kleinen Engel – alle diese Details waren mir neu. Meine Eltern waren Liebende gewesen – junge Liebende, verrückt nacheinander, deren Fingerspitzen einander berührten und deren Lächeln sie verband. So verliebt, so viel zu tun – wer hatte Zeit, die Zweitgeborene zu quälen? Wer hätte es auch gewollt? Wenn Sehen Glauben bedeutet, bedeutet es auch Ver-

stehen. Meine Eltern waren zu jung, hatten zuviel zu tun und waren viel zu sehr mit anderen Dingen befaßt, als daß sie Böses hätten aushecken können. Schlimmstenfalls litt ich darunter, daß sie mich zuwenig beachteten, aber destruktiv mir gegenüber waren sie auf keinen Fall.
Wenn wir in einer Collage mit Bildern arbeiten, passiert oft eine zufällige Gegenüberstellung zweier widersprüchlicher Bilder, die uns hilft, das zu entschlüsseln, was wir tief in uns tragen. Wenn ich mit Worten nicht mehr weiterkomme, helfe ich mir mit Bildern, genaugenommen mit Collagen. Ich befolge dabei sehr einfache Grundregeln: Ich setze mir einen Zeitrahmen und wähle ein Thema aus, dann blättere ich Magazine durch und reiße die Bilder heraus, wie sie mir in den Sinn kommen. Wenn ich genügend Bilder beisammenhabe, lasse ich der freien Assoziation ihren Lauf.
In sehr komplizierten Situationen beruhigt mich dieser einfache Akt des Auswählens sofort und zentriert mich wieder. Ich überdenke meine Entscheidungen *nicht.* Ich behalte nur das Thema im Kopf, und dann reiße ich alle Bilder heraus, die mich ansprechen, ganz gleich, ob sie zusammenzupassen scheinen oder nicht. Ich strebe dabei weniger nach Kunst als nach Kunsthandwerk – Artefakten oder »Kunst als Fakt«. Meine Collage ist eine Art Zeitkapsel: Sie drückt die Gefühle aus, die ich zu diesem Zeitpunkt habe. Ich verstehe die Phrase »Sinn machen« ziemlich buchstäblich, und der Sinn, den ich oft brauche, um Erkenntnisse zu gewinnen, ist mein Sehsinn.
»Was siehst du dich in fünf Jahren machen?«
»In welcher Rolle siehst du dich bei dieser Trennung?«

»Wo siehst du die Konfliktbereiche zwischen euch beiden?«

Fragen wie diese eignen sich ausgezeichnet für eine Collage. Stellen Sie sie, und dann reißen Sie – ohne nachzudenken – Bilder aus Zeitschriften. Oft lassen wir es zu, daß wir Bilder wählen, die die Wahrheit sagen, bevor wir dies durch die Sprache tun können. Das Anfertigen einer Collage ist auf jeden Fall ein Transformationswerkzeug, ob wir nun aktiv eine Frage stellen oder nicht. Doch wenn wir mit Collagen arbeiten, um Veränderungsprozesse in Gang zu setzen, besteht die Gefahr, daß wir die oft existentiellen Einsichten, die wir gewinnen, in Messer verwandeln und sie gegen uns selbst richten. »Siehst du? Deine Ehe ist schrecklich. Dann befreie dich aus ihr. Das kannst du nicht? Du Feigling, du Lügnerin, du ...« Gehen Sie's ein bißchen milder an.

Wir sind Menschen, keine Maschinen. Erkenntnisse können uns den Weg zur Veränderung weisen, aber oft ist es bereits eine enorme Veränderung, die Zeichen lesen zu lernen. Wenn wir das Mitgefühl für uns selbst nicht bewußt kultivieren, wird unser spirituelles und kreatives Wachstum zu einem Gewaltmarsch durch das feindliche Territorium unserer eigenen Urteile.

Obwohl das Anfertigen einer Collage Reißen, Schneiden und Zerschnipseln bedeutet, muß man dabei auch aneinanderfügen, kleben und verbinden. Es geht um die Kunst, aus den Einzelteilen etwas herzustellen. Der Sinn der Collagearbeit ist ihr eigentliches Ziel: mit den verschiedenen Teilen unseres Selbst Frieden zu schließen.

Sie brauchen kein ausgebildeter Künstler oder Kunsttherapeut zu sein, um den künstlerischen und therapeutischen Sinn einer solchen Collagearbeit zu spüren. Oft bringt es auch neue Einsichten, mit einem Freund über die Collage zu sprechen. Seine Interpretation kann Sie bestärken oder von ihrer Interpretation abweichen.

Vor etwa fünfzehn Jahren fertigte ich im Rahmen einer von einer Therapeutin geleiteten Frauengruppe eine Collage an. Am oberen und am rechten Rand meiner Collage fand sich ein Cluster von Bildern zum Thema Sterne, Weltraum, Energie und Lichtstrahlen.

»Was sind das für Bilder?« fragte die Therapeutin.

»Sie haben mit Sternenmenschen zu tun«, hörte ich mich antworten, und im selben Augenblick fragte ich mich, was ich damit wohl gemeint haben könnte. Es war mir klar, daß ich etwas meinte, was für mich sehr real, wenn auch schwer faßbar war. Die Therapeutin, die meine Hollywood-Vergangenheit kannte, interpretierte den Collage-Cluster als Hinweis auf meinen ersten Mann, einen Filmregisseur, und die Verbundenheit, die ich immer noch zu ihm fühlte.

Es mag schon sein, daß der Cluster für sie diese Bedeutung hatte, aber für mich hatte er eine andere. Diese Bilder drückten für mich eine starke spirituelle Sehnsucht aus, den Wunsch, mit etwas in Verbindung zu treten, was man höheres Bewußtsein oder höhere Kraft nennen könnte. Als ich versuchte, der Therapeutin das zu erklären, blockte sie ab. Obwohl sie selbst an eine spirituelle Kraft glauben mochte, war diese Kraft für sie auf keinen

Fall gleichwertig mit persönlichen Beziehungen. Für mich aber schon.
Je länger wir über meine Collage sprachen, desto tiefer wurde die Kluft zwischen mir und meiner Therapeutin, mir und der Gruppe. Andererseits wuchs in mir, je länger wir sprachen und je länger ich mir meine Collage ansah, das Gefühl, daß ein großer Riß in meinem Bewußtsein immer mehr ausheilte. Ich glaubte an den führenden Einfluß einer höheren Macht. Bevor ich diese Überzeugung in Worte kleiden konnte, konnte ich sie in Bildern ausdrücken: spirituelles Wachstum war meine persönliche Priorität. Es waren spirituelle Lösungen, keine therapeutischen, die mein Bewußtsein ansprachen.
Obwohl ich die Collage nicht als Abschlußritual für meine Therapiephase betrachtete, wurde sie es. Von diesem Tag an bis zum heutigen ist die Therapie ein Werkzeug, das mir für mein spirituelles Leben zur Verfügung steht, und nicht umgekehrt. Wenn Sehen Glauben bedeutet, dann sah ich, daß ich glaubte, und seit damals verfüge ich über andere Quellen der Veränderung und des Wandels.

Übung: Zeitkapsel-Collage

Schneiden oder reißen Sie zwanzig Bilder aus Magazinen, Zeitungen, Katalogen oder Cornflakesschachteln oder nehmen Sie sie aus alten Fotosammlungen. Wählen Sie Bilder, die irgendwie mit den Erinnerungen, Assoziationen und Lebenserfahrungen Ihrer ersten fünf Jahre zu tun haben.
Dabei brauchen Sie nach keinen realistischen Abbildungen zu suchen. Wenn Ihre wichtigste Erinnerung an Ihr erstes Kinderzimmer in dem riesigen, buschigen Baum vor dem Fenster besteht, können Sie ein Bild des Regenwaldes oder sogar eines Salatkopfs verwenden, wenn das Grün diese Erinnerung in Ihnen heraufbeschwört. Bedenken Sie, daß Sie in dieser Übung sowohl das »Ich« als auch das »Auge« sind. Sie brauchen nicht zu wissen, warum Sie sich von einem Bild angesprochen fühlen. Die Tatsache, daß es Sie anspricht, reicht vollkommen aus.
Nehmen Sie sich etwa zwanzig Minuten lang Zeit und kleben Sie die Bilder rasch auf die Unterlage auf. Sie können das Ganze gern mit Worten oder mit ein bißchen Glitzer gestalten, mit Markierstift umranden oder mit Farben bespritzen. Die Collage gehört Ihnen, und sie soll Ihr kindliches Ich darstellen. Versuchen Sie, zu diesem Kind zurückzukehren und sich zu erinnern.
So wie die Arbeit mit der Lebenserzählung, bei der Sie Ihr Leben in Fünfjahresabschnitte teilten, wirkt auch die Arbeit mit der Zeitkapsel-Collage sehr intensiv und reinigend. Ich möchte Ihnen dieses Werkzeug aufrichtig

ans Herz legen. Sie könnten sich eine Woche lang jeden Tag Zeit nehmen und mit Ihrer Zeitkapsel-Collage jeden Tag fünf Jahre vorrücken. Sie können Ihre Collagen auch eine Zeitlang an die Wand hängen. Ein Flur, an dessen Wänden eine Reihe solcher Collagen hängt, wird zur Galerie Ihrer visuellen Lebenserzählung, nicht unähnlich einem Heimvideo.

Übung: Kreieren Sie Ihre Schatzkarte

So scharf und subtil unsere Bilder unsere unterbewußten Ängste und Zwänge darzustellen vermögen, so wirkungsvoll und überzeugend können sie auch zu unserem träumenden Herzen sprechen und sich für dieses einsetzen.

Doris empfand das Anfertigen einer Collage als sehr bedrohlich. Die Überwindung dieser Angst, Bilder auszuwählen und sie für alle sichtbar anzuordnen, lehrte sie, daß sie sich nicht davor zu fürchten brauchte, ihr Innerstes nach außen zu kehren und es für alle erkennbar zu machen.

Doris, die seit vielen Jahren mit einem Italiener verheiratet war, erkannte, daß ihre Collage Italien und ihre Liebe zu dieser Kultur widerspiegelte. Sie war vor kurzem Großmutter geworden, und sie fand in ihrer Collage das Bild eines jungen Mannes, der einen Säugling in den Armen hielt. Neben diesen häuslichen Motiven gab es auch Bilder, die ihrer Sehnsucht nach einer schlankeren, mädchenhafteren Figur Ausdruck verliehen. Es ist

kein Zufall, daß sie diesen Wunsch kurz danach verwirklichte.
Da Bilder direkt das Unterbewußtsein ansprechen, sind sie eine der wirkungsvollsten Formen des Wünschens überhaupt.
Collagen, die speziell auf ein erwünschtes Ergebnis abzielen, nenne ich auch »Schatzkarten«. Sie können sie dazu benutzen, Ihre spirituelle Energie zu mobilisieren oder um die gewünschten materiellen Ergebnisse zu realisieren.
Bitte kreieren Sie Ihre eigene Schatzkarte. Sie kann materielle Dinge darstellen, die Sie erreichen möchten, Leistungen, von denen Sie träumen, oder sogar Eigenschaften, die Sie bei sich verstärkt sehen möchten. Wie Sie Ihren »Schatz« definieren, bleibt allein Ihnen überlassen. Folgen Sie denselben allgemeinen Richtlinien wie bereits erklärt: Arbeiten Sie schnell und ohne den Anspruch, »Kunst« zu schaffen. Denken Sie daran, daß es sich hier um ein spirituelles Werkzeug handelt und daß Sie Ihre Arbeit damit beginnen können, indem Sie formell um spirituelle Führung bitten:

Großer Schöpfer, bitte führe mich in meinen Entscheidungen. Inspiriere mich in meinen Zielen und in meiner Auswahl. Öffne mich für meine eigene tiefste Weisheit. Laß die Bilder zu meinem innersten Herzen sprechen und sie mein wahres Selbst hervorbringen, so daß es Gestalt annehmen und ich für mich selbst und meine Mitmenschen freier und offener werden kann.

Wenn Sie fertig sind, hängen Sie Ihre Schatzkarte an einem gut sichtbaren Platz auf. Vergessen Sie nicht, daß Sie dieses Werkzeug wie viele andere, die ich Ihnen in diesem Buch vorstelle, mehrmals anwenden können. Sie können sich jeden Monat einen Nachmittag reservieren, um Ihre Schatzkarte neu zu gestalten oder Ihren Schätzen auf einem anderen Gebiet – Arbeit, Beziehungen, Besitz, Leistungen, emotionales Ideal – nachzuspüren.

Farbe

In meiner Stadt lebt eine winzige, silberhaarige Elfe namens Rhonda Fleming - nein, nicht die Schauspielerin, obwohl Rhonda ein ausgeprägtes theatralisches Talent besitzt. Immer in Farben wie Purpur, Violett, Lavendel, Lila oder Malve gekleidet, wird sie auf der Straße oft von Fremden angesprochen, von Touristen aus dem ganzen Land, die wissen wollen, ob sie die Metaphysik-Lehrerin ist. Ja, das ist sie.

So magisch, so zauberhaft und so farbig ist Rhondas verspieltes Erscheinungsbild, daß viele dieser Fremden ihren ganzen Mut zusammennehmen und sie fragen, ob sie etwas über exotische Dinge weiß, von denen sie gehört haben. Viele kommen sogar nach Taos, um mehr zu erfahren: über Tarot vielleicht oder Astrologie, Numerologie, Kristallheilung ... Die Liste ist lang.

In all den Jahren, die ich sie kenne, habe ich noch kein spirituelles Thema gefunden, für das Rhonda nicht kompetent wäre und das sie nicht meisterlich praktizierte. So ist sie zum Beispiel Yogalehrerin und Astrologin und Ägyptologin, Numerologin und Farbtherapeutin.

Es ist die Farbtherapie, über die ich hier sprechen möchte. Wenn Sie mit den Werkzeugen dieses Buches arbeiten, wird Ihnen auf jeden Fall eines passieren: Ihr Sinn für Farben wird sich verändern und viel schärfer werden. Manche Farben, die Sie bisher trugen, werden Ihnen nicht mehr gefallen, während Ihnen andere, die

Sie bisher nie beachteten, plötzlich ins Auge springen werden. Warum ist das so?
Farben bestehen wie Töne aus Schwingungen. *Alles ist Schwingung* – selbst jene Dinge, die solide oder relativ solide sind, wie zum Beispiel wir selbst. *Good vibrations – gute Schwingungen* – schon einmal gehört? Nun, auch Farben bedeuten gute oder schlechte Schwingungen für uns, je nachdem, wie gut ihre Wellenlänge mit unserer eigenen übereinstimmt.
Bitte denken Sie nicht, daß ich hier in Metaphern spreche. Ich bringe die physische, wissenschaftliche Wahrheit zum Ausdruck. Rot, Gelb, Blau, Grün, Orange, Violett – alle diese Farben haben ihre spezifischen Schwingungen in einer ganz bestimmten charakteristischen Frequenz. Jede sendet Schwingungen einer bestimmten Wellenlänge aus, die in Ångström gemessen wird.
Manche Farben sind besser sichtbar als andere. Das sind diejenigen, die längere Wellenlängen und eine niedrigere Frequenz oder Intensität haben – das Farbäquivalent zu einem tiefen Ton in der Musik. Orange, zum Beispiel, ist besser sichtbar als Blau. Es ist eine »Baßfarbe«, die auch auf große Distanz gesehen (»gehört«) wird. Deshalb verwenden wir sie bei der Schutzkleidung von Straßenpersonal und Kindern.
Bestimmte Farben »passen zusammen«, andere tun das nicht. Sie können sich Farben auch als sichtbar gemachte Töne vorstellen. Wenn Sie mit Farben arbeiten, komponieren Sie tatsächlich visuelle Akkorde oder Symphonien.
»Ich versuche, Farben so zu verwenden wie Worte, die

sich zu Gedichten fügen, so wie Noten, aus denen Musik entsteht«, sagte Joan Miró. Wenn Rhonda Violett trägt, schlägt sie einen hohen Ton an, weil diese Farbe mit den höchsten Strahlen des spirituellen Heilens assoziiert wird. Obwohl manche von Ihnen Farbheilkunde für etwas Neues halten mögen, handelt es sich dabei in Wirklichkeit um eine alte Tradition und einen integralen Bestandteil der meisten spirituellen Wege. In der jüdisch-christlichen Tradition erkennen wir an den Farben der Meßkleidung des Priesters den »Ton« der von ihm zelebrierten Messe. An freudvollen Feiertagen trägt er Weiß und Gold. (In den östlichen Traditionen werden diese Farben mit göttlicher Energie assoziiert.) Purpur gilt im Westen als Farbe der Könige, während sie in der östlichen spirituellen Tradition mit den höchsten menschlichen Energien verbunden wird.

Wir brauchen keine dieser Assoziationen zu kennen, um mit Farben und ihrer Wirkung auf unser Wohlbefinden zu experimentieren. Nehmen Sie sich Farbproben mit nach Hause. Welche Farbe »spricht« Sie an? Was sagt sie? Da Farben »stumme Töne« sind, sprechen sie zu uns. Wie oft haben wir von einem »freundlichen Gelb« gesprochen? Was ist mit einem »Schuß« Rot? (Rot regt an und auf.) Mit einem »ruhigen« Blau? (Auch das ist wörtlich zu verstehen. Blau ist eine beruhigende Farbe mit kühlender Wirkung.) Als nächstes nehmen wir uns Grün vor: Wir sprechen von einem »hübschen« Grün, denn der Anblick dieser Farbe spricht unser Herz an. (Das tut er wirklich.)

»Und was ist mit Schwarz?« fragen Sie nun vielleicht.

Warum bevorzugen so viele Künstler Schwarz? Was bewirkt diese Farbe?
In Wirklichkeit ist Schwarz gar keine Farbe. Es ist die Abwesenheit von Farbe. Deswegen ist es die »Farbe« der Möglichkeit, des Mysteriösen. Schwarz paßt zu allem. In der Kleidung läßt es sich auf vielfältige Arten tragen, und viele Accessoires passen dazu. Künstler mögen es nicht deswegen, weil es trendig ist, sondern weil es nicht ablenkt.
Und Weiß? Weiß ist die Farbe, die alle Farben in sich einschließt. Deshalb ist es die Farbe der spirituellen Meisterschaft, denn sie gibt zu verstehen, daß alle anderen Farben (Bewußtseinsebenen) bereits perfekt gemeistert und verkörpert sind.
Bei der Arbeit mit diesem Buch werden Sie feststellen, daß Sie für Farben und deren Auswirkungen auf Ihr Leben, Ihre Umwelt und Ihre Stimmungen immer sensibler werden. Sie werden merken, daß Sie Ihr Leben tatsächlich farbiger gestalten können, indem Sie auf bewußte und kreative Weise mit Farben arbeiten.
Mein Schreibzimmer ist in einem Fliederton ausgemalt. Diese Farbe hat eine starke ätherische Energie, die mich zu erweitertem Denken einlädt. Mein Geschäftsbüro, das Zimmer, das ich »Cockpit« nenne, ist in einem strahlenden Kürbisorange ausgemalt. Diese Farbe hat etwas Erdhaftes und Erdendes.
Farben können auf einer sehr praktischen Ebene eine ungeheure Wirkung auf uns, unsere Kreativität und unseren Energiepegel haben. Die folgenden Übungen laden Sie dazu ein, damit zu experimentieren.

Übung: »Fabrizieren« Sie sich ein farbigeres Leben

Wenn Sie sich eine ordentliche Dosis »reiner« Farbe zuführen wollen, gibt es immer die konkrete Möglichkeit, sich in ein gutes, großes Stoffgeschäft zu begeben und in die Welt von Seide, Rayon und leichter, hauchdünner Baumwolle einzutauchen. Lassen Sie sich ein paar Ballen heruntergeben. Rollen Sie den Stoff ab, um zu sehen, ob er für Sie »paßt« oder nicht. Auf bestimmte Farben reagieren wir unmittelbar und heftig. Wie wäre es, eine neu entdeckte, »positive« Farbe in Ihr Leben einzubauen?

Stoffe können ein unglaublich billiges Mittel sein, die eigene Umgebung zu verändern. Ich denke dabei an das Jahr, in dem ich in einer gemieteten, weiß ausgemalten Wohnung lebte. Sie hatte wundervolle, hohe Fenster und schönes Licht, aber ihre Atmosphäre war so lange kalt und unpersönlich, bis ich die schneeweißen Mietvorhänge herunternahm und wolkige, himmelblaue aufhängte, die den Raum sofort in ein Stück Himmel (oder einen Teil der Ägäis, je nach Assoziation) verwandelten.

Übung: Spekulieren Sie mit einem anderen Spektrum: Probieren Sie Farben an, die Sie »niemals« tragen würden

Oft haben wir einige wenige Farben, die wir als »unsere« Farben betrachten. Das sind die Farben, die gut an uns aussehen oder bei denen wir ein gutes Gefühl haben. Dann gibt es andere Farben, denen gegenüber wir gleichgültig, zögernd oder sogar ablehnend sind. So mag uns Rot als »zu rassig« erscheinen, Violett kann »ordinär« sein und Orange »zu laut«. Und so probieren wir diese Farben nie aus, um zu sehen, wie sie an uns aussehen und welches Gefühl sie uns vermitteln. Die Wirkung kann sowohl physiologisch als auch psychologisch sein: Rote Kleidung hebt den Blutdruck, blaue senkt ihn.

Probieren Sie diese Farben an sich aus. Gehen Sie in ein Geschäft und probieren Sie bewußt jene Farben an, von denen Sie »sicher« sind, daß es nicht die Ihren sind. Kann es sein, daß die eine oder die andere entgegen Ihrer Erwartung doch zu Ihnen paßt? Ich hatte in meinem Leben so lange nichts Violettes besessen, bis Jo Dean Tipton mich mit einem violetten Kleid überraschte. Ich probierte es an, und zu meinem Erstaunen *liebte* ich Violett.

Puppe

Vor gar nicht so vielen Jahren hatte ich das zweifelhafte Privileg, an einer renommierten Universität, einer angesehenen Forschungsinstitution, zu unterrichten. Ich war Mitglied einer distinguierten Fakultät (zur Erinnerung – ein Wort, das soviel wie »Begabung« oder »Fähigkeit« bedeutet), deren Spezialgebiet die dekonstruktionistische Theorie war. Man wußte dort sehr gut, wie man etwas auseinandernimmt, aber kaum etwas darüber, wie man etwas zusammenfügt.

Die Arbeit an dieser Universität brach mir das Herz. Begabte Studenten mußten erleben, daß ihre noch nicht perfekten, aber vielversprechenden Arbeiten zerpflückt und verstümmelt wurden, noch bevor sie die Chance gehabt hatten, zu einem Ganzen zusammenzuwachsen. Immer wieder mußte ich mir sagen: »Sie trauern nur um ihre eigene verlorene Kreativität. Sie haben die Verbindung zu ihrer kreativen Freude verloren und wissen es nicht einmal.«

Das Hauptgebäude war ein efeubewachsener Prachtbau im gotischen Stil, durchdrungen vom akademischen Geist. Das Gebäude sah aus wie eine Kopie von Camelot, und als ich dort meine Arbeit antrat, hatte ich eine Vision von höherem Lernen als einer Art Heiliger Gral. Diese Erwartung wurde leider sehr rasch zunichte gemacht.

An einen Vorfall erinnere ich mich besonders deutlich. Eines Herbsttages am späten Nachmittag, als durch die Oberlichte meiner Fenster goldenes, verglühendes Abendlicht fiel, stieß ich mit einem meiner Kollegen zusammen, als wir gleichzeitig dieselbe Treppe hinunter- bzw. hochgingen. Wir kollidierten an einem Treppenansatz.

»Ich höre, Sie befassen sich mit Kreativität!« rief er. »Mit wessen eigentlich?«

»Mit wessen?« Ich war mir nicht sicher, ob ich ihn richtig verstanden hatte.

»Mit wessen Theorien, meine ich«, sagte er. »Ich befasse mich auch mit Kreativität. Da hätte es mich interessiert, auf wessen Theorien Sie sich beziehen.«

Im Treppenhaus hallte einen Augenblick lang das Echo eines entgeisterten Schweigens nach, während ich mir auf der Suche nach dem Namen eines Kreativitätstheoretikers das Hirn zermarterte. Schließlich platzte ich heraus: »Da sitzen Sie einem Mißverständnis auf. Ich tue es!«

»Tun? Was?«

»Ich mache Dinge. Ich schaffe sie. Wissen Sie. Filme, Theaterstücke, Bücher. Eigentlich alle Arten von Spielzeug.«

»Oh. Oh, ich verstehe. Schön, Sie getroffen zu haben.«

»Ganz meinerseits.«

Und wir gingen unserer Wege.

In gewisser Weise gehen jene, die Dinge schaffen, und diejenigen, die sie auseinandernehmen, immer getrennte Wege. Die Energie des Schaffens und die Energie des Auseinandernehmens fühlen sich vollkommen verschieden an, obwohl beides Energien sind, die Urteilsver-

mögen erfordern und dieselbe Frage stellen: »Was wäre, wenn?«
Wenn wir uns damit beschäftigen, etwas herzustellen, dann schaffen wir etwas.
In diesem Buch bauen wir unsere Goldader auf, und wir bauen auf ihr auf. Das bedeutet, daß wir uns die Vergangenheit ansehen, um aus ihr heraus die Zukunft zu gestalten. Das »Negative« der Vergangenheit kann sich zu etwas Positivem verwandeln, und wir können dabei mitwirken.
Ich stimme nicht mit den Leuten überein, die sagen, man könne die Vergangenheit nicht ändern. Wir können sie heilen, sie verwandeln, sie nützen, auf ihr aufbauen – jede Menge kreative Möglichkeiten. Warum ich das an dieser Stelle erwähne? Weil wir vor einer besonders kindischen Übung stehen, eine Übung, die meiner Meinung nach ungeheuer wirksam ist: Wir werden Puppen basteln.
Ich halte es für nicht unwahrscheinlich, daß Sie erst eine kleine Bestechung brauchen, damit Sie mir in dieses Kapitel hinein folgen. Bitte bestechen Sie sich selbst. Aus meiner Erfahrung als Lehrerin weiß ich, daß diese Übung auf den größten Widerstand stößt und gleichzeitig die größte Belohnung bringt. Der Widerstand regt sich, weil unser Perfektionismus ihn dazu drängt. Wer will schon eine »schlechte« Puppe basteln? Auch Sexismus spielt mitunter eine Rolle. Viele Frauen haben das Gefühl, daß das, was ihnen hier abverlangt wird, etwas »für alte Weiber« sei. (Ist daran etwas Schlechtes?) Und die Männer fühlen sich ein wenig entmannt ... Eine

Puppe? (Sie können sich auch ein Totem vorstellen, wenn Ihnen das hilft.)

Perfektionismus, Sexismus, das Gefühl in der Magengrube, daß dies der richtige Zeitpunkt ist, um sich aufzulehnen ... Wenn Ihnen solche Gefühle und Gedanken im Kopf herumspuken, dann sind Sie in guter Gesellschaft. Wir wollen sagen, daß das eine dumme Idee ist, daß das eine schreckliche Idee ist. Was wir lieber nicht sagen, aber intuitiv wissen, ist – daß es eine *wirkungsvolle* Idee ist.

Das englische Wort für Puppe, »doll«, leitet sich angeblich von dem Wort »idol« (Idol) ab, von dem einfach das »i« abgezwackt wurde. Wenn wir Puppen machen, rufen wir gottähnliche Kräfte zu uns herab. Das Puppenmachen ist eine sehr wirkungsvolle Form der Magie. Indem wir mit der menschlichen Gestalt in einer Form arbeiten, die unser kindliches Selbst anspricht, sprechen wir direkt zu unserem kreativen Bewußtsein, das sich seinerseits an unser höheres oder tieferes Selbst wendet.

Der Theologe Starhawk drückt es so aus: »Das jüngere Selbst ... möchte etwas *gezeigt* bekommen. Um sein Interesse zu erwecken, müssen wir es mit hübschen Bildern und angenehmen Gefühlen locken. Wir müssen es zum Essen und Tanzen ausführen, wenn es sein muß. Nur auf diese Weise können wir zum tiefen Selbst vordringen.«

Nun gibt es nur wenige Dinge, die ein jüngeres Selbst stärker entzücken können als eine Puppe. Puppen »fesseln die Phantasie«, und die Phantasie kann, sobald sie angeregt ist, zu den gewünschten Zielen geleitet werden.

Vor diesem Hintergrund ist es leicht zu verstehen, warum bestimmte Religionen bildliche Darstellungen verbieten und andere Religionen bildliche Darstellungen mit großer politischer Wirkung einsetzen.
Die Puppenmacherin Elinor Peace Bailey schreibt:

Was hat die Nachbildung der menschlichen Gestalt, so absonderlich sie auch sein mag, an sich, daß die Menschen sie besitzen wollen? Welche Magie wird auf diese Gestalt übertragen, die ihr Macht verleiht?
Diese Frage läßt sich nicht leicht beantworten. Viele Puppensammler fühlen sich durch ihre Puppen sanft an ihre Kindheit erinnert. Puppen können alle Arten von Phantasien auslösen. Manchmal kann eine Puppe göttliche Kräfte herabrufen, und sie kann ein Segen für die Häuser derjenigen sein, die den Glauben haben, diesen Segen zu empfangen. Seit seinen frühesten Tagen versucht der Mensch, das Abstrakte zu einfachen Gestalten zu formen und diesen Gestalten die Macht zu geben, zu heilen oder zu erleuchten.

Ich lebe in New Mexico, wo in vielen Kirchen sogenannte *santos* stehen. Das sind unglaublich kraftvolle, handgeschnitzte Ikonen – Marienpuppen, in handgenähte Kleider gehüllt, Heiligenpuppen und Christusfiguren, die direkt zum Herzen sprechen. Sie leisten weit mehr für die Einigung der Kirchengemeinde, als eine Predigt es vermag.
Die Künstlerin, Schriftstellerin und Heilerin Vicki Noble schreibt: »Das Puppenmachen ist eine höhere Form der

Fetischherstellung. Es ist komplizierter, aber auch kraftvoller.« Kein Wunder, daß die *santos* die Herzen der Kirchgänger in ihren Bann ziehen.

In der hawaiianischen Kuna-Religion nennt man das Herstellen einer Verbindung zu unserem unbewußten Kind-Selbst die Kontaktaufnahme mit unserem »ku«. Wenn ein solcher Kontakt nicht existiert, bleibt unser rationales Denken im Vordergrund und behält die Kontrolle, und unsere Bittgebete und unsere Sehnsucht nach Erfüllung erreichen unser höheres Selbst nicht.

Das Puppenmachen ist eine sehr wirksame Form, Gott etwas zu übergeben. Deshalb eignen sich Puppen so gut für die Materialisation. (Es ist kein Zufall, daß sie im Voodoo verwendet werden.) Aber Puppen können nicht nur auf negative Weise verwendet werden, wie das oft geschieht, sondern auch auf positive, und genau das werden wir hier tun.

Genauso, wie wir gesehen haben, daß wir mit Worten die Eigenschaften in unser Leben rufen können, die wir verkörpern wollen, können wir Puppen verwenden, um unsere Wünsche und Träume zu dokumentieren. Sagen wir, daß es in Ihnen oder in Ihrem Leben einen Bereich gibt, in dem Sie einen Mangel verspüren: Eine Puppe zu machen kann dazu beitragen, die von Ihnen gewünschte Veränderung zu manifestieren.

Manchmal ist das »Ich«, das die Puppe ausdrückt, ein zuvor unerkanntes Selbst, das größer und expansiver, stärker und wagemutiger ist, als wir uns zu spüren erlaubten.

Ich denke da an David und an die »Kreativitätspuppe«,

die er machte. (Die Anführungszeichen deshalb, weil sein Werk keine Ähnlichkeit mit einer Puppe hatte, obwohl er sich ursprünglich vorgenommen hatte, eine anzufertigen.)
Davids Puppe ähnelte eher einem Mobile. Sie bestand aus:

- einem flachen Stück Steinplatte (»Das ist meine Großmutter. Sie ist tot, aber meine Mutter ist immer noch an sie gefesselt und schleppt sie bei allem mit, was sie tut«),
- einer »Mutterpuppe« (tatsächlich an die steinerne Großmutter gefesselt),
- zwei Papierflugzeugen (»meine Schwester und ich, an meine Mutter gefesselt, die immer noch an ihre Mutter gefesselt ist«),
- einem Messer (»Ich weiß nicht wirklich, was das Messer soll, aber ich mußte es dazutun«).

David zeigte, daß weder er noch seine Schwester wirklich fliegen konnten, obwohl sie Flügel hatten und für das Fliegen gebaut waren. Er warf sein Flugzeug in die Luft, aber die Schnur, die ihn an seine Mutter band, machte den Flug unmöglich, so daß das Flugzeug sofort abstürzte.
»David, das Messer ist dazu da, daß du dich losschneidest«, sagte ich.
»Ach ja«, meinte er, diese Möglichkeit in Erwägung ziehend.
»Freiheit! Freiheit! Freiheit!« begann die Gruppe zu rufen.

»Freiheit! Freiheit! Freiheit!«
Einen Augenblick lang stand David da wie vom Donner gerührt und sah sich den Beweis dessen an, was seine Kunst ihm enthüllt hatte. Dann packte er das Messer und schnitt das Flugzeug los, das David war. Wie ein Pfeil schoß es durch das Zimmer, und er grinste triumphierend.
Für David war der Akt des Puppenmachens sowohl ein Akt der Selbsterkenntnis als auch ein Akt der Emanzipation. Für seine applaudierenden Seminarkollegen war es ein ermutigendes Beispiel. Sie stampften, jubelten und pfiffen.
Erinnern Sie sich an Carolyn, die schöne Frau, der nie bewußt gewesen war, daß sie schön war? Als ich ihr vorschlug, sie könnte einmal je eine Kreativitätspuppe zu ihren beiden Selbstbildern – die Streberin und die Sexbombe – anfertigen, riß sie die Augen auf und versuchte verzweifelt, die Tränen zurückzuhalten.
»Woher wußten Sie, daß ich nie Puppen hatte?«
Ich hatte es nicht gewußt, aber es paßte zu ihrem Nichtwissen um ihre weibliche Anziehungskraft.
»Ich möchte eine feminine Puppe machen«, gestand Carolyn. »Jedenfalls glaube ich, daß ich das möchte.«
»Das Puppenmachen macht sogar dann Spaß, wenn man als Kind Puppen hatte«, versicherte ich ihr. »Ihre Puppe braucht nicht einmal auszusehen wie eine wirkliche Puppe. Sie können Sie machen, woraus Sie wollen, und Sie können ihr die Worte in den Mund legen, die Sie möchten. Die Materialien und das Thema bleiben wirklich Ihnen überlassen.«

Als Carolyn ihre Kreativitätspuppe machte, holte sie als erstes eine riesige Schachtel mit Stoffresten aus dem Kasten. War sie eine türkis-orange-gestreifte Zigeunerpuppe? War sie die Femme fatale in schwarzem Samt, die den Männern den Kopf verdrehte? Wie wäre es mit dem knallroten, changierenden Moiré? Alles gut und schön, aber ... Von ganz unten zog Carolyn schließlich ein Stück wunderschöner alter Spitze hervor. In dem Augenblick, in dem ihre Hände die Spitze berührten, wußte sie, daß das der Stoff ihrer Träume war.

Carolyn begann sofort an ihrer Puppe zu arbeiten. Der Kopf wurde aus einem alten Laken geformt und dann mit einem herzförmigen Stück eines alten Schulterkissens ausgestopft. Der Körper bestand ebenfalls aus Laken. Sie stopfte ihn mit Seidenresten aus und hüllte ihn in Spitze ein. Die Taille verzierte sie mit einem schönen schwarzgoldenen Renaissanceband. Ein flatterndes, fransiges Zirkusband, golden wie Carolyns eigenes Haar, wurde zum Haar.

Auf ihrem Herzen befestigte Carolyn einen fünfzackigen Amethystohrring. Ich bin ein Star, dachte sie sich, ich wußte es nur nicht. Ein Ohr schmückte sie mit einem Ohrring aus Amethyst und Bernstein. Ein geblümter Schal aus einem alten Küchenvorhang machte die Puppe komplett. Als Gesicht verwendete Carolyn ein Foto von sich, in das sie mit wasserfestem Markierstift große blaue Augen und rosa Lippen und Wangen einzeichnete. Als sie fertig war, setzte Carolyn ihre Puppe auf einen Ehrenplatz auf dem Kaminsims.

»Es war ein wunderbares Gefühl, die Puppe zu machen«,

erzählte mir Carolyn. »Es war, als würde ich Anspruch auf mich selbst erheben – auf mein *schönes* Selbst.« In den nächsten Monaten wurden Carolyns Züge tatsächlich weicher, und ihr Gesicht erstrahlte im Glanz weiblichen Selbstbewußtseins.

Übung: Basteln Sie eine Kreativitätspuppe

Für Ihre Kreativitätspuppe können Sie alle Materialien verwenden, die Sie wollen. Es wurden schon Puppen aus Zucker, Gewürzen und allen möglichen anderen schönen Dingen gemacht, aber auch aus Schädeln, Schnekken, Tannenzapfen und Felgen. Wählen Sie, was Sie wollen – es ist Ihre Puppe.
Bedenken Sie, daß Sie eine Puppe machen können, um eine verborgene Begabung oder eine obskure Situation an die Oberfläche zu bringen.
Wenn Sie *Der Weg des Künstlers* kennen und sich des öfteren einen Künstleraltar errichtet haben, haben Sie vielleicht festgestellt, daß Ihre neue Kreation dort am besten aufgehoben ist. Manche stellen ihre Puppe auf das Kaminsims, auf ein Bücherregal oder neben ihren Computer. Wenn Sie Ihre Puppe zu einem bestimmten Thema gemacht haben, das Sie in Ihr Leben integrieren möchten, sollten Sie ihr auch einen passenden Platz zuweisen.

Übung: Machen Sie sich ein Kreativitätsmonster

Auch hier können Sie alles an Materialien verwenden, was Ihnen in den Sinn kommt. Fertigen Sie ein Monster an, das Ihrer Meinung nach ein Künstlerfresser ist. Ich habe schon Robotermonster gesehen, Alkoholmonster und Monster, die aus Bildern von Filmmagazinen hergestellt wurden. Sie können eine Schuhschachtel verwenden, eine Blechdose oder, wie es ein Mann aus New York tat, einen Vibrator, denn »der repräsentiert meine metallische Sexualität, in die ich meine kreativen Impulse fälschlicherweise kanalisiert habe«.

Wenn Sie Ihr Monster nicht verbrennen oder anderweitig vernichten, könnten Sie ihm einen Platz in Ihrem Heim oder in Ihrem Büro zuweisen. Manche meiner Studenten hängen um die Hälse ihrer Monster winzige Schilder mit der Aufschrift »Kaputt« und stellen sie mitten in ihren Arbeitsbereich. Oft kann der Akt der Herstellung eines Monsters die von diesem Monster repräsentierte Blockade derart lösen, daß es zu einer Art Maskottchen wird.

Das Gefühl Schwarz: Die Mystik und das falsche Bild des leidenden Künstlers

In unserer kunstfeindlichen Kultur gibt es gefährliche Mythen, die unsere Vorstellung von Künstlern und Kunst beeinflussen. Zu den wichtigsten dieser Mythen gehört der des leidenden Künstlers.

Ich sprach mit einem wundervollen Schriftsteller, dessen Arbeit ich seit langem bewundere. Wir standen beide knietief in Entwürfen – ich in dem für dieses Buch, er in der Arbeit für einen Roman.

»Du weißt ja, wie es ist, Julia«, sagte er zu mir. »Als Künstler muß man leiden. Hemingway und all diese Typen. Sie alle mußten leiden für ihre Kunst, nicht wahr?«

»Ich weiß nicht«, erwiderte ich zögernd. »Einige der besten Sachen, die ich gemacht habe, sind mir ganz leicht von der Hand gegangen und fast wie von selbst gelungen. Ist das bei dir anders?«

»Nun – auch wenn es leicht ist, ist es trotzdem schwierig«, beharrte er, und wir beendeten unser Telefongespräch.

Wir Amerikaner verwechseln seit jeher Alkoholismus im progressiven Stadium mit dem depressiven Verlauf manch einer Künstlerkarriere. Alkohol ist ein Depressivum. Viele unserer beliebtesten Schriftsteller und Maler leiden an schwerer Alkoholsucht, und die alles verdunkelnde Depression, die mit dem Fortschreiten dieser

Krankheit einhergeht, prägt nicht nur ihre Karrieren, sondern auch unsere Ansicht darüber, was »ernsthafte Kunst« ausmacht.

Alkoholismus endet oft in Selbstmord. Trotzdem tun wir so, als wäre es Hemingways Künstlertum gewesen, das ihm beim Abdrücken des Gewehrs am Ende die Hand führte.

Alkoholismus spielt auch bei Autounfällen oft eine Rolle. Und doch sprechen wir über Jackson Pollocks Tod, als wäre es der Kunstteufel gewesen, der ihn beim Fahren geritten hatte.

Da die Herstellung von Kunst ein Akt des Glaubens ist, macht sich eine neue Autonomie, die viele Menschen spüren, in einer neuen Art von Kunst bemerkbar: leichtherziger und weniger depressiv – um es kraß zu sagen, weniger alkoholisch. Der alte Ausspruch: »Ein amerikanisches Leben hat keinen zweiten Akt« stimmt nicht mehr. (Und früher stimmte er nur, weil viele unserer großen Schriftsteller zu betrunken waren, um einen zweiten Akt zu schreiben.) Aus der Vielfalt an nüchternen Künstlern ist eine Generation nüchterner Autoren, Filmemacher, Schauspieler und Maler hervorgegangen.

Dem Mythos des leidenden Künstlers muß ein Ende gemacht werden. Er bauscht auf, übertreibt, läßt keinen Raum, um Dinge auszuprobieren, um erste zaghafte Schritte zu wagen und auch ein- oder zweimal zu stolpern – und das, weil es immer nur um das Ego geht und darum, wie seriös wir *aussehen*. Aber ein arbeitender Künstler ist ein spielender Künstler. Wie C. G. Jung sagt: »Der kreative Geist spielt mit den Dingen, die er liebt.«

Der Künstler Timothy Nero drückt es direkt aus: »Das ganze Gerede vom leidenden Künstler ist Blödsinn. Kunst entsteht aus Leben. Das bedeutet, daß sie aus der Freude heraus entsteht und aus dem Schmerz. Sie entsteht aus dem heraus, was der Künstler gerade durchmacht, was immer das ist.
Es stimmt natürlich, daß dieses ›was immer‹ manchmal spirituelle Frustration ist, das muß aber nicht grundsätzlich so sein. Außerdem löst der Akt des künstlerischen Schaffens selbst oft diese Frustration, so daß wir während unserer kreativen Aktivität nicht Verzweiflung spüren, sondern eher ein Gefühl, das näher an der Ekstase angesiedelt ist.«
Die Modedesignerin Jo Dean Tipton, die auch Seidenmalerin ist, beschreibt es so: »Wenn ich arbeite, löst sich die Zeit auf. Meine Umgebung verschwindet im Nichts, und wenn ich Musik spiele, höre ich sie nicht mehr. Ich gehe vollkommen in der Welt meines jeweiligen aktuellen Schaffens auf ... und das ist wundervoll.«
Ich für meine Person liebe die Sprache, und ich dichte seit dreißig Jahren. Ich habe einige Lesungen gehalten und an sogenannten »Poetry slams« teilgenommen (die dichterische Entsprechung eines Boxkampfes). Dabei ist mir aufgefallen, daß Gedichte mit deprimierendem Inhalt oft mehr Anklang finden als heitere.
Wir wissen seit langem, daß Komödien im Rennen um den Oscar benachteiligt sind. Ernste, sentimentale Filme tragen meist den Sieg davon – »Der König der Löwen« ist eine aktuelle, längst fällige Ausnahme.
Der Mythos, der die »ernste Kunst« umgibt, ist für viele

kreative Künstler ein Problem. Sobald sich ein bißchen Leichtigkeit oder Hoffnung einschleicht, macht sich die Angst bemerkbar, nicht mehr ernst genommen zu werden.

Ich bin davon überzeugt, daß wir auf jeden Fall leiden, wenn wir das glauben. Meiner Erfahrung nach ist es nicht der Akt des Schaffens, der schmerzhaft ist, es ist der Wunsch, etwas zu machen, und nicht seine Verwirklichung, der Schmerz verursacht. Wenn wir kreativ sind, sind wir in unsere kreative Tätigkeit verliebt. Natürlich gibt es Zeiten, in denen die Wellen hochschlagen, aber das ist in jeder Liebesbeziehung so. Wirklich schmerzhaft ist es meiner Meinung nach, wenn wir unsere Kreativität nicht ausleben. Für mich ist das wie unerwiderte Liebe: Das Wünschen, das Sehnen und die Unfähigkeit, einzutauchen.

Wenn das für Ihre Ohren zu idealistisch klingt, möchte ich Sie bitten, nächstes Mal, wenn Sie deprimiert sind, ein kleines Experiment zu machen. Wenn Sie in Trübsal versinken, tun Sie etwas: Kuchen, Kekse backen, Vorhänge nähen, ein neues Bücherregal streichen oder ein kleines Liedchen komponieren über das, was Sie betrübt. In dem Augenblick, in dem wir etwas schaffen, sind wir selbst mächtig und nicht mehr auf Gedeih und Verderb anderen Mächten (wo immer wir sie auch ansiedeln mögen) ausgeliefert.

Dies ist eine gute Gelegenheit zu sagen, daß Trübsal nicht die einzige Stimmung ist, die Triebfeder für kreativen Ausdruck sein kann. Es gibt eine weitverbreitete Überzeugung, daß wir darauf warten müssen, daß uns

»die Muse küßt«, als ob Kreativität etwas so Mysteriöses und Kapriziöses wäre, daß wir bestenfalls hoffen dürfen, von ihr wie von einem seltenen Schmetterling gestreift zu werden.

Die Wirklichkeit ist ganz anders. Wir sind es, die kapriziös sind. Wir sind es, die nicht präsent sind. Wir sind es, die für lange Phasen einfach untertauchen. Die kreative Energie ist immer für uns da, und wir können immer auf sie zurückgreifen.

Denken Sie an die Worte von Douglas Anderson in *The Planet of Waters*: »Durch die Ozeane dieser Erde verlaufen Flüsse. Man nennt sie ›Ströme‹ oder ›Strömungen‹. Auf dieselbe Weise durchziehen auch starke Ströme lebendiger Musik das Universum. Das ganze Universum ist ein Meer von Musik ...«

Interessant in diesem Zusammenhang ist auch der weise Ausspruch des Theologen Dr. Ernest Holmes: »Aus der Fülle der grenzenlosen Kreativität Gottes nehme ich den Fluß neuer Ideen an ... Der Geist Gottes durchströmt mich auf eine ganz persönliche Weise, und ich nehme den Genius meines eigenen Wesens an. Die Präsenz Gottes durchfließt mich auf eine ursprüngliche Weise. Ich akzeptiere ihr richtiges Handeln, ihre neuen Ideen ...«

Nur allzuoft sperren wir uns jedoch gegen eine solche Offenheit. Wir wollen nur dann von unserer Kreativität Gebrauch machen, wenn wir in einer entsprechenden Stimmung sind und davon ausgehen, daß wir »garantiert« ein »schnelles« Meisterstück zustande bringen werden.

Mit Kreativität sind Prozesse verbunden, und Prozesse

bedeuten Veränderung. Wir alle haben oft gehört, daß wir uns gegen Veränderungen sträuben, weil sie schwierig oder schmerzhaft sind. Das stimmt nicht ganz. Es ist der Widerstand gegen die Veränderung selbst, der schwierig oder schmerzhaft ist. Und es ist unser eigener Widerstand gegen unsere Kreativität, der bewirkt, daß wir unsere Kreativität mit Leiden gleichsetzen. Dabei sollten wir daran denken, daß »Mühe« und »Leiden« zwei verschiedene Dinge sind.

Kreativität erfordert Energie, nachhaltige Energie; und nachhaltige Energie setzt ihrerseits zwei Dinge voraus: Ausdauer und Offenheit. Wenn wir offen sind, kann unsere kreative Energie, die aus der Energie des Universums kommt, uns so durchströmen, daß unsere eigenen Kräfte möglichst wenig verschlissen werden. Wenn wir uns hingegen verschließen – und verschlossen oder blockiert sind wir, wenn wir Einstellungen und Überzeugungen haben, die das Fließen behindern –, dann empfinden wir unsere kreative Energie als holperigen und gefährlichen Weg.

Kreativität hat einen schlechten Ruf. Sie gilt weithin als etwas Gefährliches, Ausuferndes und Verrücktes. Das ist so, weil sie genauso wie die Elektrizität Spannung in sich trägt – spirituelle Spannung. Kreativität sollte eher in Form eines permanenten Stroms anstatt in Form von explosiven Stürmen oder Gewittern freigesetzt werden. Da viele Menschen Angst davor haben, außer Kontrolle zu geraten, wissen sie nicht, wie sie gleichzeitig die Kontrolle behalten und kreativ sein können. Entweder würgen sie ihren kreativen Fluß bis auf ein klägliches Rinnsal ab, oder sie drehen den Hahn ganz weit auf, ohne darauf zu achten, daß sie mit den Füßen am Boden bleiben, indem sie auf einfache und vernünftige Weise auf sich selbst achtgeben. Anders ausgedrückt, können wir uns entweder unserer Kreativität enthalten – abstinent bleiben – oder anfallsweise in ihr schwelgen. Keines der beiden Extreme bedeutet einen richtigen Umgang mit unseren Kräften.

Der Hauptzweck dieses Buches besteht darin, Ihnen dabei zu helfen, in Kontakt mit dem Strom Ihrer universellen Energie zu kommen und zu erkennen, daß diese Energie Ihre eigene und daß sie allumfassend ist. So können Sie sie leichter nutzen.

Wir alle haben schon einmal die Erfahrung gemacht, wie es sich anfühlt, ganz ohne Mühe kreativ zu sein – aber nur, wenn es dabei nicht um uns selbst geht. Wenn wir für jemand anderen arbeiten, wenn wir zum Beispiel einen Geburtstagskuchen für einen Menschen backen, den wir lieben, wenn wir irgendwo aushelfen oder Probleme lösen, wo andere feststecken, geht uns die Arbeit oft leicht von der Hand, und wir finden Lösungen, die natürlich und phantasievoll sind. Der Grund dafür ist, daß unsere Handlungen in Einklang mit unserem Wertesystem stehen. Wir sind davon überzeugt, daß es gut ist, Menschen zu helfen, und so kann unsere Kreativität ungehindert durch uns hindurch und geradewegs in die zu erledigende Aufgabe hineinfließen. Schwieriger wird das Ganze erst, wenn sich die Scheinwerfer wieder auf uns selbst und die gut konditionierte, kulturell geformte Mythologie richten, von der die Kreativität umgeben ist.

»Was glaubst du eigentlich, wer du bist?« zischt der Zensor. (Und in den meisten Fällen lautet die Antwort nicht: »Ein ausgezeichneter Künstler, danke der Nachfrage.«)
Sobald unser innerer Zensor den Schauplatz betritt, haben wir das Gefühl, beim Tanzen bleischwere Gewichte an den Beinen zu haben. Wir alle kennen diese Situation: Wir schreiben ein Wort oder malen einen Strich, und der Zensor verkündet: »Das ist schlecht. Dumm. Und wie willst du jetzt weitermachen?«
Wie oft haben Sie einem Freund oder einer Freundin geholfen, ein Angebot oder einen Lebenslauf zu formulieren, nur um festzustellen, daß Ihnen absolut die Worte fehlten, als es darum ging, dasselbe für Sie selbst zu tun? Wenn uns der Zensor dazu verleiten kann, in die Zukunft zu blicken (»Und wie willst du jetzt weitermachen ...? Was werden die Leute wohl davon halten?«), streut er Zweifel auf unseren kreativen Weg, wie eine Reihe von Hindernissen, die unsere kreative Energie überspringen muß, damit wir unsere Arbeit tun können. Uns allen wurde kreative Energie mit auf den Weg gegeben. Wir alle können kreativ sein, wenn wir es nur zulassen. Wenn wir davon überzeugt sind, daß kreative Arbeit egoistisch ist und uns einsam und arm macht, dann werden wir uns logischerweise davor hüten.
Hier sind ein paar einfache, aber wirksame Tips, wie man dieses Gefühl der Überforderung überwinden kann: Stürzen Sie sich nicht Hals über Kopf in ein kreatives Projekt. Sehen Sie sich zuerst die Hürden (Blockaden) an, die Ihr Wertesystem aufgestellt hat. Dazu schreiben Sie am besten *auf Papier* jede Angst, jedes negative

Gefühl und jeden Widerstand auf, die in Ihnen hochkommen, wenn Sie an das fragliche Projekt denken. Zum Beispiel:

- Zuerst mache ich mir die ganze Arbeit, und dann finde ich keinen Verleger.
- Wenn ich das Projekt wirklich einreiche, werden alle sehen, wie beschränkt meine Ideen sind.
- Ich werde tolle Arbeit leisten, und jemand anderer (__________________) wird die Lorbeeren dafür einheimsen.
- Ich werde wochenlang an diesem Bild arbeiten, und im letzten Augenblick werde ich es verpatzen.

Es hilft sehr, wenn wir lernen, uns die Kreativität als langfristige Beziehung vorzustellen. Es wird gute und schlechte Tage geben, so ist das bei langfristigen Beziehungen. Diese Erwartung ist viel gesünder und auch realistischer, als permanente Höhepunkte zu fordern.
»Aber man braucht trotzdem ungeheuer viel Disziplin«, bekomme ich immer wieder zu hören.
Stimmt das? Eigentlich nicht. Ich liebe die Sprache. Ich liebe es, mit Worten zu spielen. Ich liebe es, zu erforschen, was ich mit ihnen anstellen kann, und zu sehen, was sie mit mir anstellen können. Ein Tag, an dem ich schreibe, ist ein glücklicher Tag. Ein Tag, an dem ich nicht schreibe, ist weniger glücklich. Das ist nicht Disziplin, das ist Hingabe, Begeisterung, Abenteuer – alles eher als Disziplin.
Viele von uns sind in verschiedenen Bereichen der

Kultur aktiv, und wir machen unsere Sache ziemlich gut. Genau an diesem Punkt kommt das Schreckenswort »Dilettant« ins Spiel.

Es kommt nur allzuoft vor, daß ein Künstler, nur um weiterhin ernst genommen zu werden, darauf verzichtet, neue Wege für seine Kreativität zu erforschen. Gott behüte, es könnte ihn ja jemand als Dilettanten bezeichnen. Nein, nein: Er will weiterhin als seriös, ja, als ein Getriebener betrachtet werden.

Beachten Sie, daß ich sage: »betrachtet werden«. Dies ist ein weiterer, vernichtender Teil des Mythos: Man ist solange kein »seriöser Künstler«, solange man nicht als solcher *betrachtet, wahrgenommen und anerkannt* wird. Das nimmt dem Künstler die Macht und übergibt sie dem Betrachter. Wieder wird dem Künstler die Würde eines selbstbestimmten Lebens genommen, und er wird zu einem reinen Schauspieler degradiert. Anders ausgedrückt: Wir spielen eher die Rolle des Künstlers, als daß wir uns jene künstlerische Identität zulegen, die zu uns paßt.

Bette Midler bemerkte mir gegenüber einmal, daß sie alles spielen könne, wenn sie nur die richtigen Schuhe habe. Ich wußte, was sie meinte. Wenn wir uns einer Rolle entsprechend »verkleiden«, gibt uns das oft das Gefühl dafür, daß der Part, den wir spielen, eben nur ein Part, also nur ein Teil unser selbst oder einer Situation ist und nicht das Ganze. Aus diesem Grund habe ich die beiden folgenden Übungen vorgesehen, die sehr leicht und heiter erscheinen mögen, die aber wichtige innere Veränderungen in Gang setzen können.

Übung: Verkleiden Sie sich als seriöse/r Künstler/in

Holen Sie alle Ihre schwarzen Kleidungsstücke aus dem Schrank. Reißen Sie ein paar Löcher hinein. Malen Sie sich dunkle Ringe unter die Augen. Machen Sie sich eine unattraktive Frisur, indem Sie sich Ihr Haar mit Gel nach hinten kleistern. Verzieren Sie Ihre Schuhe mit weißen Farbspritzern. Legen Sie sich einen schlurfenden Gang zu. Verzichten Sie auf einen Gürtel. Setzen Sie sich ins Café, schauen Sie grimmig, ziehen Sie Grimassen, kritzeln Sie wild herum und fluchen Sie leise. Verkünden Sie zum Schluß laut: »Scheißzeug!« und stampfen Sie hinaus. Spaß macht dieses Rollenspiel auch, wenn man es gemeinsam mit einem Freund inszeniert. Setzen Sie sich zusammen in ein Café. Sie können ein fiktives Projekt erfinden, an dem Sie arbeiten wollen, ein Projekt, bei dem es um schwierige und existentielle Themen geht. Zusätzlich können Sie Ihrer dramatischen Figur alle Charakterzüge verleihen, die Sie mit der klischeehaftesten Version eines leidenden Künstlers assoziieren: Geben Sie Ihrem Freund oder Ihrer Freundin zu verstehen, daß Sie unter einem schweren Drogenproblem leiden, daß Sie promiskuitiv sind, daß Sie sich Ihren Lebensunterhalt nicht verdienen können, daß Ihre Freunde Sie ausnützen, daß Sie neurotisch und egozentrisch sind, sich elend fühlen ...

Die Aufgabe Ihres Freundes oder Ihrer Freundin ist es nun, Sie wie ein rohes Ei zu behandeln, während Sie all diese schrecklichen Dinge berichten. Er oder sie soll so tun, als seien Sie ein zerbrechliches Wesen aus einer anderen Welt. Spielen Sie das, solange Sie können, aber

passen Sie auf, daß Sie nicht mittendrin zu lachen beginnen, denn sonst ist die Wirkung zerstört.
Wie das Puppenmachen ist auch diese Übung täuschend spielerisch, aber die Ergebnisse können umwerfend sein. Für diejenigen, die sich selbst für zu »seriös« halten, um ein echter Künstler zu sein, kann es ein Aha-Erlebnis sein, festzustellen, daß auch sie einmal über die Stränge schlagen können. Denjenigen, die bereits eine Version dieses Charakterbildes ausagieren, kann die Übung helfen, die eingefahrenen Muster zu durchbrechen: Sie können eines Tages wunderschön in Rosa aussehen, wenn ihnen diese Farbe gefällt.

Übung: Verkleiden Sie sich, als ob Ihnen das Künstlerleben Spaß machte

Nehmen Sie ein einfaches weißes T-Shirt. Nun kritzeln oder schmieren Sie mit einem wasserfesten Marker, mit normalen Acrylfarben oder mit Stoffarbe etwas auf das T-Shirt, woraus zu entnehmen ist, daß Sie kein ernst zu nehmender Künstler sind.
Als Tim Nero noch Kunstlehrer war, bat er die Studenten seiner Farbentheorie-Seminare einmal, in weißer »Wegwerf-Kleidung« zum Unterricht zu kommen. Dann stattete er sie mit Spritzpistolen aus, die mit flüssiger Acrylfarbe gefüllt waren, und lud sie ein, ihrem Spieltrieb freien Lauf zu lassen und das Spektrum ihres künstlerischen Verhaltens – und ihrer Kunst – zu erforschen und vielleicht ein wenig spielerischer zu gestalten.

Knacken

Einer der schwierigsten Teile der Entfaltung der Kreativität ist ein Prozeß, den ich »Knacken« oder »Aufbrechen« nenne. Wir knacken eine Nuß, wir brechen eine harte Schale auf. Wir knacken ein Geheimnis oder ein Rätsel. In gewisser Weise sind wir selbst all diese Dinge. Während wir beginnen, die Konturen unserer Psyche zu erforschen, indem wir auf die Schale, die unser Selbstbild sowohl definiert als auch begrenzt, immer mehr Druck ausüben, entsteht in uns oft das Gefühl der Porosität. Winzige Fissuren, feinste Haarrisse erscheinen in unserer bisherigen Realität: Unsere Fassade bricht auf. Wir wachsen, und das kann in uns das Gefühl schaffen, sehr zerbrechlich zu sein.

Da das Gefühl des Aufbrechens nicht weit von dem des Zusammenbrechens entfernt ist, kann man durchaus sagen, daß sich das Heilwerden ein wenig anfühlt wie das Verrücktwerden. Wenn wir die starre Schale unserer persönlichen Geschichte aufbrechen, um uns selbst in einer größeren und flexibleren Form neu zu erschaffen, kann es sein, daß wir anders agieren und reagieren als bisher. Wenn wir uns im Spiegel betrachten, kann uns jedesmal ein anderes Gesicht entgegenblicken. Der Grund dafür ist, daß sich unsere Wahrnehmung verändert und daß wir mehr durch unsere eigenen Augen und weniger durch die Augen anderer Menschen und unserer Kultur sehen.

Candace, die sich immer mit abwertenden Worten wie

pummelig beschrieben hatte, dachte plötzlich voller Entzücken: »Ich bin üppig. Es muß doch jemanden geben, der eine Rubensfigur zu schätzen weiß!«

Eines der wichtigsten Symptome des Stadiums des Aufbruchs besteht in der Umkehrung von Struktur und Hintergrund. Viele kennen das berühmte Beispiel des Gesichts und der Vase: Auf eine Weise betrachtet, ist das Bild eine klassische Vase; wenn man es aber auf die andere Weise ansieht, ist es das Profil einer Frau. Das ist mit »Umkehrung von Struktur und Hintergrund« gemeint. Ereignisse und Menschen, die uns immer auf eine Weise erschienen sind, sehen plötzlich vollkommen anders aus.

Wir erkennen das Positive an einer schwierigen Situation. Wenn wir auf eine problematische Kindheit zurückblicken, erkennen wir plötzlich, daß der feindliche Elternteil selbst unter schrecklichen Problemen litt. Wir spüren eine Welle des Mitgefühls, und der Groll eines ganzen Lebens ist wie weggeblasen.

Allerdings kann eine offiziell glückliche Kindheit in Wirklichkeit sehr wohl ein Konstrukt der Verleugnung gewesen sein. Dies wird offenkundig, wenn ihre Schattenseiten, wie zum Beispiel Alkoholismus in der Familie, nach und nach ausgeleuchtet werden. Wenn die Verleugnung aufbricht, erhebt die Wut ihr grimmiges Haupt und beginnt sich durch die Fissuren zu fressen. Lebenslang angestaute, internalisierte Wut bricht hervor.

Der Prozeß der Entfaltung der Kreativität ist ein Prozeß der Energieexpansion. Wann immer unsere Energie durch Verleugnung blockiert ist, müssen die verschütteten Emotionen und Informationen an die Oberfläche gelassen werden. Unser ursprüngliches Selbst versucht, sich aus seinen Ketten zu befreien, damit unsere kreativen Energien endlich freien Ausdruck finden können. Es ist *nicht* so, daß wir unter dem Druck der Selbsterforschung zusammenbrechen. Statt dessen brechen wir ein Selbstkonzept auf, das unseren Geist bisher beschränkte und ihn in eine erdrückende Enge zwang.

Eine Studentin drückte es so aus: »Da entstand ein Sprung in der harten Eierschale, der mir das Wunderland meines Selbst eröffnete.«

Trotzdem ist immer noch die Vorstellung verbreitet, Künstler seien verrückt, und in vielen Leuten sitzt eine tief verwurzelte Angst, genau das zu werden, wenn sie ihrer Kreativität tatsächlich die Zügel schießen lassen.

»Ich nahm einfach die Energie, die man zum Schmollen braucht, und schrieb damit einen Blues«, sagte Duke Ellington.

Der König des Blues und Jazz wußte nicht nur das eine oder das andere über Musik, sondern auch einiges über die Natur des Menschen. Depression ist oft nichts anderes als unbewußte Wut. Bewußtgemacht und richtig eingesetzt, kann diese Wut ein wundervoller Treibstoff für die Kreativität sein.

Oft wollen wir von unserer Wut nichts wissen, weil wir spüren, daß in ihr Energie steckt, und das ängstigt uns. Wir sprechen davon, »rot zu sehen«, als ob die Wut eine Bombe wäre, die in unserem Kopf explodieren könnte. Natürlich kann das passieren, denn der Adrenalinstoß kann sehr kraftvoll sein. Er kann uns wie eine Flutwelle überrollen, so daß wir zuerst energetisiert und dann erschöpft sind. Da wir, um unsere Wut niederzuhalten, viel Gegenenergie einsetzen müssen, kann es sein, daß wir uns dadurch gedrückt und deprimiert fühlen.

»Die Tiefen unseres Selbst sind nicht alle erhellt; um klarzusehen, müssen wir bereit sein, in das Dunkel und unsere inneren Abgründe einzutauchen und die Kreaturen zur Kenntnis zu nehmen, die wir dort möglicherweise finden«, sagt der Theologe und Künstler Starhawk. Einige dieser Kreaturen – und Kreationen – mögen uns verblüffen, aber sie werden uns nichts zuleide tun.

Wenn wir kreativ sind, sind wir in Sicherheit. Wir sollten uns unsere Kreativität nicht wie ein wildes Tier vorstellen, das in unserem Unterbewußtsein eingesperrt ist. Nein, sich künstlerisch zu betätigen bedeutet nicht, egoistisch zu agieren. Unsere Kreativität ist ein normaler und ganz natürlicher Teil unseres Selbst. Wir sind dazu geschaffen, zu singen, zu tanzen, zu zeichnen und zu schreiben.

Kreativität ist ein Akt des Überlebens. Sie bringt Ordnung in unsere Erfahrungen und verleiht ihnen eine Stimme, sie macht das Leben nützlich für uns, aber sie macht auch uns nützlich für das Leben.

Michell Cassou und Stewart Cubley schreiben: »Alle unterdrückten Gefühle sammeln sich und werden mit der Zeit immer bedrohlicher. Der Fehler liegt darin, sie zu ignorieren. Sie können sich zu riesigen, blutrünstigen Monstern entwickeln, die in der Dunkelheit leuchten. In Wirklichkeit sind sie aber Pappkameraden, und sie verlieren ihre Macht, sobald sie gemalt sind.«

Oder geschrieben
Oder gezeichnet
Oder getanzt
Oder skulpturiert
Oder genäht
Oder gesungen
Oder ...

Diese Art der kreativen Erforschung bricht die Maske auf, mit der wir uns vor unserem wahren Selbst verbergen. Diese Maske aufzubrechen ist zwar aufregend, aber auch beängstigend. Vielleicht spüren wir ganz richtig, daß wir nicht sicher sein können, welches Gesicht uns aus dem Spiegel unserer Arbeit entgegenblicken wird. Aber ist das wirklich so schrecklich? Ist es nicht um vieles schrecklicher, immer genau zu wissen, was einen erwartet?

»Meist kennen wir nicht die gesamte Geschichte dessen, was wir machen. Kunst ist Kommunikation, und der Kommunikationskanal ist manchmal das letzte Glied in der Kette, das die Einzelheiten erfährt«, sagt die Heilerin, Künstlerin und Schamanin Vicki Noble betrübt.

Na und? Warum müssen wir die ganze Geschichte kennen, noch bevor wir zu schreiben beginnen? Warum müssen wir ein harmonisches Bild malen, einen »schönen« Tanz tanzen? Vielleicht müssen wir das genaue Gegenteil tun. Es kann wirklich hilfreich sein, immer das Gegenteil dessen ins Auge zu fassen, was uns unwillkürlich in den Sinn kommt.

Weiter vorn in diesem Buch haben wir mit den geheimen Persönlichkeiten gearbeitet. Wenn Sie einen Blick auf Ihre geheimen Persönlichkeiten werfen, erkennen Sie vielleicht, daß viele von ihnen gegensätzlich sind oder aber nicht viel miteinander zu tun haben. So können auch unsere offiziellen Bestrebungen und unsere geheimen Wünsche sehr gegensätzlich sein – eine Selbsterkenntnis, die wir uns nicht gern bewußtmachen. Wenn wir aber beginnen, uns mit ihr anzufreunden, wenn wir zulassen, daß die Maske ein wenig aufbricht, können die Abenteuer beginnen. Diese Abenteuer können klein sein, aber sie sind überaus lohnend. Und sobald wir unsere innere Polarität anerkennen, können wir beginnen, mit ihr zu spielen. Und sobald wir das tun, können wir mit ihr arbeiten, statt daß sie gegen uns kämpft und dieses »schreckliche« Gefühl erzeugt, daß uns etwas »Fürchterliches« zustoßen wird.

Übung: Einerseits – andererseits

Dies ist eine Schreibübung, die Sie möglichst schnell und ohne nachzudenken machen sollten. Als erstes tragen Sie auf ein liniertes Blatt untereinander die Ziffern 1 bis 20 ein. Dann schreiben Sie in jede Zeile: »Einerseits möchte ich –; andererseits möchte ich –.« Und dann ergänzen Sie diesen Satz, und das zwanzigmal.
Spüren Sie, wie sich Ihr Bewußtsein erweitert, während Sie scheinbare Gegensätze nebeneinanderstellen? Erkennen Sie, daß die Palette Ihrer Emotionen breiter ist, als Ihnen vielleicht bewußt war?
Nun numerieren Sie eine zweite Seite. Ziehen Sie einen vertikalen Strich durch die Mitte und schreiben als Überschrift auf die linke Seite: »Nach außen hin« und auf die rechte: »Insgeheim«. Nun schreiben Sie in jede Spalte zwanzigmal den Satz »Ich bin –.« und ergänzen ihn.
Verursacht Ihnen das Aufeinandertreffen Ihres »offiziellen« Selbst mit Ihrem »geheimen« ein bißchen Herzklopfen? Oft reicht es schon aus, daß beide Seiten einander anerkennen, um einen Dialog auszulösen, der zu Veränderungen führt.

Übung: Spieglein, Spieglein an der Wand – Legen Sie sich eine Gesichtsmaske auf

Für diese Übung können Sie ein im Handel erhältliches Produkt verwenden (meine Lieblingsmaske ist eine mintgrüne Maske, die meine Mutter zu verwenden pflegte).

Sie können aber auch selbst eine herstellen, indem Sie Haferflocken mit Eiweiß oder Wasser mischen. Wichtig ist jedenfalls, daß Sie eine schöne, großzügige Schicht der Maske auf Ihr Gesicht auftragen und trocknen lassen. Nun gehen Sie zum Spiegel, ziehen ein paar kleine Grimassen und beobachten, wie die Maske »aufbricht«. Spüren Sie, wie befreiend es ist, diese »Monsterphase« hinter sich zu bringen, in der Ihr Haferflocken-Ich genauso aussieht, wie Sie sich an einem schlechten Tag fühlen. Nun waschen Sie die Maske ab und treten einen Schritt zurück. Sehen Sie, daß darunter ein strahlenderes, lebendigeres Selbst zum Vorschein gekommen ist?

Diese Übung ist die physische Darstellung dessen, was ich »kreative Häutung« nenne. Benutzen Sie diese Übung als Erinnerungshilfe dafür, daß das »Aufbrechen«, das wir in Zeiten spiritueller Veränderung spüren, eigentlich ein Symptom dafür ist, daß wir aus einer Phase der Veränderung gesünder hervorgehen.

Übung: Blicken Sie sich ins Gesicht – Machen Sie sich eine Power-Maske

Ein Wort zur Vorsicht: Wenn Sie unter Klaustrophobie leiden, ist diese Übung nichts für Sie. Sie könnte Ihnen angst machen.

Für diese Übung brauchen Sie einen Gipsverband, wie er zum Eingipsen gebrochener Knochen verwendet wird, außerdem brauchen Sie einen guten Spiegel, ein kleines Gefäß mit Wasser, eine Schere und Vaseline. Eventuell wird Ihnen ein Haarreifen gute Dienste leisten, und vielleicht auch eine Freundin, die die Mullstreifen auflegt, denn das kann ziemlich schwierig sein.

Als erstes zerschneiden Sie den Verband in etwa fünfzehn bis zwanzig Zentimeter lange Streifen. Sie brauchen viele! Nun tragen Sie rund um Ihren Haaransatz, über Ihren Augenbrauen und auf einem schmalen Streifen unter Ihrem unteren Lidrand Vaseline auf. Tauchen Sie mehrere Verbandsstreifen in Wasser und beginnen Sie, die Maske aufzubauen. Die meisten Leute beginnen quer über den Augenbrauen und machen dann auf den Wangen weiter. Lassen Sie die Nasenlöcher frei. Die Lippen können Sie aussparen oder sie in die Maske einbeziehen, ganz wie Sie wollen. Legen Sie so viele Streifen auf, daß Ihr ganzes Gesicht gut abgedeckt ist. Wenn die Maske hart zu werden beginnt, werden Sie ein Kribbeln spüren; doch keine Panik.

Lassen Sie die Maske gut trocknen, und dann lösen Sie sie sehr sorgfältig ab. Waschen Sie sich sanft das Gesicht. Wenn die Haut gerötet ist, denken Sie daran, daß das nachlassen wird.

Wenn Ihre Maske ausgetrocknet ist, bohren Sie zwei Löcher in den oberen Rand, durch die Sie Bänder ziehen können. Nun können Sie beginnen, Ihre Maske zu dekorieren. Ganz gleich, ob Sie mit Acrylfarben, Glasperlen, Glitzer, Federn oder Bändern arbeiten – denken Sie daran, daß Ihre Maske nicht »schön« zu werden braucht! Sie kann ruhig andere Teile Ihres Selbst darstellen. Wenn Sie das Bedürfnis haben, eine Monstermaske zu machen, sollten Sie genau das tun!

Aufbruch

»In dunklen Zeiten beginnt das Auge zu sehen«, sagt Theodor Roethke. Vielen verlangt die Arbeit, die im Reich des Sehens zu leisten ist, beträchtlichen Mut ab. Legen Sie an dieser Stelle eine Pause ein und denken Sie über alles nach, was Sie bisher bereits erreicht haben:

Mit Ihren Zeitkapsel-Collagen haben Sie sich eine tiefere, nichtlineare Betrachtungsweise Ihres Lebens ermöglicht. Um sich Ihre Schatzkarte zu erstellen, mußten Sie den Mut aufbringen, einen Traum zu benennen und im Geist die Hand nach ihm auszustrecken. Auf der Suche nach einem farbigeren Selbst experimentierten Sie mit einem Farbspektrum, das außerhalb des »angenehmen« Bereichs lag. Als Sie Ihre Kreativitätspuppe machten, stellten Sie Ihre eigene kreative Kraft dar. Mit Hilfe Ihres Kreativitätsmonsters ließen Sie Ihre Feinde schrumpfen. Indem Sie sich als »seriöse« Künstlerin verkleideten und dann als jemand, der aussieht, als ob er Spaß hätte, ließen Sie zu, daß Sie verschiedene Möglichkeiten ausprobierten, Ihr kreatives Wesen nach »außen zu tragen«. Und als Sie mit Hilfe des »Aufbrechens« erfuhren, wie sich Perspektiven verlagern können, gestatteten Sie es sich, den Prozeß der Metamorphose bewußt zu erleben.

Bewaffnet mit den Werkzeugen der beiden bisher erforschten Reiche, betreten Sie nun das dritte Reich: das Reich der Klänge. Auch die Werkzeuge dieses Reiches bauen auf der bereits geleisteten Arbeit auf. Die Erkenntnisse, die Sie bereits gewonnen haben, werden in das Reich der Klänge integriert.

Das Reich des Klangs

Wir betreten nun das Reich der Klänge. Stellen Sie sich vor, daß Ihnen die Augen verbunden werden und daß Sie sich beim Vorwärtsgehen nur an Klängen und Geräuschen orientieren können. In diesem Zustand erhöhter Aufmerksamkeit werden Sie feststellen, daß Sie sehr sensibel für die Wirkung und die Nuancen von Klängen sind. Töne und Klänge vermitteln uns weit mehr Informationen, als uns bewußt ist. Oft sagt uns der »Ton« eines Gesprächs viel mehr als die Worte selbst. Der »Klang« unseres Lebens kann harmonisch oder dissonant sein. Anders als mündliche oder visuelle Kommunikation wirken Klänge direkt auf unsere Gefühlswelt ein.
In diesem Kapitel werden wir mit Klängen arbeiten, um in unserem Leben mehr *Einklang* zu erreichen. Obwohl wir unsere Stimme meist nur zum Sprechen benützen, ist sie auch ein Musikinstrument – das machtvollste Instrument auf dieser Erde. Hier sollten wir festhalten, daß wir das Wort »Instrument« vor allem in zwei Bereichen benutzen: In der Musik und in der Medizin. Das ist kein Zufall, denn Musik ist Medizin. Die menschliche Stimme, ihr bewußter Einsatz als Instrument, ist das heilende Skalpell, das unser bedrängter Planet so dringend braucht.

Klang

Es war ein kalifornischer Morgen, sechs Uhr früh. Widerwillig war ich aufgestanden, weil ich in Beverly Hills ein Seminar leiten mußte. Die Energie der Seminarteilnehmer war im wahrsten Sinn des Wortes umwerfend – oder jedenfalls empfand ich es so. Ich hatte den Eindruck, als ob sie einander ständig zuriefen: »Ich bin toll, findest du nicht auch?« – »Ich bin wundervoll und auf jeden Fall toller als du ...«

Lag es nur an mir? Ich nahm mein Notizbuch und zog mich in einen Lehnstuhl in der Lobby zurück, um darüber nachzudenken. Meine Hand flog über die Seite, und ich konnte zusehen, wie meine Ängste und meine negativen Gefühle auf dem Papier Gestalt annahmen.

»Es ist viel zu früh.«

»Ich bin zu müde.«

»Sie sind zu aufgekratzt.«

»Ich bin nicht aufgekratzt genug.«

Bla, bla, bla ...

Im Speisesaal nebenan redeten die Frühaufsteher aufeinander ein. Mein Gehirn leistete ganze Arbeit. »Nun sieh dir nur dieses maskenhafte Grinsen an. Hör dir diese schrillen Stimmen an. Das Ganze ist künstlich und aufgeblasen. Kann denn niemand in einem normalen Tonfall sprechen? Müssen alle die ganze Zeit so sagenhaft aufgedreht sein?«

Zu sagen, daß ich negativ eingestellt war, wäre eine starke Untertreibung.

Auftritt eines großen, kahlköpfigen Mannes mit einer wunderbar sprühenden Energie.
»Wer ist das?« Ich unterbrach meine innerlichen Tiraden gerade so lange, um mich das fragen zu können.
»Er sieht ... lustig aus.«
Wie sich herausstellte, hatte er auch die Aufgabe, lustig zu sein. Der Name des international bekannten Komponisten, virtuosen Querflötisten und Klangheilers war Tom Wheater, und er war unsere Vormittagsunterhaltung. Ich sollte unterrichten, und danach sollte er uns unterhalten. Ich war der Hauptgang, er das Dessert. Beide waren wir das intellektuelle Frühstück. Zum Glück wurden wir an denselben Tisch gesetzt. Ich beugte mich zu ihm und fragte: »Würde es Ihnen etwas ausmachen, zu intonieren, bevor ich beginne? Ich möchte, daß sie offene Ohren haben.«
»Ja ... Warum nicht? Natürlich«, antwortete Wheater verblüfft.
Was uns beiden nicht bewußt war, war die Tatsache, daß wir an einem fest etablierten Ritual herumbastelten. Die Unterhaltung vor dem Hauptgericht anzubieten war, als käme beim Gottesdienst das Amen vor der Predigt. Es versteht sich von selbst, daß unser »Zeremonienmeister« von unserem Experiment alles andere als begeistert war. Zum Glück erklärte er sich trotzdem einverstanden.
»Wir können ... nun, wir sollten hier wohl flexibel sein, nicht wahr?« wandte er sich fast flehentlich an das Publikum. »Julia und Tim haben gebeten ... Wir können ihnen diesen Wunsch doch erfüllen, nicht wahr?« Und so begann Tim Weather mit dem Intonieren.

Falls Sie das noch nie gehört haben, sollten Sie wissen, daß es sich dabei um eine alte spirituelle Technik handelt, die sehr zentrierend wirkt. Dabei werden Harmonien erzeugt, die den Geist beruhigen und die Gedanken zum Stillstand bringen.

Wheater stapfte auf die Bühne, das Harmonium unter den Arm geklemmt. Dann begann er mit dem Intonieren. Dabei strahlte er Genialität und eine ruhige Autorität aus.

»Guten Morgen zusammen. Ich wurde gebeten, Sie ein bißchen einzustimmen. Es scheint, als hätte hier jemand eine Vorstellung von dem, was ich tue ...«

Was Tim Weather tat? Er baute einen Dom aus Klängen, in dem ich lehren konnte. Er begann auf seinem Harmonium zu spielen, das ein tiefes Dröhnen produzierte. Die Töne, die es hervorbrachte, waren bewegend, hypnotisch und auf eigenartige Weise durchdringend. Zusammengesetzt aus tiefen, klaren Grundtönen und ihren höheren, harmonischen Obertönen, vermittelten die Klänge Erinnerungen an ihre Wurzeln in tibetischen und mongolischen Klöstern.

Innerhalb von Sekunden herrschte in dem gerade noch so chaotischen Raum ergriffene Stille, und dann trat etwas Tieferes ein – Ruhe. Wheater spielte so lange, bis in der Atmosphäre des Raums eine tiefe Veränderung spürbar war. Der Raum war nicht länger voller geschäftiger Leute, es war ein Raum voller Seelen, die sich der Erfahrung des Ewigen geöffnet hatten.

»Ah ... danke, Tim«, brachte unser Zeremonienmeister gerade noch hervor.

»Vielen Dank, Mr. Wheater«, sagte auch ich. Ich erhob mich und hatte ein zentriertes, empfängliches Publikum vor mir. Auch ich selbst war ganz bei mir.
Das hatten die Klänge bewirkt.
»Klänge umgehen den Intellekt. Sie besitzen die inhärente Fähigkeit, Emotionen auszulösen«, sagt die Klangheilerin Joy Gardner-Gordon.
»Alles ist Klang«, lehrten die alten Traditionen der Weisheit. *»Nada Brahma«,* sagt die indische spirituelle Lehre. Joachim-Ernst Berendt erklärt die Phrase so: »Nada Brahma bedeutet nicht nur: Gott, der Schöpfer, ist Klang, sondern sie bedeutet auch und vor allem: Die Schöpfung, der Kosmos, die Welt ist Klang. Und: Klang ist die Welt.«
Das läßt sich auch einfacher ausdrücken: »Die Erde bringt Musik in uns zum Klingen, und wir müssen tanzen«, schreibt Edgar Lee Masters in *Spoon River Anthology.*
Wir müssen tanzen!
Ich lebe über zweitausend Meter über dem Meeresspiegel auf einer Bergkette, wo Kojoten meine nächtlichen Sirenen und die Hähne der Nachbarschaft meine Wecker sind. Ein gelegentlicher Sturm ist der größte Lärm, den ich zu hören bekomme, abgesehen vielleicht von den Geräuschen des Hagels, der auf uns niederprasselt. Mir gefällt es, wenn das Leben sanft und voll ist wie der Herzschlag. Vielleicht richte ich deswegen mein Leben am Klang von Trommeln, Pfeifen und Rasseln aus. »Reisen« mit Hilfe von Trommeln oder Flöten sind etwas, das wir von den schamanischen Traditionen übernommen haben.

Lange bevor mir die spirituelle Komponente bewußt wurde, verwendete ich Trommel- und Flötenmusik, um mein Bewußtsein zu verändern und zu erweitern. Jedesmal, wenn meine Kreativität einen Tiefschlag erhielt, der mich verwirrte oder außer Gefecht setzte, heilte ich mich durch Klänge, obwohl ich das nie so ausgedrückt hätte. Was ich wußte, und alles, was ich wissen mußte, war, daß ich mir in schwierigen Zeiten oder in Zeiten problematischer kreativer Veränderungen immer wieder dasselbe Musikstück anhörte, bis mein Dilemma gelöst war – zuerst in meinem Bewußtsein und dann in meinem Leben.

Was tat ich dabei in Wirklichkeit? Nun, ich badete in Klängen. Ich spielte mir Wiegenlieder vor, die mein inneres kreatives Kind trösteten und ihm Sicherheit und Abenteuer versprachen und es wieder hervorlockten. Viele Jahre lang war mein Verhalten weder mir noch den mir nahestehenden Menschen klar. Was sie sahen und hörten, war eine Frau, die das Opfer einer musikalischen Besessenheit war.

Hazrat Inayat Khan erklärte dieses Phänomen: »... Gesundheit ist ein Zustand des Rhythmus und des Klangs. Und was ist Musik? Musik ist Rhythmus und Klang. Wenn die Gesundheit nicht stimmt, heißt das, daß auch die Musik nicht stimmt.«

Musik ist die angeborene Sprache des Herzens. Wir sprechen sie im Glück und im Schmerz, wir sprechen sie intuitiv und unbewußt, und für viele Menschen sind Klänge ein natürliches Werkzeug. Was tun wir, wenn ein Baby quengelt? Wir singen ihm leise vor.

So »erwachsen« unser Leben auch sein mag, wir müssen uns doch als kreative Kinder betrachten und uns an die Offenheit unseres inneren Kindes erinnern, das wußte, daß es durch Glauben an seine Kraft an sein Ziel gelangen konnte. Wenn wir einander vorsingen und miteinander singen, dann schaffen wir buchstäblich Harmonie. Wenn wir die Leiden der Welt heilen wollen, die größere Versionen unserer eigenen Leiden sind, dann ist Musik der richtige Balsam, die richtige Medizin dafür.

Wenn Ihnen die Vorstellung des Intonierens bedrohlich erscheint, können Sie entweder mit einem Wiegenlied oder einem spirituellen Lied beginnen.

Die Komponistin und Klangheilerin Shawna Carol behauptet, daß Singen eine natürliche Musik *ist.* Sie lehrt sogenannte »spirituelle Lieder«, mit denen sie Menschen hilft, ihre emotionalen und kreativen Blockaden zu lösen. Spirituelle Lieder kommen direkt aus dem Herzen. Sie werden vom emotionalen Ausdruck und nicht vom sprachlichen Gehalt geprägt. Wählen Sie ein Thema, von dem Sie spüren, daß Sie daran arbeiten müssen, und dann vokalisieren Sie es ohne Worte, um es loszulassen. (Das ist eine ungeheuer wirkungsvolle Methode.)

Vielleicht mehr als alle anderen Sinneseindrücke, ausgenommen möglicherweise Gerüche, umgehen Klänge das rationale Denken und führen uns auf eine ganz ursprüngliche Ebene. Klangheilung bedeutet, bewußt Klänge einzusetzen und als das wahrzunehmen, was sie sind: Energie. Es bedeutet, diese Energie für die Heilung aller negativen Energien zu verwenden, die unser Kör-

per in sich trägt oder erfährt. Negative Energie macht sich zuerst als Gefühl des Unwohlseins und später als Krankheit bemerkbar.
Auch wenn wir es vielleicht lieber anders ausdrücken, haben wir doch alle unsere Erfahrungen mit positiver und negativer Energie.
»Bin ich in etwas hineingeplatzt? Störe ich?« fragen wir, wenn wir einen Raum betreten, in dem Spannung spürbar ist.
Worauf ich hinauswill, ist, daß unser Körper negative Energie erkennt, wenn er sie spürt, daß er aber auch positive Energie erkennt. Der Tonfall eines Menschen kann uns entweder aufregen oder uns ruhig machen. Unsere eigene Stimme, therapeutisch verwendet, kann heilen, was uns und andere quält.
Ich möchte Ihnen dazu ein dramatisches Beispiel geben: Es war neun Uhr an einem Donnerstagabend – dieselbe Woche, in der ich Tim Wheater um seine Hilfe in dem Kreativitätsseminar gebeten hatte. Man hatte mir gesagt, daß Klangheilung praktiziert werden würde. Ich wußte nur sehr wenig darüber und hoffte, mehr zu erfahren, aber ich glaubte nicht, daß das auf so direkte Weise passieren würde.
Als wir nach einem langen Abendessen beim Spazierengehen über unsere Arbeit sprachen, machten Wheater und ich in einem kleinen Geschäft in Venice, Kalifornien, halt, um Wasser zu kaufen und unser Gespräch fortzusetzen. Als wir das Geschäft verließen, sprach uns ein junger und sehr betrunkener Bettler an. Der junge Mann hatte etwas an sich, das meine Aufmerksamkeit

erregte. Ich zupfte Weather am Ärmel. Wir wurden zum Publikum.

Mit einer unvermittelten Tirade, die mir immer noch in den Ohren klingt – den Kopf von Alkohol benebelt, das Herz voller Lieder und die Seele voller Schmerzen –, gewann der junge Betrunkene unsere Aufmerksamkeit und unser Mitgefühl.

»Gebt mir ein paar Dollar, und ich gebe euch ein paar Lieder«, begann er seinen Auftritt. »Moneten für Flöten. Do, re, mi, so einfach ist das.«

Die Reime gingen ihm flott von den Lippen, aber seine Augen waren trübe. Es waren die leeren Augen einer Hülle, deren Bewohner ausgezogen ist. Ich spürte in mir den Drang, dem Mann zu sagen: »Laß den Suff. Er bringt dich und deine Kreativität um.« Es war sinnlos, er hätte mich nicht gehört. Worte sind manchmal zu selbstgerecht, sie trennen, wo wir zu verbinden hoffen.

Er war Künstler, das stand fest, und ich spürte die Verbindung von einem Künstler zum anderen. Wenn ich ihm meine Geschichte nicht erzählen konnte, was hatte ich ihm dann anzubieten? Wie konnte ich diesem Mann die Verbindung verdeutlichen, die zwischen uns bestand?

Das war das zweite Mal, daß ich mir von Wheater Hilfe holte.

»Bitte intoniere für ihn«, beschwor ich ihn. »Bitte.«

Obwohl unter Druck gesetzt, ging Wheater ruhig und freundlich auf den Mann zu.

»Darf ich dir etwas zeigen?« fragte er.

Der Mann nickte verblüfft.

Da zog Wheater seinen Kopf nahe an seine Brust, faßte ihn mit dem Arm um die Schulter und begann in sein Ohr zu summen. Das ging ein paar Minuten lang so, vielleicht auch länger. Ich stand da und hörte zu, und ich bemerkte, wie der Betrunkene wieder in seinen Körper einzog. Seine Augen wurden klar, als seine Seele wieder in sie zurückkehrte. In seinem Blick lag immer noch Schmerz, aber als Wheater mit dem Summen aufhörte, war er klar und konzentriert. Die beiden traten einen Schritt auseinander.

»Danke, Mann. Ich liebe dich auch.« Nun sprach der Bettler mit klarer Stimme. »Denn das hast du mir gesagt, nicht wahr?«

Nun war es an Wheater, zu nicken. Er hatte den Klang als Brücke benutzt, um unseren Mitreisenden in einer Welt zu treffen, in der die Seelen einander erkennen und umarmen. Zwischen den beiden war viel mehr hin- und hergegangen als ein paar Dollar.

»Wir alle sollten Klangheiler werden, das steht fest«, sagte ich einen Augenblick später, als wir wieder im Auto saßen und davonfuhren.

Wheater erklärte mir mit sanfter Stimme: »Das sind wir schon.«

Es ist meine Hoffnung, daß Sie sich durch die bewußte Arbeit mit Klängen selbst erkennen und heilen lernen. Die folgenden Übungen sind wichtige Schritte in diese Richtung.

Übung: Singen Sie ein spirituelles Lied

Wählen Sie ein Thema, mit dem Sie tiefempfundene, »blockierte« Emotionen verbinden. Nehmen Sie sich eine Minute Zeit und zentrieren Sie sich durch tiefes, gleichmäßiges Atmen. Dann lassen Sie Töne hochkommen, die Ihren Empfindungen entsprechen (die Worte heben Sie sich für später auf). Tun Sie das so lange, bis Sie das Gefühl haben, daß Sie die Energie freigesetzt haben. Das kann von einigen Minuten bis zu einer halben Stunde dauern. Nehmen Sie sich auch nach dem Ende des Liedes Zeit, um ruhig zu werden und sich zu zentrieren.

Übung: Wiegenlied

Summen oder singen Sie sich fünf Minuten täglich (in denen Sie allein sind) ein Wiegenlied vor. Sie können Ihr Lieblingswiegenlied aus Ihrer Kinderzeit wählen, eines »borgen« oder selbst erfinden. Wenn Sie das einige Tage lang gemacht haben, setzen Sie sich hin und schreiben ein »offizielles« Wiegenlied.

Seien Sie großzügig mit sich, wenn Sie Ihr Wiegenlied schreiben. Sie brauchen nicht alles wörtlich aufzufassen, was Ihnen einfällt. Vielleicht beginnen Sie, Ihre eigene Musik zu hören, oder Sie können sich auch Musik »borgen«. Es geht darum, die Seele zu beruhigen. Das kann man mit einer bestimmten Art von Musik erreichen, gleichgültig, ob mit eigener oder mit fremder. Sie können wählen, was Sie wollen und was Ihnen gefällt.

Manche Menschen singen beim Duschen. Andere legen sich auf den Boden oder in die Badewanne. Wieder andere singen beim Gehen, Laufen oder Autofahren. Ich singe derzeit beim Gehen im Spaziertempo mit einsilbigen Tönen. Meine Gewohnheiten ändern sich mit meinen Bedürfnissen. Experimentieren Sie, um festzustellen, was das beste für Sie ist. Sie brauchen nicht gut zu singen. Sie sollen einfach nur singen.

»Do, re, mi, fa, sol, la, si, do« hat eine überraschend beruhigende Wirkung und gibt ein wirkungsvolles Wiegenlied ab. »Jeder Ton ein guter Schritt, ich sing' mich in mich zurück«. Viele Studenten borgen sich »Samenklänge« aus dem Sanskrit oder das berühmte buddhistische Mantra: *»Om-mani-padme-hum«.*

Die Worte »Herz« und »nach Hause« können beruhigend und zentrierend wirken, wenn sie ständig wiederholt werden. Beide öffnen durch ihren Klang das Herz. Das spüren Sie an der tiefen Vibration in Ihrer Brust, wenn Sie sie in tiefen Tönen wiederholen.

Übung: In Klängen baden

Wir alle wissen, daß eine Dusche nach einem geschäftigen, streßerfüllten Tag im Büro etwas sehr Erfrischendes sein kann. Was viele von uns aber nicht wissen, ist, daß wir auch mit Klängen duschen können. Dazu gibt es zwei Methoden, und zwar eine äußerliche und eine innerliche.

Sprechen wir zuerst über die äußerliche Methode. Nehmen wir an, Sie kommen nach einem anstrengenden Bürotag nach Hause, streiten mit Ihrem Freund oder Ihrer Ehepartnerin oder stellen fest, daß Gäste, die länger geblieben sind, als sie willkommen waren, eine gewisse Spannung in Ihrem Heim hinterlassen haben. Sie selbst können Töne und Klänge erzeugen, mit denen Sie sowohl sich selbst als auch Ihre Umgebung von der angespannten Atmosphäre befreien können.

Wie bei der »Sicherheitsmusik« haben wir alle auch bei der »Auswaschmusik« unseren eigenen Geschmack. Manche entscheiden sich für wirkliche Wellengeräusche. Sie legen eine CD mit der entsprechenden Geräuschkulisse auf und lassen ihr Bewußtsein und ihre Umgebung davon reinigen. Andere scheinen ein bißchen stärkeren Treibstoff zu brauchen. Ist Ihnen schon einmal aufgefallen, wie Jugendliche den Baß aufdrehen, um sich von dem Gefühl zu befreien, das »wir« ihnen »aufgezwungen« haben?

Auch wenn Sie nicht auf Heavy metal stehen, fühlen Sie sich vielleicht von einem rhythmischen, vorwärtstreibenden Schlagzeug angezogen. Seien Sie nicht überrascht, wenn Sie beginnen, sich die Wut aus dem Leib zu tanzen. Dieses kleine Reinigungsritual kann viel mehr Spaß machen, als wenn Sie versuchen, mit verspannten Schultern schlafen zu gehen.

Machen Sie sich keine Gedanken über Ihren Geschmack bei der »Auswasch«-Musik. Manche Leute spielen sich den *Messias* von Händel vor, andere Bruce Springsteen. Wichtig ist hierbei nur, daß Sie eines nicht vergessen: Es hat einen Grund, daß die Grundstrukturen aller Klänge

Wellen genannt werden, und diese Wellen können und werden uns von unseren Wut- und Angstgefühlen reinigen.
Indem wir beginnen, bewußt mit Klängen zu arbeiten, legen wir uns ein Werkzeugset zurecht, das sowohl tragbar als auch vielseitig ist. Die nächste Methode, die innere Klangreinigung, ist so transportabel, daß Sie dafür nichts weiter brauchen als sich selbst.
Gut, nun sind wir wieder bei diesen Gefühlen der Wut und der Angst. Diesmal werden Sie für die Auswaschklänge sorgen, indem Sie sie selbst erzeugen. Beginnen Sie mit irgend etwas, vielleicht mit einem tiefen Knurren aus Groll darüber, daß Ihre Grenzen verletzt wurden. Vielleicht auch mit einem Schmerzensschrei oder mit einem drohenden Zischen. Verwenden Sie alles an Geräuschvokabular, was Sie zur Verfügung haben. Ihre Körpersprache wird sich von selbst darauf einstellen.
Nachdem Sie die vertreibenden Geräusche gemacht haben, könnten Sie es mit ein paar tröstenden kleinen Tönen oder mit Summen versuchen – ja, genau die beruhigenden Geräusche, mit denen Sie ein Baby trösten. Das Baby sind in diesem Fall Sie!

Übung: Eine Klangrunde gründen

Viele von uns haben glückliche Erinnerungen daran, wie sie in einem Kinderchor oder wie sie Weihnachtslieder sangen. Und trotzdem singen relativ wenige Erwachsene in Chören oder Singgruppen. Wir befürchten, daß unsere Stimme nicht gut genug sein könnte, um in den Vordergrund gestellt zu werden. Diese Angst haben wir sogar dann, wenn wir das Singen genießen, sofern wir es uns einmal gestatten. Es gibt eine Möglichkeit, uns das Singen wieder öfter zu gestatten: Wir können eine Klangrunde gründen.

Was ist eine Klangrunde? Es ist eine Gruppe von Menschen, die gemeinsam singen oder sich klingen lassen. Anstatt sich auf Lieder zu konzentrieren, betrachtet sich die Klangrunde als ein Instrument, ein vokales Instrument, das einfache, klare und kraftvolle Klänge erzeugen kann. Das nennen wir »Klingenlassen« oder »Intonieren«. Die Technik ist uralt und läßt sich am besten durch praktisches Tun erlernen.

Den mystischen Traditionen zufolge entspricht jeder Vokal einem Energiezentrum im Körper, das durch das Klingenlassen des Vokals, der sein »Samenklang« ist, geöffnet und energetisiert wird. Dieser Prozeß wird »Intonieren« genannt, weil er uns buchstäblich tonisiert.

Während das Intonieren eine Kunst und eine Praktik ist, in der wir immer größere Meisterschaft erwerben können, ist es auch ein spirituelles Werkzeug, das auf einfache und sanfte Weise gelehrt werden kann. Als Daumenregel gilt, daß sich die Stimme mit dem Herzen öffnet. Wenn Sie Ihre Singstimme öffnen wollen, konzentrieren Sie sich darauf, Ihr Herz für eine liebevollere Schwingung zu öffnen, und dann wird sich auch Ihre Stimme öffnen und klären.

Wenn wir beginnen, die Vokale klingen zu lassen, ändert sich nicht nur unser Körper, sondern auch die Art, wie wir hören. Zuerst werden wir meist nur einen »Grundton« hören. Schließlich werden wir aber beginnen, Zwischentöne oder Harmonien wahrzunehmen, die mit jedem Grundton mitschwingen. Mit der Zeit werden wir diese Harmonien immer klarer und bewußter erzeugen können.

Gruppen können ganz einfach beginnen, indem sie die Vokale singen: »A, E, I, O, U« (aufsteigend).

Nachdem die Vokale ein paar Minuten lang gesungen worden sind, kann dasselbe mit geschlossenem Mund wiederholt werden. Nun ist sofort eine Vibration zu spüren. Der Mund ist jetzt eine »Klanghöhle«, ein transportables spirituelles Medium mit Resonanz.

Indem wir die Zunge vor- und zurückbewegen, sie näher an die Zähne bringen oder weiter weg, oder indem wir die Lippen leicht öffnen, vollzieht sich eine Veränderung, die es uns gestattet, den Ton zu gestalten. Wir können ihn in die Nebenhöhlen hinaufprojizieren, indem wir einen summenden oder brummenden Ton erzeugen. Wir können ihn durch unsere Lippen blasen wie einen Kuß, indem wir ein Geräusch erzeugen, das entfernt an die Rufe von Walen erinnert. Wenn wir die Lippen geschlossen halten und die Töne summen, spüren wir die Vibration in unserer Brusthöhle, die unser Herz umschließt, aber die Töne erzeugen auch in anderen Körperteilen Veränderungen.

Die Arbeit mit diesen Techniken öffnet den Körper sehr schnell, und die Energiezentren – im Sanskrit Chakren oder »Räder« genannt – funktionieren klarer und ausgeglichener. Vergessen Sie nicht, daß Klänge etwas Mäch-

tiges sind und daß jedes dieser Energiezentren eine »Aufgabe« und einen entsprechenden Vokal oder »Samenklang« hat, der es dazu bewegt, diese Aufgabe stärker und intensiver zu erfüllen. Aus diesem Grund ist es wichtig, nicht überwiegend mit einem Vokal zu arbeiten und die anderen zu vernachlässigen. Wichtig ist auch, daß die Arbeit in der Klangrunde einen sanften und ruhigen Abschluß findet.
Ein sanfter Ausklang für die Gruppenarbeit ist zum Beispiel die wiederholte Vokalisierung des Wortes »Amen«. Experimentieren Sie, um das Richtige für Sie zu finden. Viele Klangrunden schließen mit der Silbe »Om«, die meist dreimal wiederholt wird.

Übung: Lieder als Pfade

Mein Bruder und mehrere meiner Freunde sind Komponisten. Vor einigen Jahren wurde mir klar, daß meine Gewohnheit, Morgenseiten zu schreiben, und ihre Gewohnheit, Noten zu schreiben, im wesentlichen dasselbe waren: zwei verschiedene Methoden, um die ausgetretenen Trampelpfade unseres Bewußtseins zu verlassen. Ich machte mir Notizen, und sie schrieben Noten – so einfach war das!
So wie wir beim Schreiben durch eine Reihe von Entscheidungen von einem Wort zum anderen springen, springen die Musiker von Note zu Note. Wir »schreiben« Musik. »Worte« und »Noten« sind in Wirklichkeit nichts anderes als Positionsbestimmungen, kleine Markierun-

gen auf einer Bewußtseinsstraße, die wir Lied, Buch oder Brief nennen können. Wir können sie uns auch als »Fußabdrücke« vorstellen.

Wenn wir einen neuen Weg in unser Bewußtsein sprengen wollen, können wir unsere Füße zu Hilfe nehmen. Ich schlage ein Tempo ein, das kein Spaziergang und kein Lauf ist – eher ein Gleiten –, und setze im Rhythmus meiner Schritte meine Stimme ein, um die Richtung, in die ich gehe, und das Ziel, das ich anstrebe, über die Stimme zu bestätigen:

Kraft und Weisheit, kommt zu mir,
Glücksfall und Gelegenheit ...
Kraft und Weisheit, kommt zu mir,
Glücksfall und Gelegenheit ...

Meiner Erfahrung nach macht das rhythmische Dahingleiten die rezitierte Affirmation fast zu einer Art Lied. In Zeiten, in denen ich komponiere, helfen mir lange Wanderungen in entsprechendem Rhythmus dabei, Melodien und Worte »einzufangen«. Dieser Trick ist so wirkungsvoll, daß ich beim Ausgehen manchmal einen Kassettenrecorder mitnehme. Der Klangheiler Don Campbell erklärt dieses Phänomen so:

Die grundlegende Kraft der Musik liegt in den Rhythmen unseres physischen Körpers. Laufen, Rennen, Atmen und das immer präsente Pochen unseres Pulses erzeugen die elementaren Rhythmen, die das Fundament der Welt des Klanges sind ... Wenn eine Bewegung oft wiederholt wird, beginnt eine Melodie, ein Singsang oder ein anderes tonales Phänomen zu entstehen.

Das stimmt! Dieses spontane und bewußte Vokalisieren kann eine ungeheuer positive Wirkung haben. Es ist die stärkste Form der Meditation oder des Gebets, die ich kenne, der kraftvollste Weg zu neuen Möglichkeiten und der direkte Weg in die Imagi-Nation.
Die Kombination von Bewegung und Singsang ist besonders kraftvoll. Wir tätowieren beim Gehen die Erde mit unseren Füßen, und durch dieses Tätowieren werden auch Gedanken in unser Bewußtsein getrommelt. Sowohl die Bewegung als auch der Singsang öffnen das Bewußtsein und schaffen tragende Kraft. Aus diesem Grund haben Wünsche und Gebete, die verbalisiert werden, während der Körper in Bewegung ist, eine besonders starke, inhärente Tendenz zur Realisation und Manifestation.
Die folgende Formel stammt vom Klangheiler Jonathan Goldman:

Visualisierung + Vokalisierung = Manifestation

Das entspricht auf jeden Fall meiner persönlichen Erfahrung, aber ich habe die Formel für mich ein wenig abgeändert:

Visualisierung + Vokalisierung + Bewegung = Manifestation

Schweigen

Viele von uns führen ein geschäftiges Leben, und ein solches Leben ist voll von Geräuschen. Ein zu lautes Leben, als daß wir uns selbst denken hören könnten.
Dieser Satz ist eine wörtlich zu nehmende Warnung. Wir müssen uns denken hören. Wir müssen unseren Gedanken zuhören können.
Unsere technikfixierte Gesellschaft verlangt von uns, Kontakt zu halten – allerdings nicht mit uns selbst. Wir verwenden Autotelefon, Mobiltelefon, Fax und nutzen unsere Zeit dazu, andere ständig über unseren Aufenthaltsort und unsere aktuellen Gedanken auf dem laufenden zu halten. Es gibt für uns keine ruhigen Tümpel, an denen wir ein oder zwei Tage lang in Ruhe verweilen und unsere Angel nach jenen tieferen Fragen und Antworten auswerfen können, die wir in uns tragen. Wir leben ein schnelles Leben voller Erschütterungen, in dem unser tieferes Selbst immer wieder gewaltsam gegen die Felsen unserer Existenz donnert.
»Ich muß mein Tempo herunterschrauben. Sonst komme ich nie zum Atemholen«, sagen wir, aber wir tun es nicht. Wir tun es nicht, weil wir nicht wissen, wie.
Eine Möglichkeit dazu sind die Morgenseiten. Eine andere ist das Meditieren beim Gehen. Eine dritte ist das bewußte Schweigen.
Beim Schweigen schöpfen wir Atem. Schweigend hören wir uns selbst denken, und im Schweigen hören wir die zaghafte, leise Stimme in uns selbst sprechen. Als krea-

tive Wesen brauchen wir das Schweigen. Wir brauchen es, denn wenn wir es nicht haben, schaffen wir chaotische Kunst, die nur in der Reflexion dessen wurzelt, was uns umgibt, eine Kunst, die nicht im tieferen Grund unseres Selbst geerdet ist.

Der tiefe Grund unseres Selbst ist das, was der Theologe Paul Tillich »den Grund des Seins«, sein Synonym für Gott, nennt. Im Schweigen kann es geschehen, daß weite Strecken unseres Lebens plötzlich einen Sinn für uns ergeben. Und bedenken Sie, daß Inspiration »Atem holen« bedeutet. Wir atmen Inspiration, wenn wir ruhig genug sind, es zu merken. Wir atmen ständig, aber erst das Schweigen gestattet es uns, unsere Aufmerksamkeit auf unseren Atem zu richten und auf das, was er uns sagt.

Wenn wir schweigen, können wir das Öffnen unserer inneren Tür hören. Tatsächlich öffnen wir sie selbst, indem wir tief atmen, uns zentrieren und zulassen, daß das Geschwätz unseres unruhigen Geistes verstummt.

Alle großen spirituellen Traditionen konzentrieren sich auf Atemarbeit. Schamanen ziehen atmend das in sich hinein, was sie von der spirituellen Welt brauchen. Meister konzentrieren ihren Atem auf ein Zentrum, indem sie ruhen. Als Künstler müssen wir wieder zu Atem kommen, indem wir uns Erholungspausen von der geräuschvollen Welt gönnen, die uns umgibt.

Der Trappistenmönch Thomas Merton drückte es so aus:

Wenn wir in einer sternenklaren Nacht allein sind, wenn wir zufällig sehen, wie sich im Herbst ein Schwarm Zugvögel auf einer Gruppe von Wacholderbüschen nieder-

läßt, um auszuruhen und zu fressen; wenn wir Kinder in einem Augenblick erleben, in dem sie wirklich Kinder sind, wenn wir Liebe in unseren eigenen Herzen spüren oder wenn wir wie der japanische Dichter Basho hören, wie ein Frosch mit einem Plumps in einen ruhigen Teich springt – dann erhaschen wir durch das Erwachen, das Umkehren aller Werte, die »Neuigkeit«, die Leere und die Reinheit der Vision, die da plötzlich zutage treten, einen Schimmer des kosmischen Tanzes.

Übung: Schweigen

Führen Sie diese Übung nach Ihren Vorstellungen durch. Weiter hinten in diesem Buch finden Sie eine spezifische Variante.

Sicherheit

Kreativität ist eine riskante Sache, oder zumindest fühlt es sich so an. Wie alles Riskante hat auch die Kreativität etwas Belebendes an sich, denn ohne Kreativität verflacht unser Leben. Taub für unsere Gefühle und Impulse, geben wir vor, zu leben, aber in Wirklichkeit vermeiden wir dies. Manchmal ist es einfach zu beängstigend, uns mit unseren Gefühlen und unseren Gedanken zu konfrontieren. In solchen Zeiten müssen wir uns umsorgen, ermutigen und begleiten lassen.

Bei mir geht das am besten mit Musik. Wenn ich vor einer großen, riskanten Entscheidung stehe, höre ich Musik, am liebsten die des Komponisten Michael Hoppé. (Ich verwende in meinen Seminaren oft seine und Wheaters Musik.) Die bekannteste Musik von Hoppé ist vielleicht *The Yearning*, die CD des Jahres 1993. Der Komponist Hoppé spielt auch Keyboard, und die makellos reinen Querflötenklänge werden von Wheater beigesteuert. Als ich diese Musik das erste Mal hörte, rührte sie mir sofort ans Herz und öffnete es weit. Das ist einer der Gründe, warum ich diese Musik in meiner Arbeit verwende. Sie gibt mir und den Teilnehmern meiner Seminare Sicherheit. Wenn ich mich davor ängstige, etwas zu schreiben, lege ich oft *The Yearning* auf und lasse mich von der Musik in die dunklen Landschaften entführen, die ich erforsche. (Andere Leute verwenden für denselben Zweck das »Wiegenlied« von Brahms.)

Ich bin nicht die einzige, die *The Yearning* so einsetzt. Eine Krankenschwester namens Christy Fory schrieb vor kurzem an Hoppé:

Ich kaufte die CD und hörte sie mir zu Hause an. Dann ging ich prompt hinaus und kaufte gleich fünfzehn davon ... als Geschenk zur Geburt, als Hochzeitsgeschenk, als Weihnachtsgeschenk, als Schlafmusik für meine kleine Nichte ... Vor kurzem starb einer meiner Lieblingspatienten an Aids. Zu seinem letzten Geburtstag schenkte ich ihm eine CD. The Yearning spielte im Augenblick seines Todes in seinem Zimmer, während seine Familie an seinem Bett saß ...

Ich kenne Menschen, die für denselben Zweck Gregorianische Choräle oder Flötenmusik amerikanischer Indianer verwenden. Für mich ist es entscheidend, daß die Musik einerseits tief genug und andererseits sicher genug ist. Anders ausgedrückt: Sie muß für mich sowohl rein als auch leidenschaftlich sein, damit ein Gefühl der Sicherheit und gleichzeitig ein Gefühl der Offenheit entstehen kann, wie Mathieu es ausdrückt.

Neben »Sicherheitsmusik« halte ich auch Ausschau nach »Erweiterungsmusik«. Das ist eine Musik, die den Hörer dazu anregt, sich auf eine Suche zu begeben. Wenn ich Seminare abhalte, lege ich zum Beispiel oft die B-Seite von Wheaters Album *Green Dream* auf und bitte die Leute, mir schriftlich einen »idealen Tag« in ihrem Leben zu beschreiben, wie sie es derzeit führen. Als nächstes bitte ich sie, den »allleridealsten Tag« in einem Leben zu skizzieren, das sie sich erst in ihrer Phantasie ausmalen müssen. Die Musik mit ihren keltischen, suchenden Klängen und ihrem Geist des Pilgertums zieht sie weiter, als sie kommen würden, wenn sie ohne Musik schreiben müßten. Vangelis' *Chariots of Fire* ist für viele ebenfalls eine wundervolle Erweiterungsmusik. Aber vergessen Sie nicht, daß Sie allein bestimmen, welche Musik Sie als erweiternd empfinden.

Wenn wir uns auf der Suche nach unserer eigenen Stimme nach innen begeben, wirkt die Kreativität sowohl verbindend als auch trennend, und weil das so ist, müssen wir den Mut aufbringen, in uns selbst unsere wahre Musik erklingen zu lassen und sie mit anderen zu teilen. Um das zu schaffen, nehme ich mir an meinen Arbeitsplatz oft Symbole mit, die mich an meine wohlwollendsten und positivsten Freunde erinnern. Es ist kein Zufall, daß ich in diesem Kapitel über Kreativität, Liebe und Risiko spreche. Kreativität ist ein Akt der Liebe, ein Akt der Verbindung, ein Akt des Teilens, und Kreativität erfordert ebenso wie die Liebe Risikobereitschaft. Wir verwechseln oft Kreativität mit Intellektualismus, aber das ist nicht dasselbe.

Rumi schreibt:

Liebende und Intellektuelle mischen sich nicht.
Wie kann sich das Unversehrte mit dem Versehrten mischen?
Zagende Geistmenschen schrecken zurück vor der toten Ameise:
Liebende, ganz unbefangen, stampfen Drachen zu Tode.

Der Intellekt sagt: »Die sechs Richtungen sind Grenzen: es gibt keinen Ausweg.«
Die Liebe sagt: »Es gibt einen Weg: Ich bin ihn tausendmal gegangen.«
Der Intellekt sieht den Markt und beginnt zu feilschen.
Die Liebe sieht Tausende von Märkten jenseits des einen.

Es ist diese letzte Zeile, über die ich sprechen möchte: »Die Liebe sieht Tausende von Märkten jenseits des einen.« Wenn wir an Kreativität denken, ähneln wir allzuoft Liebenden, die Angst davor haben, zu lieben. »Wohin soll das führen?« fragen wir. Oder: »Wohin wird mich das bringen?« Wir wollen, daß unsere Kreativität linear ist. Wir wollen, daß sie uns an ein Ziel bringt ... zum Erfolg. Anders ausgedrückt: Wir wollen Liebe ohne Risiko. Wir sehen den Markt, und wir wollen sofort feilschen.

»Wird sich das verkaufen?« Und: »Wird er/sie mich heiraten?« Das sind zwei überaus zielorientierte Herangehensweisen an Dinge, die eigentlich Prozesse sein und nicht nur in einem Endergebnis bestehen sollten. Wenn es uns gelingt, uns diesem Prozeß zu öffnen, erkennen wir oft, daß das Endergebnis, wenn auch unbeabsichtigt, meist besser ist als das, was wir ursprünglich erhofften.

Hazrat Inayat Khan schreibt: »Wenn jemand mich ins Herz trifft, bricht es nicht, sondern es zerbirst, und die Flammen, die aus ihm emporschlagen, werden zu einer Fackel, die meinen Weg erhellt.«

Wir Künstler sind in zweierlei Hinsicht »gehärtet«. Erstens durch unsere externe Erfahrung. Wir reisen, forschen, prüfen, vergleichen Aufzeichnungen und erzählen Geschichten. Das ist unsere sichtbare Reise. Die zweite Härtung ist eine innerliche. Sie rührt von der seelischen Reise her, die wir unternehmen, während wir die Wahrheit unserer äußeren Erfahrung vor dem Hintergrund unserer inneren Landschaft prüfen. Diese unsichtbare Reise ist eine Erfahrung der Resonanz.

Wir prüfen alles in unserem Inneren: Wir sieben den Sand und scheiden das Gold vom tauben Gestein. Das meint die englische Sprache, wenn sie sagt, daß ein Künstler »a body of work« (wörtlich: einen *Körper* Arbeit) vor sich hat. Unsere Arbeit ist der Körper unserer Erfahrung. Sie ist letzten Endes auch »the body of evidence« (wörtlich: der Beweis*körper*), den wir unseren Reisegefährten vorzeigen können, um zu beweisen, daß wir die Arbeit geleistet haben, und vor allem, daß es möglich ist, diese Arbeit zu leisten. Wenn wir gelernt haben, auf den Klang unserer wahren Musik zu lauschen, kommen wir im buchstäblichen Sinn dahin, unsere Wahrheit zu verkörpern.

Wenn ich vor meiner eigenen Kreativität Angst habe (man könnte auch sagen: vor meiner eigenen Leidenschaft), wende ich mich der Leidenschaft und der Kreativität anderer zu, deren Herzen zu Musik zerborsten sind, und ich lasse mir sie meinen Weg für mich beleuchten.

Übung: Einen Klangschild bauen

In New-Age-Kreisen wird viel darüber gesprochen, Licht als Selbstschutz zu verwenden, wenn man sich in einer negativen Umgebung befindet. So sollen wir uns vorstellen, von weißem Licht (blauem bei den Tibetern) umgeben oder von nach außen weisenden Spiegeln bedeckt zu sein, die negative Energie an ihren Sender zurückstrahlen. Meiner eigenen Erfahrung nach sind aber Klänge, innere Lieder, eine viel wirksamere Barriere. Sie dienen mir auch als Leiter, an der ich emporklettern kann, wenn ich eine größere spirituelle Höhe brauche. Wahrscheinlich sollte ich an dieser Stelle sagen, daß man sich Licht auch als verdichteten Klang vorstellen kann. So sprechen wir hier eigentlich von nichts anderem als davon, daß wir an der Quelle beginnen und zulassen müssen, daß der Klang unsere Last leichter und *lichter* macht.

Wenn ich mich provoziert fühle, nehme ich eine Anleihe bei Rodgers und Hammerstein, und anstatt zu pfeifen, nehme ich irgendeine kleine Melodie und reime mir meinen Weg aus dem Ärgernis hinaus.

Du machst mich nicht wütend.
Nein, das schaffst du nicht.
Du machst mich nicht traurig,
verstellst mir nicht die Sicht.
Sei böse, wenn du mußt.
Du machst mich nicht düster,
behalt deinen Frust.

Reime wie diese sind erstaunlich leicht zu machen, sobald man einen Rhythmus hat. Sie können diese Technik zu Hause ein wenig üben. Das Lied, das Sie zum Reimen verwenden, braucht nicht von Ihnen zu stammen.
Was tun wir hier eigentlich? Nun, wir entwickeln ein persönliches Mantra, das als wirksame Barriere gegen schlechte Schwingungen wirkt. Da viele Reime, die einem spontan einfallen, lustig sind, besitzt der Klangschild den zusätzlichen Vorteil, daß er unsere Stimmung erhellt und unsere Aufmerksamkeit von dem angeblichen Feind oder Gegner ablenkt. Auch die Tatsache, daß wir jedesmal, wenn wir feindselige Gedanken hegen, an den Energiepegel des anderen gekettet sind, ist für mich ein Grund, den Klangschild zu verwenden.

Übung: Ein Gefühl der Sicherheit

Suchen Sie sich ein Musikstück, das Ihnen das absolute Gefühl der Sicherheit gibt. Für mich ist das *The Yearning* von Michael Hoppé mit Tim Wheaters unvergleichlichem Flötenspiel. Hoppé selbst hört zu demselben Zweck Mozart, weil »Mozart uns immer auf ein Abenteuer entführt, uns aber sicher nach Hause bringt«. Ein weiteres Musikstück, das ich liebe, ist *Edges of the Soul* von Harold Moses.
Bitte akzeptieren Sie Ihre Sicherheitsmusik, und beurteilen Sie Ihre Wahl nicht! Meine Generation wuchs mit der Melodie von Rodgers und Hammerstein auf:

Make believe you're brave
And the trick will take you far
You may be as brave
As you make believe you are ...

(Tu so, als wärst du tapfer.
Das ist die beste List.
Du bist genauso tapfer
wie du glaubst, daß du es bist ...)

Seien Sie nicht überrascht, wenn so etwas oder etwas Ähnliches an die Oberfläche kommt! Sie können auch ein Lied aus Ihrer Kindheit verwenden. Lieder, mit denen wir als kleine Kinder beruhigt wurden, haben auch noch im Erwachsenenalter eine tröstliche Wirkung. Weihnachtslieder mit ihren freudigen Assoziationen wirken bei manchen Leuten ebenfalls. Andere wieder empfinden Musik ohne vertraute kulturelle Assoziationen als tröstlich. Als ich in London lebte, machte ich die Bekanntschaft einer ganz besonderen Gruppe namens Tuu, die tibetische Klangschalen und chinesische Schlaginstrumente verwendete. Ihre Musik vermittelte mir ein Gefühl großer Ruhe und wirkte sehr erweiternd auf mich.

Übung: Auf Nummer Sicher gehen

Hören Sie sich Ihre Sicherheitsmusik an und schreiben Sie zwanzig Minuten lang ungehemmt über die Risiken,

die Sie gerne eingehen würden. Ich habe da einen kleinen Trick: Solange ich meine Hand in Bewegung halte, bewegen sich auch meine Gedanken.
Eine weitere einfache Methode für diese Übung besteht darin, daß Sie jeden Satz mit der Phrase »das wünsche ich mir« enden lassen. Die Monotonie dieser Technik wird Sie einerseits schier zum Wahnsinn treiben und andererseits auf unbekanntes Terrain vordringen lassen.

Übung: Erweitern Sie Ihr Licht mit Klang

Manchmal hilft es, sich Imagi-Nation als einen Ort vorzustellen, an den wir gelangen, indem wir eine Brücke überqueren oder einen Brunnenschacht oder Tunnel hinunterfallen. Manche Leute gelangen dorthin, indem sie eine Leiter oder eine Treppe hochsteigen. Wie Sie sich den Zugang auch vorstellen – Musik hilft Ihnen dabei auf alle Fälle.
Mein Freund Paul Pascarella, ein wundervoller Maler, erzählte mir, daß er einen ganz bestimmten repetitiven Song von Laurie Anderson verwendete, als er nach dem »Fenster«, wie er es nannte, Ausschau hielt. Das Fenster sollte ihm den Weg zu der Büffelserie öffnen, die er gerade malte. Jeden Abend legte er sich den Song auf und tanzte so lange, bis er spürte, daß sich sein Bewußtsein veränderte. (Durch Tanzen können Sie die Brücke noch schneller überschreiten.)
Wie inzwischen wahrscheinlich bereits klar ist, handelt es sich hier im wesentlichen um schamanische Techni-

ken, auf die viele Künstler intuitiv stoßen, die aber auch bewußt eingesetzt werden können. Eine meiner Freundinnen fragte mich vor kurzem, was denn das genau sei, ein Schamane. Ich erklärte es so: Ein Schamane ist jemand, der sich in andere Bewußtseinsbereiche begibt, um dem Stamm Heilung zu bringen. Das, so glaube ich, ist auch eine gute Definition eines Künstlers. Wir sind Heiler, die im Namen der Gesellschaft in den verschiedenen Sphären von Imagi-Nation unterwegs sind, wo wir auf Bilder und Wahrheiten stoßen, die wir dann über unsere Kunst mitteilen. Wie alle Schamanen verwenden wir den Klang als eines unserer wesentlichsten Reisevehikel.

So verwende ich neben Wheaters Musik wie *Whale Song*, *Green Dream*, *Timeless* oder meiner eigenen Musik auch Mickey Harts *Music To Be Born* als Brücke. (Hart komponierte diese Musik zur Unterstützung der Geburt seines Sohnes, und ich verwende sie, um die Produkte meines kreativen Denkens zu gebären.)

Wunderbare Dienste leistet mir auch amerikanisch-indianische Flötenmusik wie *Ritual Mesa*, *Journeys* oder *Migration*. Darüber hinaus verwende ich Gabrielle Roths *Trance*, das Percussion-Band der *Global Meditation*-Serie von *Sound True* und ganz normale Trommelmusik wie *Drums of Passion* von Babatunde Olatunji oder die schamanische Reisemusik von Michael Harner und Ed Gross.

Experimentieren Sie in dieser Woche mit musikalischen Rhythmen, die Sie nach Imagi-Nation bringen. Denken Sie als erstes an ein Thema oder ein Projekt, an dem Sie gern arbeiten möchten. Planen Sie zwanzig Minuten ein, indem Sie das Thema oder kreative Projekt Ihrer Wahl in Gedanken erforschen und erweitern.

Ein einfacher Rhythmus wie der eines Metronoms reicht aus, um eine Klangreise zu unternehmen. Ein schnelles, gleichmäßiges Ticken oder Trommeln ist alles, was Sie brauchen. (Der schamanische Zustand wird mit der Alpha-Gehirnfrequenz von sieben bis dreizehn Zyklen pro Sekunde assoziiert. Wenn Sie so schnell wie möglich vor sich hersagen: »Eins, zwei, drei, vier, eins, zwei, drei, vier« oder »tick, tick, tick, tick«, befinden Sie sich im richtigen Bereich.)

Wenn ein Freund für Sie trommelt, vereinbaren Sie vorher ein »Rückrufsignal«. Beim Autofahren sollten Sie sich aus Sicherheitsgründen keine schamanischen Bänder anhören. Wenn Sie mit einem Metronom oder mit einer Trommel arbeiten, stellen Sie sich einen leisen Wecker, um »zurückzukommen«.

Eine letzte Erklärung zu dem, was Sie hier tun, bietet Ihnen der folgende kurze Auszug aus Michael Drakes ausgezeichnetem Buch *The Shamanic Dream*:

Der Puls der Trommel synchronisiert die rechte und die linke Gehirnhälfte. Wenn die beiden Gehirnhälften gemeinsam zu pulsieren beginnen, vollzieht sich tatsächlich eine Veränderung in der Physiologie der Gehirnwellen, die einen erhöhten Bewußtseinsstand herbeiführt. Das Bewußtsein wird bis zur Ekstase erweitert – die Göttliche Resonanzoktave. Sobald die göttliche Frequenz eingestellt ist, öffnet sich der Zugang zu multidimensionalen Bewußtseins- und Weisheitserweiterungen.

Diese Realitäten dienen in dieser Dimension als Werkzeuge. Auf solche Weise baut der Schamane eine Brükke, die Erde und Himmel verbindet – das spirituelle Reich über uns und das physische Reich zu unseren Füßen.
Der ätherische Regenbogen, der sich hoch in den Himmel erhebt, symbolisiert diese harmonische Vereinigung von Körper und Seele ... Das Trommeln baut die Regenbogenbrücke wieder auf.
Wenn Sie mit diesem Werkzeug arbeiten, ist es ratsam, ein Tagebuch zu führen, in das Sie Ihre subtilen Reiseeindrücke eintragen.

Aufbruch

Beim Verlassen des Reichs der Klänge wird Ihnen vielleicht etwas Mysteriöses und Erfreuliches auffallen: Die Werkzeuge, die Sie in diesem Reich benutzt haben, werden Sie noch stärker als die Werkzeuge der anderen Reiche auf Ihrem weiteren Weg begleiten. Der Klang ist gleichzeitig das transportabelste und in seiner Wirkung allumfassendste aller kreativen Werkzeuge. Selbst wenn in Ihrer Seele Finsternis herrscht, können Sie ein spirituelles Lied singen oder sich mit einem Wiegenlied trösten und beruhigen. Denken Sie an die Worte des Komponisten Steven Halpern: »Der Klang ist die tragende Welle des Bewußtseins.« Gehen wir die Werkzeuge noch einmal durch, die Sie in diesem Kapitel verwendet haben:

Durch spirituelle Lieder lernten Sie, Gefühle zu beleben und zu heben. Sie verfaßten ein eigenes Wiegenlied (das erste von vielen, wie ich hoffe), um sich zu trösten und zu beruhigen. Sie lernten, Ihre Umgebung mit Klängen zu durchspülen, eine Klangrunde zu gründen und die Energie der Gruppe zu aktivieren. Sie praktizierten das Schweigen, erzeugten einen Klangschild und wählten Ihre ganz persönliche Sicherheits- und Erweiterungsmusik. Sie lernten, nach Art der Schamanen zu »reisen« und den Klang als Ihr Tor ins Reich der Imagi-Nation zu verwenden. Kurz gesagt, lernten Sie, Klänge zu einem wichtigen Bestandteil Ihres Lebens zu machen – zum »Schlag« im »Herzschlag«.

Wenn Sie nun ins Reich der Einstellung weitergehen, werden Ihnen alle diese Werkzeuge gute Dienste leisten. Vergessen Sie nicht, täglich Ihren Gang zu machen, denn er dient Ihnen dazu, all das Neue zu verarbeiten.

Das Reich
der Einstellung

Ich habe dieses Reich zwar das »Reich der Einstellung« genannt, aber ich hätte es ebensogut »Reich der Erhebung« nennen können. Wir befinden uns auf unserer Pilgerreise an einem Punkt, an dem unser Bewußtseinsniveau gehoben werden muß, wenn wir unsere spirituelle Reise zu einem befriedigenden Ende bringen wollen. Bestimmend für unser spirituelles Niveau ist unsere Einstellung. Wenn wir in Groll, Angst und Feindseligkeit verharren, werden wir Ereignisse und Menschen durch diesen negativen Filter betrachten und auch entsprechend agieren oder, besser gesagt, reagieren. Die Last unserer negativen Einstellung wird uns niederdrücken. Das können wir uns auf unserer kreativen Pilgerreise nicht leisten.

Unsere Einstellung ist entscheidend dafür, ob wir Schwierigkeiten als Rückschläge betrachten oder aber als Lektionen, Chancen und Herausforderungen. Unsere Einstellung gestattet es uns, Mitgefühl mit uns selbst zu haben, oder sie zwingt uns, perfektionistische Ansprüche an unsere Leistungen zu stellen. Es ist bemerkenswert, daß in den frühen Arbeiten eines Künstlers oft Wut und Groll spürbar sind, während sich die späteren Werke durch eine größere Leichtigkeit und Subtilität auszeichnen.

Im Reich der Einstellung werden wir eine Reihe von »Einstellungsanpassungen« durchführen, die es uns ermöglichen, mit leichterem Herzen an unsere kreativen Vorhaben heranzugehen. Die Übungen dieses Reichs sind auf eine ganz andere Weise herausfordernd als die der vorherigen Kapitel. Sie sind spielerischer und machen keine »Arbeit«. Die Skeptikerin in Ihnen wird entrüstet protestieren! Picasso sagte einmal, daß alle Kinder geborene Künstler seien und daß es darum ginge, sich dieses Künstlertum zu erhalten. Genau das wollen wir mit diesen spielerischen Übungen erreichen.

Der Lohn der Geduld

Es kann sein, daß Sie bereits mein Ansinnen, diesen Abschnitt mit einem Aufsatz über Geduld zu beginnen, als Geduldsprobe empfinden. »Bin ich nicht schon die ganze Zeit geduldig? Ich will doch weiterkommen!« denken Sie vielleicht. Nun, Geduld zu lernen bedeutet genau das: weiterzukommen.

Vielleicht kennen Sie die Geschichte von dem Goldwäscher, der jahrelang mit einer kümmerlichen Ausbeute vorliebnehmen mußte, aber nie die Hoffnung aufgab, einmal das Nugget seines Lebens zu finden. Vereinsamt und allein, entmutigt von seinen mageren Funden, entschloß er sich schließlich, seine Suche aufzugeben. Zuerst wollte er aber noch die Arbeit des Tages beenden. Den ganzen Nachmittag hörte er in sich die lockende Stimme: »Du willst ohnehin aufhören. Pack doch gleich ein«, aber die Jahre hatten ihn gelehrt, das zu vollenden, was er begonnen hatte, und so setzte er seine Arbeit langsam und methodisch fort. Und als er das Sieb zum letzten Mal in die Höhe hielt, um seinen Inhalt zu begutachten, lag darin ein riesiges Nugget!

Wir leben in einer Gesellschaft, die Ergebnisse erwartet, und wir haben uns angewöhnt, Prozeß und Produkt miteinander zu verwechseln. Wir wollen kreative »Instant«-Karrieren. Presto, presto! Du bist Künstler! Der Beweis? Der hohe Preis deiner Arbeiten und deine Popularität.

Anstatt nur um der Freude willen zu schaffen (oder zu reproduzieren), konzentrieren wir uns von vornherein auf die materiellen Belohnungen. Wenn wir in unserer erfolgsorientierten Kultur jemandem erzählen, daß wir einen Roman geschrieben haben, werden wir höchstwahrscheinlich sofort gefragt: »Und haben Sie schon einen Verleger?« (Das ist etwa so, als würde man einem abgekämpften Marathonläufer die Frage stellen: »Und? Haben Sie gewonnen?«)

Wir sind so abhängig von dem »Gütesiegel«, das die Verkaufszahlen unserer Arbeit aufprägen, daß wir einen Roman erst dann zu lesen bereit sind, wenn jemand (jemand anderer!) ihn der Veröffentlichung für wert befunden hat. Wir schreiben für die Veröffentlichung, und wir malen für den Verkauf – und nicht etwa zum Vergnügen oder um unser Bewußtsein zu erweitern. Ein solches Denken ist giftig, wenn man dabei überhaupt von Denken sprechen kann.

Vielleicht sollten wir uns vor Augen führen, daß das englische Wort für Kunst – »art« – eine Form des Worts für »sein« – to be – ist (altenglisch: thou art – du bist). Viele meinen immer noch, daß es so etwas wie einen echten Künstler gibt und daß sie »eines Tages« einer werden könnten. Meiner Meinung nach sind Sie ein echter Künstler, sobald Sie Kunst machen. Mit der Zeit werden Sie in Ihrer Kunstrichtung besser und geschickter werden, aber darum geht es nicht so sehr. Was tut ein echter Künstler? Er macht Kunst. Sobald Sie Kunst schaffen, selbst wenn es Anfängerkunst ist, sind Sie ein echter Künstler – jedenfalls an dem Tag, an dem Sie Kunst machen. Und dieser Tag, die sich ansammelnden Tage und die sich ansammelnden Erfahrungen sind alles, was wir sicher haben. Zollen Sie sich daher Anerkennung für Ihre Arbeit.

Ein echter Künstler zu sein hat nichts damit zu tun, verlegt, in einer Galerie ausgestellt oder für die Hauptrolle eines Films engagiert zu werden. Ich wollte, es wäre anders. Dann könnten wir diese Frage ein für allemal lösen. In Wahrheit wurden einige meiner besten Werke nie gekauft, aber viele meiner weniger guten sehr wohl. Die Tatsache, daß ich weiterarbeite – gut, schlecht, gemischt –, macht mich zu dem, was ich bin: eine Schriftstellerin. Schriftsteller schreiben. Gelegentlich, wenn auch nicht immer, schreiben sie gut.

(Damit will ich nicht sagen, daß Künstler nicht nach Vollkommenheit streben oder hoffen sollten, sie zu erreichen. Wir dürfen nur nicht zulassen, daß uns das »Ziel« daran hindert, den Pfeil überhaupt erst abzuschießen.) Nicht die Einheitlichkeit in der Qualität meines Schreibens macht mich zur Schriftstellerin, sondern die Tatsache, daß ich kontinuierlich schreibe.

Irgendwie geht diese Tatsache im allgemeinen Tohuwabohu oft unter. Die Perfektionistin in mir kann versuchen, den Prozeß durch Perfektion zu ersetzen. Damit gelingt es ihr vielleicht, meine innere Künstlerin so in Schach zu halten, daß sie bewegungsunfähig wird. Perfektion in der Kunst ist nicht nur nicht möglich, sondern sie ist auch nicht erstrebenswert. »Perfekte« Kunst wird sehr rasch luftlos, trocken und tot. Und deshalb müssen wir geduldig mit uns selbst sein, geduldig mit unseren Unzulänglichkeiten.

Ich beobachtete die kreativen Prozesse bei mir selbst und

bei anderen und machte dabei eine Feststellung: Unabhängig von der Kunstform, die wir pflegen, arbeiten wir auf einem bestimmten Niveau. An irgendeinem Punkt kollabiert dann plötzlich die Syntax und bricht zu einem wirren Haufen zusammen (etwa so ... »$\#‰#&*!«). Dann fällt uns das Arbeiten eine Zeitlang wirklich schwer; und wir malen, spielen oder schreiben »schlecht«. Aber irgendwann verlagert sich plötzlich etwas, und die Arbeit wird auf einer ganz anderen Ebene wieder möglich. Hoffentlich auf einer höheren, aber jedenfalls auf einer anderen. Ich glaube, daß jeder, der lange und regelmäßig arbeitet, diese Anfälle kennt und gelernt hat, einfach durch sie hindurchzuarbeiten, vielleicht heulend und zähneknirschend, aber immer in dem Wissen, daß sich das Rad weiterdrehen wird.

Durch diese Perioden werden manche Leute aus der Bahn geworfen und geben ihre künstlerische Tätigkeit zu Recht oder auch zu Unrecht auf. Künstler zu sein bedeutet schließlich nicht unbedingt, gute Kunst zu machen, sondern eher, überhaupt Kunst zu machen. Noch einmal: Um als Künstler zu überleben, müssen Sie zumindest manchmal auch dazu bereit sein, ein »schlechter« Künstler zu sein.

Als Schriftstellerin bin ich etwa einem Textverarbeitungssystem vergleichbar. Geben Sie mir etwas zu schreiben, und ich werde es wahrscheinlich besser schreiben als jemand, der kein Schriftsteller ist. Manchmal werde ich exzellent schreiben und ein anderes Mal weniger gut. Auch ich habe meine guten und meine schlechten Zeiten.

Vor kurzem hatte ich bei dem Projekt, eine alte Arbeit umzuschreiben, ein schlechtes Gefühl. Na und? Es ist schließlich mein Beruf, solche Dinge zu tun. Es gibt da eine Überlebensregel: Verwechseln Sie nicht das Endergebnis mit dem Prozeß. Es ist der Prozeß, der uns Glaubwürdigkeit verleiht. Nur der Prozeß allein. (Und dieser Prozeß erfordert Geduld.) Als kreative Menschen müssen wir lernen, und daher: Übung, Geduld. Geduld ... Geduld ... Geduld ...

Damit meine ich nicht Passivität, mit der die Geduld oft verwechselt wird. Die Passivität hält uns davon ab, für unsere Arbeit zu kämpfen, und sie akzeptiert ein »Nein« als endgültige Antwort. Wir »passen«, was unser Wachstum und unsere eigene Person anbelangt. Geduld bedeutet nicht, Schwäche zu akzeptieren. Geduld ist der stille, langsame, tiefe Unterbau der Stärke. Und – das sollte ich noch hinzufügen – es ist schrecklich schwer, Geduld zu erlernen, und mitunter verzweifeln wir fast daran.

Wir kommen zu einer weiteren Überlebensregel: »Tun, nicht beurteilen.«

Je länger Sie kreativ tätig sind, desto stärker wird Ihnen bewußt, daß die Stimmung nichts mit Ihrer Arbeit zu tun hat. Künstler sind Verarbeiter des Lebens, und Meinungen sind ihr Fluch. An einem Tag werden wir mögen, was wir geschaffen haben, und an einem Tag (oder an mehreren Tagen) werden wir es hassen. Wenn Sie lange genug produktiv sind, werden Sie zu Ihrer Verwirrung feststellen, daß die guten Arbeiten und die schlechten oft gar nicht so weit auseinanderliegen. Tatsächlich werden Ihnen einige Ihrer schlechten Arbeiten ziemlich gut vorkommen. Und einige Ihrer guten ... nun ...

Also tun Sie's einfach. Seien Sie hartnäckig, und hören Sie nicht auf, denn Stimmungen sind eine flüchtige Sache, und Sie können dem, was sie Ihnen sagen, nicht vertrauen. Aber dem Prozeß können Sie vertrauen. Und der Prozeß ist der Lohn der Geduld.

Einer der Mythen über Künstler, die wir in uns tragen, lautet, daß ihnen die Fähigkeit zu intimen Beziehungen fehlt. Das stimmt nicht. Wir haben eine sehr intime, langfristige Beziehung, und zwar die zu unserer Arbeit. Mit der Zeit erfahren wir durch sorgfältiges Zuhören, durch unsere Aktivitätszyklen und durch unsere stillen Zeiten den Rhythmus unserer kreativen Natur. Das Erlernen dieses Rhythmus erfordert nicht nur Geduld, sondern ist gleichzeitig auch ihr Lohn. Und doch ist es geduldiger Glaube, nicht Instant-Inspiration, der sich an der Staffelei, am Schreibtisch, am Klavier zeigt. Es ist die Geduld, die am Gewohnten, Althergebrachten festhält, während sie mit einem Ohr die Umgebung nach Neuem absucht. Geduld toleriert kreative Mißgriffe, trotzt rauhem Wind und lernt aus Fehlern. »Habt keine Angst vor Fehlern, denn es gibt keine«, sagt Miles Davis.

Selbst der feurige Davis mußte Geduld lernen: Play it again, Sam, und vielleicht funktioniert es dieses Mal. Musik zu schreiben erfordert Geduld, und Geduld öffnet uns die Augen. Sie erlaubt uns, winzige Fortschritte zu erkennen und uns von ihnen ermutigen zu lassen. Sie ist es, die uns die Pinsel gründlich auswaschen läßt, und sie

ist es, die uns die Tagesarbeit noch einmal einer eingehenden Prüfung unterziehen läßt.
Ohne Geduld hat die Kurzgeschichte keine Chance. Wir sehen nicht, wohin sie sich entwickelt, und wir bleiben nicht lang genug am Ball, um es zu erfahren. Ohne Geduld wird das Gedicht beiseite gelegt, sobald der Rhythmus an einen toten Punkt gelangt. Ohne Geduld wird das Spiel zu reiner Arbeit, und wir beenden es, bevor es noch richtig begonnen hat.
Kreatives Wachstum ist kein linearer, stetig ansteigender Weg, der geradewegs in den Himmel führt. Solche Vorstellungen sind in das Reich des Wunschdenkens einzuordnen.
Die Geduld lehrt uns, durch Einbrüche durchzutauchen und daß jenseits des Versagens Belohnungen auf uns warten. In der Phase eines solchen Einbruchs sind wir verwundbar. Unser Stil verändert sich, er wird porös und formbar – das bedeutet, offen für Inspiration. Ohne Einbrüche wird unsere Arbeit steril und repetitiv – ein Produkt anstatt eines Prozesses.
»Mr. Edwards«, hörte ich einmal einen jungen, arroganten Kritiker Blake Edwards fragen: »Hatten Sie sich vorgenommen, einen schlechten Film zu drehen?«
Offensichtlich hatte der junge Mann keine Ahnung von Einbrüchen, geschweige denn von nachhaltiger Kreativität. Blake Edwards hat einige großartige Filme gemacht. Um das zu bewerkstelligen, muß ein Regisseur bereit sein, von Zeit zu Zeit einen schlechten Film in Kauf zu nehmen. Das gehört zu der Lernkurve, zum Prozeß.

Als eigensinnige, unwillige, trotzige Schülerin lernte ich nur langsam, daß Geduld eine Voraussetzung für das kreative Überleben ist. Wenn sich das Rad einmal gedreht hat, wird es das wieder tun, und wenn wir intensiv nachdenken, können wir uns an Zeiten erinnern, in denen sich unsere Geduld gelohnt hat.

Zwanzig Jahre lang arbeitete die Modedesignerin Jo Dean Tipton mit handgefärbten und handbemalten Seiden- und Baumwollstoffen. Jahrelang war ihr Geschäft ihr Zuhause, das bis in den letzten Winkel mit den Utensilien und Produkten ihrer Kreativität vollgestopft war. Dank ihrer Geduld besitzt sie jetzt sowohl ein neues Haus als auch ein neues Studio.

Zimmerpflanzen sind die besten Lehrmeister, wenn es um Geduld geht. Ich denke dabei an zwei wunderschöne Exemplare, die meinem Freund, einem Schriftsteller, gehören. Die Pflanzen bekam er als Setzlinge, als er seine Morgenseiten schrieb und davon träumte, große Bücher zu schreiben. »Die Mädels«, nannte er sie, als ob es sich um die in einem Baum gefangenen Nymphen griechischer Folklore handelte. »Die Mädels« sind heute längst keine Setzlinge mehr. Sie sind fast zwei Meter hoch, und der Schriftsteller arbeitet an seinem dritten Buch. Seine Geduld ermöglichte es den Pflanzen, sich langsam zu entwickeln. Und seine Geduld war es, die seine Bücher aufbaute, Entwurf für Entwurf.

Übung: Geduld

Denken Sie zurück an Ihre Lebenserzählung. Erinnern Sie sich an fünf Situationen in Ihrem Leben, in denen Ihnen Ihre Geduld gute Dienste leistete. Schreiben Sie einige Sätze über die Erfahrungen, die Sie jedesmal machten, und über die Tiefe und Stärke, die Sie dabei gewannen und die Sie für Ihr zukünftiges Leben gut gebrauchen konnten.

- Die Sonntage, an denen ich mit Domenica zum Ponyreiten ging und sie stundenlang im Schneckentempo herumführte. Heute, mit neunzehn, ist sie immer noch pferdenärrisch und eine ausgezeichnete Reiterin. Die Liebe zu den Pferden ist etwas, was wir immer gemeinsam haben werden.
- Die Stunden, die ich in das Erlernen von Notengrundkenntnissen investierte. Ich fühle mich nicht länger als Idiotin, wenn jemand von einem Viervierteltakt, von einer punktierten Halben oder einem Adagio spricht.

1. ______________________________
2. ______________________________
3. ______________________________
4. ______________________________
5. ______________________________

Nehmen Sie kleine Kärtchen und tragen Sie diese Situationen symbolisch ein. Suchen Sie dabei nach Bildern, die sie Ihnen unmittelbar ins Gedächtnis rufen. Wann immer Sie vor einer Aufgabe stehen, die Geduld erfordert, hängen oder legen Sie diese Kärtchen an eine Stelle, an der Sie sie sehen können. Ihre Präsenz erinnert Sie daran: Jawohl, ich kann kreatives Durchhaltevermögen aufbringen!

Übung: »Nur ein wenig« Geduld

Sehen Sie sich in Ihrem Haushalt um und wählen Sie einen Gegenstand aus, der viel besser aussehen würde, wenn er frisch gestrichen wäre. Es kann irgend etwas sein – vom abgelegten Schulbuch bis zu einem Stuhl oder den Rahmen Ihrer Küchenfenster. Entscheiden Sie sich nicht für ein größeres Projekt. Was wir hier erreichen wollen, sind (fast) sofortige Ergebnisse.
Gehen Sie in ein Farbengeschäft und nehmen Sie sich Muster von allen Farben mit, die Ihnen gefallen, nicht nur von jenen Farben, die für den Gegenstand, den Sie streichen wollen, »üblich« oder »passend« sind. Nehmen Sie diese Farbmuster mit nach Hause und wählen Sie eine Farbe für Ihr Projekt aus. (Die anderen Muster heben Sie sich für eine spätere Verwendung auf.) Nun kaufen Sie die Farbe und beginnen Sie zu malen.
Voilà! Da haben Sie den Lohn von »nur ein wenig« Geduld.

Mut

Mut ist eine notwendige Voraussetzung für Kreativität, aber keine so unabdingbare, wie wir zu glauben geneigt sind. Nur allzuoft verwechseln wir Mut mit Bequemlichkeit. Wir wollen paradoxerweise ein vertrautes, sicheres Gefühl haben, *bevor* wir etwas ausprobieren. Diese Vorstellung hat etwas rührend Kindliches. Die Obertöne, die hier anklingen, erinnern an Aladin und die Wunderlampe und sogar an Merlin.

So ist es:

»Eines Tages werden wir uns auf magische Weise sicher, geschützt und mächtig fühlen. Sobald das der Fall ist, fangen wir an, den Roman zu schreiben, Klavierstunden zu nehmen, den Schauspielunterricht zu besuchen ...«

Aber was, wenn wir uns nie so sicher fühlen? Nun, dann wird unser Leben mit Bedauern enden – Bedauern darüber, daß wir nie den Mut aufbrachten, diesen Roman zu schreiben, gleichgültig, ob gut, schlecht oder mittelmäßig, und Bedauern auch darüber, daß wir vor den Risiken eines Komödien-Improvisationsseminars, der Freude des Malens mit Wasserfarben, dem Spielen des Flohwalzers (oder vielleicht sogar eines Chopin-Walzers) auf dem Klavier zurückschreckten, weil wir Angst hatten, nicht »gut« zu sein.

Wenn wir nach dem Mut Ausschau halten, den wir für unsere Kreativität brauchen, dann halten wir typischerweise nach wesentlich mehr Ausschau, als eigentlich nötig wäre.

Auch wenn wir uns nur in einen Anfängerkurs für Videos einschreiben wollen, glauben wir schon, wir müßten die Kraft haben, einen Verriß von berüchtigten Kritikern zu überstehen. Anstatt uns zu erlauben, mit der Tonerde herumzuspielen, stellen wir uns im Geiste schon unsere hoffnungslos verpfuschten Figuren vor. Wir sagen uns, daß die Skulptur ohnehin eine veraltete Kunstform ist und daß wir deshalb nicht zu riskieren brauchen, daß unsere Werke bei Wettbewerben durchfallen. Wenn an unserem geistigen Auge eine Idee für ein Filmskript vorüberzieht, sagen wir uns: »Das Drehbuchschreiben lerne ich sowieso nie«, oder: »Welche Chance hat man schon, ein originelles Drehbuch zu verkaufen?«

Jedesmal, wenn wir uns um die Kritik anderer sorgen, jedesmal, wenn wir uns überlegen, welche Chancen wir überhaupt haben, begehen wir einen Akt des emotionalen Terrorismus. Eines ist gewiß: Die Chance, ein originelles Drehbuch zu verkaufen, ist viel höher, wenn man eines schreibt. Die Chance, ein guter Bildhauer (Schauspieler, Komiker, Maler) zu sein, ist viel größer, wenn man es sich gestattet, überhaupt einer zu sein. Anders ausgedrückt ist die einzige Art von Mut, die Sie wirklich brauchen, der Mut, zu beginnen.

Kreativität ist ein stufenweiser Prozeß, und das gilt auch für den Mut. Um mit dem Schreiben eines Romans zu beginnen, brauchen Sie nicht den Mut, eine negative Rezension auf der Seite eins zu lesen. Sie brauchen Papier und etwas zu schreiben. Dieses Etwas muß nicht der Computer sein, für dessen Anschaffung Sie vielleicht sechs Monate lang arbeiten müssen. Schriftsteller schreiben seit Jahrhunderten mit der Hand, und einige tun das immer noch.

Künstler sind notorisch abergläubisch, haben Glücksfedern, glückbringende Stifte, Pyjamas, Notizbücher, Cafés, Kellnerinnen, Kameras, kalligraphische Schnörkel, Pinsel und Schuhe. Denken Sie nur an Bette Midlers Bemerkung: »Gebt mir die richtigen Schuhe, und ich kann alles spielen.« Die meisten von uns haben dasselbe Gefühl, auch wenn jeder andere Totems verwendet.

Immer bereit, unsere kreative Kraft zu verleugnen, schreiben wir unsere Kreativität – und unseren Mut – jeder Quelle oder jedem Umstand zu, der sich gerade für eine Ausrede anbietet. Es ist das Leben in der Stadt oder das Leben auf dem Land, das wir brauchen, je nachdem, ob wir in der Stadt oder auf dem Land leben. Ein ruhiger Ort zum Schreiben, ein schönes Studio, zwei Monate Urlaub, ein Karenzjahr, ein Umzug in den Südwesten (oder nach St. Thomas) oder einfach eine Million Dollar auf der Bank ...

Die Liste ist endlos, und der Preis wird immer höher, je mehr wir darüber spekulieren, was uns eine sichere, komfortable Kreativität ermöglichen könnte. Wir phantasieren von einem Leben ohne Angst, und wie ein Kind sagen wir uns, daß ein echter Künstler ein solches Leben führt und keine Ängste hat.

Unsinn.

Was »echte Künstler« haben, ist Mut. Nicht unendlich viel, sondern gerade genug für den jeweiligen Tag. Kreativität reduziert sich genauso wie das Atmen auf die Frage: »Tust du es jetzt?« Die erstaunliche Wahrheit ist, daß es immer irgendeinen kleinen kreativen Akt gibt, für den wir den Mut aufbringen können. Wenn Sie Ihr Manuskript heute nicht zur Post tragen, können Sie es zumindest kopieren und den Umschlag adressieren. Vielleicht können Sie es morgen zur Post bringen. Auch wenn Sie heute kein neues Bild beginnen können, können Sie ein altes verbessern, eines grundieren und Ihre Pinsel auswaschen.

Wir geißeln uns selbst dafür, keinen Mut zu haben; in Wirklichkeit sollten wir uns aber zu unserer Vorstellungskraft gratulieren. Es erfordert nämlich eine beträchtliche Vorstellungskraft, die Kobolde heraufzubeschwören, die wir uns ausdenken. Obwohl viele Menschen vorgeben, unter Ideenmangel zu leiden, haben wir in Wirklichkeit alle jede Menge spezifische Ideen – sämtlich in Zusammenhang mit Katastrophen. Schon Jahre bevor ich in meinem ersten Film Regie führte, wußte ich definitiv, daß die Kritiker schreiben würden: *Exfrau von Regisseur macht nichtssagenden Kunstfilm.* Wer hat bei solchen Schlagzeilen schon Lust, sich kopfüber ins Filmgeschäft zu stürzen? Ich sicher nicht. (Den Film habe ich trotzdem gemacht.)

Viele Menschen wenden die Szenarien, die sie aus ihrem Liebesleben kennen, auch auf ihre Kreativität an. Und an dieser Stelle möchte ich sagen, daß kreative Energie und sexuelle Energie einander ähnlich sind. In beiden Fällen machte ich die Erfahrung, daß ich dachte: »Ach, mein Gott, das wird nie etwas ...«, nur um meine Meinung zu ändern, als sich Leidenschaft entwickelte und mich mitriß. Die Analogie mit der Sexualität ist nicht an den

Haaren herbeigezogen. Anorexie und sexuelle Verweigerung haben als Wurzeln dieselben Ängste – Angst vor Intimität, Angst vor dem Verletztwerden, Angst vor Versagen. Wenn Menschen mich fragen, wie das sei, eine »Kreativitätsexpertin« zu sein, antworte ich, daß es ganz ähnlich sei, wie sich wie Masters oder Johnson zu fühlen. Ich helfe den Menschen, das zu tun, was ihre Phantasie reizt. Ich empfehle ihnen dringend, langsam vorzugehen, in vorsichtigen, überschaubaren Schritten, anstatt sich mit völlig überdrehten Vorstellungen von Virtuosität und Kunststücken zu Tode zu ängstigen.

»Spaß haben? Wie kann ich Spaß an etwas haben, was mir solche Angst einjagt?« werde ich oft gefragt.

In diesen Fällen empfehle ich Bestechung. Es ist leichter, unser kreatives Selbst durch Belohnungen zu verführen, als es durch Einschüchterung oder ständiges Bitten und Flehen zu überzeugen. »Kauf die Marken, adressiere den Umschlag, leg ihn neben die Eingangstür, und dann darfst du Skateboard fahren gehen«, sage ich zu mir selbst. Oder: »Skizze zwischen halb sechs und halb sieben, und ich gehe mit dir um sieben zu der Show.«

Mut, so scheint es, hat eher mit Ermutigung zu tun als damit, uns selbst in halsbrecherische Aktivitäten hineinzuhetzen. Ich stelle mir mein kreatives Selbst als tolpatschiges Kleinkind vor. Das ist zwar kein so göttliches Selbstbild, wie es manchmal wünschenswert erscheinen mag, aber ein Gottesgeschenk, was die Kreativität anbelangt. »Nun komm schon, Julie. Du darfst mit dem Zug zum Grand Canyon fahren, wenn du dieses Buch zu Ende schreibst.«

Während ich diese Zeilen schreibe, sitze ich an Bord des *Southwest Chief*, fern von klingelnden Telefonen und anderen Ablenkungen. Ich habe mich erfolgreich bestochen. »Schreib heute von Sonnenuntergang bis zum Schlafengehen. Dann kannst du ein neues Buch lesen, den ganzen Vormittag durch die Wüste fahren, und du brauchst morgen nicht länger als eine Stunde zu schreiben.«

Wenn Ihnen das mit der Bestechung als ein allzu billiger Trick erscheint, denken Sie bitte daran, daß billige Tricks meist funktionieren und daß wir hier Werkzeuge suchen, die uns an unser Ziel bringen, und nicht solche, die gut aussehen und gut klingen, aber versagen. Mut hat letzten Endes nichts mit Gefühl und alles mit Handeln zu tun.

Interessiert es uns, ob der Feuerwehrmann, der in das brennende Haus stürmte und das Kind rettete, Angst hatte? Eigentlich nicht. Die Angst verleiht dem Heroismus zwar einen zusätzlichen Reiz, aber es ist die Handlung, die uns interessiert: Das Kind wurde gerettet. Bei unserer kreativen Selbstheilung sind es die Kinder unseres Geistes, die wir retten. Alle kreativen Ideen sind Kinder, die unseren Schutz brauchen.

In dem Bestreben, ihnen diesen Schutz zuteil werden zu lassen, ist es nützlich, uns den Zusammenhang zwischen einem anderen Wort für Mut – Courage – und seinem französischen Ursprung – cœur (Herz) – vor Augen zu führen. Wir müssen unsere kreativen Kinder und uns selbst lieben. Wenn wir unser kreatives Selbst sanft und liebevoll behandeln, können wir fast immer mutig handeln.

Übung: Tanzen Sie einen Power-Tanz

Wenn wir uns irgendeinen Helden vorstellen, sagen wir oft: »Er verkörpert Mut.« Das ist wörtlich zu verstehen. Wir können Mut wie jeden anderen Charakterzug über unseren Körper in unser Leben rufen. Bei dieser Übung werden Sie Ihren Körper dazu verwenden, Ihren Geist aufzuwecken. Nennen Sie fünf Dinge, die Sie tun würden, wenn sie nicht so »riskant« wären.

- Allein in auf Urlaub fahren.
- An einem Kurs in Bühnendichtung teilnehmen.
- Ihre Schwester bitten, Sie nicht jeden Abend anzurufen und sich über ihren Freund zu beschweren.

1. ____
2. ____
3. ____
4. ____
5. ____

Wählen Sie aus der obigen Liste ein Risiko. Ziehen Sie sich etwas Bequemes an – ein Pyjama ist ideal. Legen Sie sich Musik auf, die Sie zum Tanzen inspiriert. Bei manchen ist das ein Walzer, bei anderen Salsa, wieder andere lieben afrikanische oder amerikanisch-indianische Trommelmusik mit einem starken, vorwärtstreibenden Beat. Nun tanzen Sie das Risiko. Stellen Sie sich vor, wie Sie auf Hawaii auf Urlaub sind, wie Sie einen Dichterwettbewerb gewinnen.

Tanzen, tanzen, tanzen ... Tanzen Sie so lange, bis Sie die Kraft Ihres Körpers und Ihres Geistes tatsächlich in das Risiko hineingetanzt haben, das Sie in Betracht ziehen. Wir meinen oft, uns unseren Weg durch Blockaden erzwingen zu müssen, daß wir nicht daran denken, daß wir ihn uns auch ertanzen können. Bedenken Sie, daß die Veränderung ihren Ausgang in Imagi-Nation nimmt. Wenn Sie sich erfolgreich vorstellen können, wie Sie dort etwas tun, können Sie es auch im normalen Leben viel leichter umsetzen.

Kinderschritte

Der Drummer Mickey Hart sagt: »Das Abenteuer fängt an, sobald du einen Schritt in den Wald hineingehst. Dieser erste Schritt ist ein Akt des Glaubens.«

Damit hat Hart recht, aber ich würde sagen, alle Schritte, die wir setzen, sind ein Akt des Glaubens. Wir bekommen lediglich mit der Zeit mehr Übung. Das Kleinkind wagt sich weg vom sicheren Sofa und tapst in die Mitte des Raumes. Ein Wirtschaftsautor setzt Segel und löst sich von den soliden, bequemen Fakten, um einen ersten Schritt in das Reich der Romanliteratur zu wagen. Worin besteht der Unterschied? Das ist ganz klar: Ein Kleinkind hat keine von Vorurteilen geprägten Erfahrungen und ist von jedem kleinen Erfolg begeistert. Ein Erwachsener, der sich auf neues, kreatives Terrain vorwagt, muß einen Berg von Selbstbeurteilungen und Erwartungen überwinden.

»Ich möchte mich doch nicht zum Narren machen«, denken wir. Stellen Sie sich vor, ein Kind müßte seine ersten Schritte bei einem derart kritischen Feedback machen.

»Niemals! Ich bleibe, wo ich bin, und tue weiterhin das, was ich schon kann. Ich klammere mich an diesem Sofa fest ... äh ... an diesem Job, meine ich.«

In unserem Kulturkreis orientieren wir uns an Ergebnissen, nicht an den Belohnungen von Risiken. Alles, was wert ist, getan zu werden, ist wert, zumindest schlecht getan zu werden. Aber das sagen wir uns nicht. Stattdessen beten wir eine Litanei selbsterniedrigender Mantras herunter, die allesamt nichts anderes bewirken, als daß sie uns bei Schritt eins oder sogar noch vorher steckenbleiben lassen.

»Das ziehst du nie durch«, sagen wir uns. »Wie dumm von dir, dich in diesen Kurs einzuschreiben. Was glaubst du eigentlich, wer du bist – du willst einfach versuchen, einen Roman zu schreiben?«

Die meisten von uns gehen an kreative Risiken mit derselben Selbstsicherheit heran wie ein schüchterner Teenager, der bei einem Basketballspiel an der mit johlenden Zuschauern besetzten Tribüne vorüber muß. Wir *wissen* einfach, daß wir uns zum Narren machen werden. In einem kulturellen Klima, in dem Filme wie im römischen Kolosseum mit nach oben gerecktem oder mit gesenktem Daumen beurteilt werden, sind Lernkurven nicht erlaubt. Ein hoffnungsvoller junger Filmemacher, der die Anfängerwerke von Spielberg, Lucas, Scorsese oder Coppola nie gesehen hat, vergleicht seine Studentenarbeiten mit den Meisterwerken dieser Regisseure. Ist es denn ein Wunder, daß die Entmutigung so schnell kommt?

Vor zehn Jahren arbeitete ich an einer prestigeträchtigen Filmschule, zu deren Lehrern einige bekannte Filmemacher zählten. Ich fand, daß wir unseren Studenten einige unserer frühen, oft schrecklich schlechten Arbeiten zeigen sollten. Meine Kollegen waren entsetzt.

»Aber Julia!« invertierten sie. »Wenn sie die sehen, werden sie nie Respekt vor uns haben!«

»Aber sicher werden sie das. Sie werden wissen, daß wir

genau das durchgemacht haben, was sie jetzt durchmachen – und wir haben ihnen die Wahrheit gezeigt.«

»Nun ...«

Es gelang mir nicht, von meinen Kollegen genug Unterstützung für ein ganzes Festival zu bekommen, aber wir entschlossen uns zumindest, einige berühmte Regisseure um ihre frühen Arbeiten zu bitten. Die meisten kamen unserem Wunsch mit Freuden nach. Nun wurden ihre Filme Seite an Seite mit denen der Mitglieder des Lehrkörpers gezeigt, und es entspann sich ein Wettkampf darum, wessen Arbeit am holprigsten war. Natürlich fanden wir auch immer wieder ein Körnchen Gold, aber ich werde nie vergessen, wie die Stimmung im Saal war, als die Studenten erkannten, daß alle Künstler eine Lernkurve haben. Zum ersten Mal fühlten sich viele von ihnen frei genug, um trotz der Möglichkeit eines Fehlschlags einen Versuch zu wagen. Ohne die Freiheit, zu versagen, ist echter kreativer Erfolg nicht möglich. Arbeit, die Fehler vermeidet, vermeidet das Risiko, und sichere Arbeit ist per definitionem langweilig.

Fragen Sie sich: Wenn ich mir erlaube, Kinderschritte zu machen, was möchte ich dann gern versuchen?

Als Pamela bei mir Unterricht zu nehmen begann, war sie eine altgediente Journalistin, die sich dafür interessierte, Filmdrehbücher zu schreiben. Die Schwarzweißmalerei ihrer konservativen Großstadtzeitung ließ wenig Raum für eine Reflexion der Nuancen und Schattierungen, die ihr Leben als schwarze amerikanische Autorin prägten. Für Pamela, bis zu ihren fein geschwungenen Augenbrauen eine Dame – und noch dazu eine brillante –, waren rassistische Vorurteile eine tägliche Erfahrung, und zwar eine unerträgliche. Obwohl sie begabt war, glaubten viele ihrer Kollegen, sie sei ihrer Hautfarbe wegen und nicht wegen ihrer Texte eingestellt worden. Sie brauchte ein Ventil für ihre Kreativität und ihre Frustration, und sie meinte, daß das Schreiben von Drehbüchern das richtige sein könnte.

Pamela und zwei Dutzend andere skeptische Erwachsene arrangierten ein Treffen an den Zeichentischen von *Chicago Filmmakers*, einer ehrwürdigen Filmemacherkooperative. Dort wollten sie sich mit meiner Hilfe von Möchtegern-Drehbuchautoren in echte verwandeln.

»Was wir in diesem Seminar tun werden, ist, zu schreiben«, warnte ich. »Wir werden nicht über Filme sprechen, sondern wir werden Drehbücher schreiben. Ich will euch jetzt sagen, wie ...«

»Aber Julia!« kamen die vorhersehbaren Protestrufe, als ich vor dem Beginn des Schreibens Morgenseiten, künstlerische Stelldicheins und andere, blockadenlösende Werkzeuge verordnete.

»Aber Julia, was?« fragte ich zurück.

»Glauben Sie wirklich ...?«

»Ja.«

»Aber ich will das schon seit Jahren tun und habe es nie getan. Worin liegt das Geheimnis?«

Ich beugte mich nach vorn und verriet ihnen das Geheimnis.

»Kinderschritte.«

»Kinderschritte?«

»Ja. Wenn man ein gutes Drehbuch schreiben will, muß

man bereit sein, ein schlechtes zu schreiben. In dem Augenblick, in dem Sie bereit sind, schlecht zu schreiben, werden Sie fähig sein, zu schreiben«, versprach ich. »Und Sie werden es so tun, wie Sie Ihre Morgenseiten schreiben – eines nach dem anderen.«

Pamela warf den Kopf zurück. In ihren Augen glitzerte Begeisterung.

»Die Bezeichnung ›Rohentwurf‹ hat ihren guten Grund«, fuhr ich fort.

Inzwischen nickte Pamela ein begeistertes Ja: Kapiert, kapiert, kapiert.

Der Rohentwurf für Pamelas erstes Drehbuch, *Natchez*, war genau das: ein Rohentwurf. Es war ein riesiger, wackeliger Kinderschritt nach vorn. Der zweite und dritte Entwurf waren Verbesserungen – viele weitere Kinderschritte. In der endgültigen Fassung gewann *Natchez* den dritten Preis eines nationalen Autorenwettbewerbs für Drehbücher. Zu diesem Zeitpunkt tat Pamela bereits ihre ersten Kinderschritte als Theaterautorin. Innerhalb eines Jahres hatte sie eine One-woman-Show auf die Beine gestellt, die großen Anklang fand.

Ob Sie nun an ein Theaterstück, an Klavierstunden, einen Jobwechsel oder einen Roman, an ein Fernsehspiel oder an eine Karriere als Bildhauerin denken: Kinderschritte sind das Mittel der Wahl. Mit ihnen kommen Sie weiter, als Sie es sich je hätten träumen lassen.

Denken Sie daran, wie kunst- und künstlerfeindlich unsere Kultur ist. Kreative Persönlichkeiten werden oft in Zwangsjacken gepreßt und gewungen, ihre Kreativität in einem sehr engen Bereich auszuleben. In gewisser

Weise sind wir alle in unserem Lernen gestört, wenn es darum geht, unser kreatives Potential zu erkennen. Wenn festgestellt wird, daß jemand an Dyslexie (Lesestörung) leidet, dann wird ihm unter anderem Krabbeln und Kriechen verordnet, denn damit wird der Kleinkindteil des Gehirns nachprogrammiert. Genau das werden wir auch mit unserer Kreativität tun. Ohne uns selbst zu einer bestimmten Art von Künstler zu erklären, werden wir alle Arten von Kinderschritten tun. Vielleicht stellen wir dann fest, daß sich unsere Kreativität wie eine vielköpfige Hydra in verschiedenste Richtungen entwickelt. Inzwischen ist Pamela nicht nur eine anerkannte Journalistin, sondern auch eine erfahrene Autorin von Fernsehspielen und Theaterstücken. Ihre Bereitschaft zu versagen – Kinderschritte zu machen und hinzufallen – gab ihr die Freiheit, Erfolg zu haben. Ihre Kinderschritte führten sie in den Wald, in dem das Abenteuer seinen Lauf nahm.

Übung: Haus spielen

Eines der Dinge, die wir als Kinder oft tun, ist »Haus spielen«. Ich möchte Sie hier bitten, das auf Papier noch einmal zu tun. Indem Sie einen Kinderschritt nach dem anderen machen, erhalten Sie einen Plan, der es Ihnen ermöglicht, sich ein kreativeres Leben aufzubauen. So wird das Spiel gespielt: Gehen Sie in einen Laden und besorgen Sie sich folgendes:

- Ölkreiden,
- Marker,
- Modellierton,
- Wasserfarben,
- Acrylfarben.

Nun reservieren Sie sich eine halbe Stunde und fertigen mit Hilfe dieser Utensilien eine kleine Zeichnung eines Hauses an. Was Sie da zeichnen, ist Ihr emotionales Haus, ein primäres Symbol Ihres Lebens, so wie es sich derzeit darstellt. Versuchen Sie nicht, »Kunst« zu machen, sondern betrachten Sie die Zeichnung eher als Kinderzeichnung. Sie wissen schon: ein paar schiefe Fenster, eine Tür, vielleicht Rauchkringel, die aus dem Schornstein hochsteigen.

Als nächstes listen Sie fünf Qualitäten auf, die Sie in Ihrem Haus finden möchten. Das können Musikalität, Humor, Pflanzen, Freundschaften, intellektuelle Bestrebungen oder was auch immer sein. Zum Schluß listen Sie fünf Kinderschritte auf, die Sie machen

können, um diese Qualitäten in Ihr Haus hineinzubringen.
Gehen Sie in ein Warenhaus oder in ein Spielzeuggeschäft. Suchen Sie sich kleine Spielsachen und Nippes aus, die jene Qualitäten verkörpern, von denen Sie in Ihrem Leben mehr sehen möchten. Stellen Sie sich diese winzigen Totems an einem Ort auf, an dem Ihnen ihre Anwesenheit von Nutzen sein kann: auf dem Fensterbrett in der Küche, auf dem Schreibtisch, neben dem Telefon – egal, wo. Wichtig ist nur, daß Sie die Freundschaft dieser kreativen Figuren dazu nutzen können, Ihrem Leben eine ganzheitlichere Form zu geben.

Übung: Listen Sie alle Orte auf, an denen Sie je gelebt haben

Vielleicht sind Sie überrascht, was für eine emotionale Wirkung diese einfache Übung haben kann. Darüber hinaus kann sie sich als wertvolle Hilfe für das Schreiben Ihrer Lebenserzählung erweisen. Sie brauchen nichts weiter zu tun, als am Anfang zu beginnen und jeden einzelnen Ort aufzuzählen, an dem Sie je gelebt haben. Dabei kann es sein, daß Sie von ganz spezifischen Erinnerungen an das Selbst überflutet werden, das Sie zu dem jeweiligen Zeitpunkt und an dem jeweiligen Ort Ihres Lebens waren. Diese »erinnerten Persönlichkeiten« sind für Ihre Kreativität sehr wichtig, denn sie haben Ihnen einiges zu erzählen, und es gibt auch Dinge, von denen sie möchten, daß Sie sie an ihrer Stelle erzählen.

Durchforsten Sie die Liste Ihrer Wohnorte und verwenden Sie sie als Schreibmaterial für ein Cup.

Langeweile

Ein wenig Langeweile ist gut für die Kreativität. Das Schwierige ist, in einer solchen Phase den Schwung aufrechtzuerhalten. Richtig eingesetzt, erzeugt Langeweile Kraft, und Kraft ist etwas, das wir immer brauchen. Wir müssen lernen, trotz Langeweile und auch durch sie hindurch zu arbeiten. Außerdem müssen wir über das sprechen, was sich unter der Langeweile verbirgt, nämlich eine ziemlich bedenkliche Mischung aus Angst und Verdrießlichkeit.

Kunst bedeutet, etwas zu machen, und nicht, uns selbst zu etwas Besonderem zu machen. Wenn uns ein Projekt langweilt, dann oft deswegen, weil wir mit einem Auge schon von der Arbeit abgeschweift sind und den langen, furchterregenden Tunnel entlangschielen, an dessen Ende die Beurteilung unseres Werkes droht. »Langeweile« lähmt unser Ego und unseren Arbeitswillen, wenn wir zulassen, daß unsere kreative Arbeit von unserem Ego anstatt von unserem Herzen getan wird. Langeweile ist ein Verteidigungsmechanismus und ein Fluchtweg, auf den wir uns zurückziehen, wenn es uns an Kraft oder an Inspiration mangelt.

Langeweile ist das Symptom, und ein überstarkes Ego ist die zugrundeliegende Krankheit. Wenn uns langweilig ist, schmollen wir in Wirklichkeit: »Warum fällt niemandem auf, was für ein besonderer Mensch ich bin? Warum wird meine Arbeit nicht von irgend jemandem auf ein Podest gestellt? Warum ist das alles eine solche

Plackerei? Ich habe genug davon, meine verdammten Pinsel auszuwaschen, diese verfluchte Geschichte noch einmal zu tippen, diesen blöden Saum noch einmal herauszulassen ... Ich bin wichtig!!«
»Es interessiert mich einfach nicht mehr.« (Also kann ich es ebensogut sein lassen.)
Wenn wir mit dem Herzen arbeiten, erforschen wir sowohl das Vertraute als auch das Unvertraute liebevoll. Wenn wir hingegen mit dem Ego arbeiten, schielen wir immer mit einem Auge auf die Konkurrenz. Das Vertraute, das Bekannte, muß verbessert werden. Wir müssen um jeden Preis interessant sein, und »interessant« ist ein herzloses Wort.
Wenn wir verlangen, daß alles, was wir erschaffen, unterhaltsam und interessant ist, wenn wir darauf beharren, daß es nie langweilig sein darf, steckt zuviel Ego in unseren kreativen Bemühungen. Wir wünschen uns zu sehr, etwas Besonderes zu sein (und das ist etwas anderes, als geschätzt zu werden).
Natürlich wollen wir etwas Besonderes sein! Wir leben in einer Gesellschaft, die gespickt ist mit Bildern, die uns deutlich machen, wie wichtig es ist, wichtig zu sein. Und nirgendwo tritt dies deutlicher zutage als im Kunstbereich. Wenn es in der Kunst immer darum geht, wichtig zu sein, tun wir gut daran, wichtige Kunst zu machen und nicht diese köstlichen kleinen Cartoonkritzeleien, die wir so lieben. Wir tun gut daran, eine große Botschaft in unsere Musik hineinzupacken. Wir sind gut beraten, mit dem, was wir schreiben, mitten ins Schwarze zu treffen.

So viel Wichtigkeit wirkt erschöpfend. Sie lenkt unsere Kreativität in bekannte und bewährte Kanäle. Wichtig zu sein ist eine Funktion des Egos. Kreativ zu sein ist eine Funktion des Herzens und der Seele. Kunst, die mit dem Kopf allein geschaffen wird, mag brillant, atemberaubend und wichtig sein, aber sie tut eines nicht: Sie verbindet uns nicht miteinander. Anstatt mit dem Hörer, Leser oder Betrachter zu kommunizieren, will sie bewundert werden. Auf hundert kleine Arten zieht sie die Aufmerksamkeit auf jene Struktur, die fordert: »Bewundere mich. Siehst du, wie tiefsinnig, wie rigoros, wie besonders ich bin?«

Es gibt einen gewaltigen Unterschied darin, einzigartig zu sein, so wie es jeder von uns ist, und etwas Besonderes sein zu wollen, was einen Beigeschmack von Selbstüberschätzung hat. Das Ego liebt das Besondere, aber das Besondere bringt uns in eine prekäre Situation.

An dieser Stelle ist es nützlich, eine kleine Unterscheidung zu treffen.

Sehr oft machen sich Studenten Sorgen, daß ihre Arbeit nichts Besonderes, nicht originell genug ist. In solchen Fällen weise ich normalerweise darauf hin – so wie ich es auch in diesem Buch getan habe –, daß das Wort »originell« dieselbe Wurzel hat wie das englische Wort »origin« (Ursprung). Ich bitte die Studenten, daran zu denken, daß ihre Arbeit durch sie hindurchgeht wie durch ein Prisma und daß sie dabei ihre »Kolorierung« annimmt. Deshalb ist sie originell im buchstäblichen Sinn des Wortes.

»Aber so etwas ist doch schon gemacht worden!« klagen sie. Sie wollen nicht zur Kenntnis nehmen, daß alles im Leben schon einmal dagewesen ist – Geburt, Verlust, Liebe, Arbeit.
Ja – und mit etwas Glück kann es wiederholt werden.

Übung: Etwas tun, was bereits getan wurde

Der eine oder andere meiner Leser wird sich vielleicht an die Arbeiten Jim Dines mit ihren einfachen, mehrfarbigen Herzen erinnern. Er zeigte uns Herzen von einheitlicher Form und Größe und ließ sie uns immer wieder in neuem Licht sehen und verstehen, indem er sie in satte Regenbogenfarben tauchte und ihre Ähnlichkeit benutzte, um uns ihre Unterschiedlichkeit zu zeigen. Viele anspruchsvolle Sammler konnten sich dem Reiz dieser Arbeiten nicht entziehen. In Anlehnung daran werden wir etwas Ähnliches probieren.

Ich empfehle für diese Übung Wasserfarben und Keksbackformen. Stellen Sie eine Serie von etwas sehr Einfachem her – Herzen, Gänseblümchen, Sterne. Lassen Sie Ihrem Spieltrieb freien Lauf, und bemalen Sie das Papier in allen Farben, die Ihnen gefallen.

Dann fragen Sie sich: »Macht das keinen Spaß, nur weil es schon jemand vor mir getan hat?«

Übung: Na gut! Machen Sie etwas Einzigartiges

Wir sagen oft, daß keine Schneeflocke so aussieht wie die andere. Das gibt Ihnen Gelegenheit, sich zu beweisen. Meine Mutter, die das Gefühl hatte, daß ihre sieben Kinder auf künstlerischem Gebiet eine kleine Ermutigung gebrauchen konnten, stellte uns jedesmal zu Weihnachten eine bestimmte Aufgabe: Ihr und dem Zauber, den ich mit einem einfachen Blatt Papier und einer Schere zu schaffen vermochte, verdanke ich einige meiner glücklichsten Kindheitserinnerungen.

So geht's: Nehmen Sie ein quadratisches Blatt Papier und falten Sie es in der Mitte. Nun drücken Sie die Kante fest zusammen und pressen sie in der Mitte ein. Verwenden Sie diesen »Kniff« als Mittellinie, zu der Sie diagonal die zwei Ecken falten, so daß ein Dreieck entsteht. Schneiden Sie die überstehenden Teile an der Längsseite des Dreiecks ab (Sie werden sicher welche finden, keine Sorge).

Nun haben Sie ein glattes Dreieck. Falten Sie es der Länge nach in die Hälfte. (Sie machen eine Schneeflocke.) Mit Hilfe einer scharfen Schere schneiden Sie nun Kerben, Schlitze, Löcher und Kreise hinein, und dann falten Sie Ihre Schneeflocke auf.

Machen Sie sechs solche Schneeflocken, die sehr dekorativ sind an Küchenfenstern und Badezimmerspiegeln.

Zeit

Zeit gibt es in Hülle und Fülle.
Wenn wir glauben, »keine Zeit« zu haben, dann entspricht das unserer Empfindung. Aber wie wir alle wissen, ist Zeit ein unglaublich dehnbarer Begriff. Ein Tag kann im Nu vorübergehen, oder er kann sich endlos hinziehen. Wir tun gern so, als ob wir das Tempo unserer Zeit nicht selbst bestimmen könnten, aber das können wir weitgehend doch.
Wie Sie vielleicht wissen, haben Komponisten eine längere Lebenserwartung als andere Menschen. Ich behaupte, daß der Grund dafür darin liegt, daß sie immer und ständig mit der Zeit spielen. Musik ist die Mathematik der Zeit, und ein Komponist weiß, daß ein und dieselbe Zeiteinheit verschieden lang empfunden werden kann – eilig oder gehetzt, träge und schleppend, expansiv oder spannungsgeladen.
Unser Leben ist unsere Musik. Die Bewegungen in unserem Leben werden durch unseren Umgang mit der Zeit bestimmt und dadurch, wie wir Zeit wahrnehmen. So wie ein Komponist in ein Musikstück verschiedene Tempi einbaut, können auch wir in unsere Tage verschiedene Tempi einbauen. Pausen (ein musikalischer Ausdruck) brauchen nicht lang zu sein, um uns ein Gefühl des Luxus und des Raums zu vermitteln. Eine Pause einzulegen, um zu notieren (wieder ein Ausdruck aus der Musik), wie wir uns fühlen und was wir als nächstes tun wollen, kann verhindern, daß die Zeit unseres Tages

immer zu schnell vergeht – prestissimo – und daß sie uns durch die Finger rinnt.
Wie Mystiker uns seit Jahrhunderten sagen und wie es Einstein und moderne Physiker in der wissenschaftlichen Sprache ausdrücken, die unsere modernen Ohren verstehen, ist Zeit etwas Relatives. Im definitiven »Jetzt« haben wir immer viel Zeit. Indem wir uns auf den Augenblick konzentrieren – wenn wir jede Note einzeln anschlagen –, können wir mit einem Gefühl der Zeitlosigkeit durch unsere Tage gehen, wie rasant deren Tempo auch sein mag. Das ist es, wonach wir wirklich suchen: das Gefühl, »in der Zeit« zu sein, »rechtzeitig« zu sein.
Oft haben wir das Gefühl, im Rückstand zu sein, und wollen vorwärtsrasen. Wir wollen noch mehr tun, wenn wir bereits erschöpft sind. Wir haben, wie wir sagen, »nicht genug Zeit«. Der Grund dafür, daß wir nie genug Zeit zu haben scheinen, liegt darin, daß unsere Zeit nicht uns gehört. Wir machen sie nicht zu unserer Zeit, und deshalb erleben wir sie auch nicht als unsere Zeit.
Was wir wirklich tun sollten, ist, uns selbst zur Priorität zu machen und unsere Zeit zu unserem Eigentum.
Das ist leichter gesagt als getan, soviel steht fest. Unsere Zeit für uns in Besitz zu nehmen klingt wie ein grandioses und dramatisches Unterfangen: Wir stellen uns vor, wie wir den Job kündigen, die schwangere Ehefrau verlassen, nie mehr bei der Hausarbeit helfen, keine Überstunden übernehmen und die Gartenarbeit Gartenarbeit sein lassen. Natürlich können wir unsere Zeit zu unserer eigenen machen. Wir brauchen nichts weiter zu tun, als in die Wildnis zu ziehen.

Das ist die eine Methode. Die Menschen, die das tun, berichten aber oft, daß dann zwar der konventionelle Zeitbegriff in den Hintergrund tritt, sie dafür aber ein bißchen das Gefühl haben, im Inneren eines Radiogeräts zu leben: Sie nehmen das Vorhandensein der äußeren Welt wahr, und die rein gedankliche Vorstellung davon, wie diese Welt sein könnte, zerrt noch stärker an ihrem Bewußtsein, als es normalerweise die Realität tut.

Sehr oft ist es dieses »Zerren«, das wir meinen, wenn wir sagen, wir hätten »keine« Zeit. Wir wünschen uns Zeit, in der wir keine Sorgen oder Verpflichtungen haben. Die meisten von uns haben solch eine Zeit nur selten, und deshalb müssen wir lernen, die Zeit, die wir tatsächlich haben, so gut und effizient zu nützen wie möglich.

Nein, ziehen Sie nicht in die Wildnis, befreien Sie statt dessen Ihr Leben vom Unterholz. Jäten Sie ein bißchen, und sei es auch nur an den Rändern, und stutzen Sie Ihre Verpflichtungen sanft zurück. Beginnen Sie mit nur zwanzig Minuten täglich.

»Aber Julia«, rief eine meiner Freundinnen, eine Malerin, aus. »Vielleicht kann ein Schriftsteller etwas in zwanzig Minuten machen, aber ein Maler braucht schon allein zwanzig Minuten dazu, die Farben anzurühren und das Terpentin herzurichten.«

»Stimmt schon«, antwortete ich, »aber sogar ein Maler kann in zwanzig Minuten irgend etwas finden, was seiner Kunst nützt.«

»Nein! ... Nun, vielleicht könnte ich eine Zeichnung ... eine Zeichnung oder zwei ...«

Genau darauf will ich hinaus. Indem wir lernen, unsere

kleinen Zeitfenster geschickt und schnell zu nutzen, können wir auch aus den großen viel mehr herausholen. Anders ausgedrückt müssen Sie, um in Ihrer Kunst vorwärtszukommen, Ihre Kunst praktizieren – »Praxis« ist der Schlüssel, und zwar regelmäßig und täglich.

Wenn wir den Beginn eines Projekts hinauszögern und dabei unsere Zeit vertrödeln, versuchen wir in Wirklichkeit, uns »aufzupeppen«, um ein Meisterwerk zu schaffen oder jedenfalls etwas verdammt Gutes, sogar Inspiriertes. Wir warten auf den richtigen Wind, um Segel setzen und zum Horizont der hohen Kunst aufbrechen zu können.

Nun kann uns dieser Wind in Form eines riesigen Blocks »freier« Zeit zu Hilfe kommen, er kann aber auch ausbleiben, gleichgültig, wie lang wir auf ihn warten. Wenn wir nicht ganz so hohe Ansprüche stellen, benötigen wir nichts weiter als einen kleinen Energiestoß, um eine oder zwei Zeichnungen zu machen. Genausoviel, wie wir brauchen, um einen Absatz zu schreiben. Um also genau dort zu beginnen, wo wir sind, anstatt auf einen großen, freien Zeitblock oder auf eine größere, heroischere Ausgabe unser selbst zu warten.

Die Morgenseiten, die auf den ersten Blick Zeit verschlingen, helfen uns in Wirklichkeit, Prioritäten für unseren Tag zu setzen und die Zeit in unserem Besitz zu halten. Die künstlerischen Stelldicheins, die ebenfalls Zeit zu verschlingen scheinen, sorgen in Wirklichkeit dafür, daß unser Teich gefüllt bleibt, so daß uns jedesmal, wenn wir fischen gehen, ein Fang gewiß ist. Das Gehen, ein weiterer scheinbarer Zeitfresser, sorgt dafür, daß unsere inneren Bilder in Fluß kommen und daß unser plapperndes, besorgtes, rationales Gehirn ruhig wird und auf die Symbole und Vorschläge hört, die unser künstlerischer Geist anzubieten hat. Jede einzelne dieser Techniken hat den Zweck, uns unsere Zeit effektiv nutzen zu lassen.

Oft ist die Schwierigkeit nicht, Zeit zu finden, sondern die Zeit für uns selbst zu nutzen. Um genug Zeit zu haben, brauchen wir nicht das ganze Land bis zum Horizont zu besitzen. Es reicht aus, wenn wir eine Parzelle haben - eine Parzelle und eine Hacke und den Willen, beides zu benutzen. Die Kreativität ähnelt eher einem Gemüsegarten als einer großen Farm in Afrika.

Einer der Tricks, mit denen wir unsere künstlerische Anorexie rechtfertigen, ist die von unserer Kultur geförderte Vorstellung, daß wir riesige Mengen Zeit zur Verfügung haben müssen, wenn sie uns überhaupt von Nutzen sein soll. Meiner eigenen Schreiberfahrung zufolge können riesige Zeitmengen genauso wie riesige Mengen von anderen Dingen etwas Beängstigendes sein. Wenn man wie ich von der gartenseitigen Veranda seines Hauses einen Blick auf einen hundert Meilen entfernt gelegenen Berg hat, bekommt man vielleicht ein Gefühl für die Weite des Landes, aber vielleicht hat man trotzdem keine Lust, weiter als bis zum Gartenzaun zu gehen. Die Weite der Landschaft kann einfach überwältigend sein. Sie denken: Ich könnte, ich könnte, ich könnte ... Was Sie könnten, ist das, was Sie tun: Ihre Zeit verschwenden, indem Sie wie ein Jäger im alten Afrika, in dem die Ebenen noch vor Wild wimmelten, an den Horizont starren.

Anstatt zu versuchen, etwas zu finden, was Sie tun könnten, suchen Sie sich lieber etwas, was Sie tatsächlich tun. Etwas Kleines, Überschaubares, das machbar aussieht und es auch ist. So werden Sie sicher täglich fünfundzwanzig Minuten aufbringen können.
Hören Sie auf, nach dem Karenzjahr zu schielen oder auch nur nach dem Wochenende, an dem endlich alle außer Haus sind. Einsamkeit ist etwas Wundervolles, aber in allzu großen Dosen kann sie sein wie ein Ballen feinster Seide – so wunderbar und so kostbar, daß wir nicht hineinzuschneiden wagen. So bleibt der Ballen ungenutzt im Kasten liegen, während wir immer noch sagen: »Ich könnte ...«
Ja, wir könnten, aber wir tun es nicht. Es ist eine zu große Sache. Na gut, dann machen Sie sie eben kleiner! Hören Sie auf, in Jahren, Tagen und Stunden zu denken. Beginnen Sie, in Minuten zu denken. Ja, Sie haben richtig gehört: Sie brauchen nicht mehr Zeit als eine Minute. Zerstückeln Sie Ihre Zeit. Stellen Sie sie sich als Patchworkdecke vor und nicht als Meterware. Keine große Sache, das stimmt schon. Aber gerade dadurch, daß wir aus unserer Kreativität keine übertrieben große Sache machen, schaffen wir die Voraussetzungen zum Kreativsein.
»Große Sachen« sind immer zeitaufwendig. Haben Sie eine Vorstellung davon, wieviel Zeit Sie in Ihrem Leben dafür aufwendeten, sich zu fragen: Soll ich? Soll ich nicht? Wenn ich es tue, wird er dann ...? Wenn ich es nicht tue, wird sie dann ...?
Etwas zu einer großen Sache zu machen setzt Besessen-

heit voraus, und Besessenheit ist ein Zeitfresser. Ungenutzte Kreativität wird ebenso zur Besessenheit wie unerwiderte Liebe. Wir fixieren uns so stark auf unsere Sehnsucht nach echter, kreativer Erfüllung, daß wir schließlich nicht einmal die geringste kreative Erfüllung finden.

Kreativität hat viel Ähnlichkeit mit Sex. Wenn er jedesmal toll sein muß, entsteht ein bestimmtes Maß an Versagensangst. Wenn wir statt dessen ein wenig experimentieren, auch wenn wir nicht in der Stimmung sind oder nicht die Zeit für ein ausgedehntes Kerzenlichtdinner mit unserem Liebsten haben, könnten sich interessante Variationen ergeben.

Lassen Sie zu, daß Sie schlecht schreiben. Sie können den Text später verbessern. Malen Sie schreckliche Bilder. Sie können Sie später übermalen. Setzen Sie sich für zehn Minuten ans Klavier. Das ist besser als nichts. Geben Sie sich mit kleinen Fortschritten zufrieden.

Zweigen Sie einfach zwanzig Minuten für ein wenig kreative Spielerei ab. Nennen Sie es einen Kuß auf die Wange. Ein wenig tägliche Zuneigung kann mehr Zärtlichkeit vermitteln als eine heiße Nacht. Schenken Sie Ihrem kreativen Selbst einen Strauß Wiesenblumen statt ein Dutzend Rosen. Mit Perfektion lebt es sich ein bißchen mühsam, während sich die Improvisation als süße Romanze entpuppen kann.

Übung: Ich habe nie Zeit, um ...

Tragen Sie eine Woche lang einen Notizblock bei sich und skizzieren Sie die Orte, an denen Sie warten müssen. Bedenken Sie, daß diese Skizzen keine hohe Kunst zu sein brauchen und daß Sie dafür kein Zeichenkünstler sein müssen. Ich trug ein solches Notizbuch einmal ein Jahr lang mit mir herum. Die Einträge, die ich damals machte, sehe ich mir heute noch immer gern an und staune darüber, wie plastisch sie mir die Erinnerungen an Ereignisse und Orte vor Augen führen, die weit hinter mir liegen. Damals war ich gezwungen, Zeit zu verschwenden, die in Wirklichkeit überhaupt nicht verschwendet war, weil ich sie kreativ nutzte.

Übung: Ich nehme mir nie Zeit, um ...

Kaufen Sie sich fünf Postkarten oder Ansichtskarten und sorgen Sie dafür, daß Sie auch Marken bei der Hand haben. Legen Sie Ihre Erweiterungsmusik auf und notieren Sie sich die Zeit. Für diese Übung brauchen Sie nicht einmal fünfzehn Minuten. Als erstes listen Sie sich fünf Menschen auf, die Sie lieben, denen Sie aber »nie« schreiben, weil Sie »nie« die Zeit dazu finden. Als nächstes widmen Sie jeder dieser Personen eine Karte, auf die Sie einen oder zwei Sätze schreiben: »Ich denke so oft an dich, und ich wünschte, wir lebten nicht so weit voneinander entfernt! Wie geht es dir? Bei mir ist alles bestens. Alles Liebe ...«

Nach fünfzehn Minuten – wahrscheinlich schon früher – haben Sie sich von der Last Ihres schlechten Gewissens befreit und sich bewiesen, daß Sie tatsächlich Zeit für etwas aufbrachten, was Sie davor nicht geschafft hatten. Sie benötigten nichts weiter als die Bereitschaft, bei einer Sache, bei der eine kleine Notiz denselben Zweck erfüllte, auf eine Riesenarbeit zu verzichten.

Übung: Bleiben Sie lang auf und lesen Sie ein Buch

Etwas, was wir oft behaupten, ist: »Ich habe nicht mehr dieselbe Energie wie früher.« Häufig liegt der Grund darin, daß wir deprimiert sind, und wir sind deprimiert, weil wir keine Zeit haben – oder sie uns nicht schaffen –, um jene Dinge zu tun, die wir früher so gern taten. Jeder von uns überlebt eine Nacht mit wenig Schlaf. Suchen Sie sich ein Buch, das Sie liebend gern lesen würden, und nicht eines, das Sie lesen »sollten«, und bleiben Sie auf. Vielleicht haben Sie sogar Lust auf ungesunde Snacks wie Kakao, Popcorn oder Kekse. Machen Sie sich Ihre eigene Party, und nutzen Sie Ihre Zeit, wie Sie wollen.

Übung: Stich für Stich

Auch hier üben wir wieder, etwas zu tun, wofür wir angeblich keine Zeit haben: Unsere Kleider zu reparieren – und gleichzeitig unsere Verhaltensweisen. Sammeln Sie zuerst einen Berg von Sachen, die geflickt werden müs-

sen. Am besten ist, Sie reparieren sie mit der Hand: Nähen Sie den heruntergerissenen Saum hinauf, den Knopf an, flicken Sie das Loch. Nehmen Sie Nadel, Zwirn und ein Problem zur Hand, das Sie bis jetzt noch nicht lösen konnten.
Legen Sie sich Ihre Sicherheitsmusik auf. Stellen Sie eine Zeituhr auf zwanzig Minuten, beginnen Sie zu nähen, und nähen Sie die ganzen zwanzig Minuten lang. Wenn Sie fertig sind, werden Sie einen Fortschritt bei einer anderen unerfüllbaren Aufgabe erzielt haben, nein, eigentlich bei zwei. Sehr oft gelingt es uns nicht nur, das Loch in der Socke zu stopfen, sondern auch das in unserem Herzen. Oft brauchen wir nur Zeit, um Mitgefühl für uns selbst aufzubringen und Lösungen für unsere Probleme zu finden. Manchmal müssen wir uns genügend Zeit nehmen, um zu erkennen, wo unser Selbstwertgefühl zerrissen ist, und es dann an diesen Stellen ein wenig flicken. Auch das haben Sie damit erledigt.

Zurückhaltung

Das erste Prinzip der Magie lautet Zurückhaltung. Da uns nicht bewußt ist, daß wir magische Kräfte haben, praktizieren wir die Zurückhaltung nur selten. Es ist uns nicht einmal bewußt, daß wir Zurückhaltung praktizieren sollten. Oder eigentlich beides praktizieren – unsere Magie und die Zurückhaltung.

In dem Kapitel, in dem wir uns selbst kennenlernten, machten wir uns mit der Vorstellung vertraut, daß wir bewußt wählen können, welche persönlichen Dinge wir von uns preisgeben wollen. Hier wird dieser Gedanke einen Schritt weitergeführt: Wir werden uns nun ansehen, welche Art der Zurückhaltung wir praktizieren müssen, um unseren kreativen Projekten einen geschützten Raum zur Verfügung zu stellen, innerhalb dessen sie sich entwickeln können.

Es ist eine oft wiederholte Binsenweisheit des Zwölf-Schritt-Suchtentwöhnungsprogramms, daß »wir nur so krank sind wie unsere Geheimnisse«. Das mag vielleicht für unsere negativen Geheimnisse gelten, nicht aber für die positiven und nicht für unsere geheimen Träume. Diese Phrase, die dazu gedacht ist, den Menschen beim Durchbrechen ihrer Isolation zu helfen, kann auch bewirken, daß sie sich noch stärker isoliert fühlen – nämlich dann, wenn sie ihre positiven Geheimnisse den falschen Menschen anvertrauen.

Meistens, wenn auch nicht immer, sollten wir es vermeiden, unsere geheimen Träume unseren engsten Freunden anzuvertrauen. Da sie uns lieben, möchten sie uns beschützen, und es verwundert nicht, daß sie auch sich selbst beschützen wollen. Unser geheimer Traum – das Töpfern zu erlernen, Chinesisch zu studieren, einen Roman zu schreiben oder ein Thaterstück auf die Beine zu stellen – ist für sie möglicherweise bedrohlich. Vielleicht machen sie sich Sorgen darüber, daß wir uns durch eine eventuelle Kritik verletzt fühlen könnten, oder auch, daß sie selbst weit hinter uns zurückbleiben könnten. Wenn Sie solchen Menschen Ihre geheimen Träume anvertrauen, werden sie Ihnen Ihre eigenen Ängste und Zweifel reflektieren.

Die Zurückhaltung ist eine sehr gesunde Form des Selbstschutzes. Wir graben auf unserer eigenen archäologischen Fundstelle und schürfen nach kreativem Gold. Was wir dabei auf keinen Fall wollen, ist, daß andere über die Ausgrabung trampeln! Das ist der Grund, warum wir sie mit Seilen absperren und zufällig vorüberkommende, neugierige Besucher nicht dazubitten. Unsere Kreativität verdient dieselbe Abschirmung.

Natürlich müssen wir jemanden haben, dem wir unsere Geheimnisse anvertrauen können, aber das müssen Leute sein, bei denen sie sicher sind. Deshalb sollten wir unsere kreativen Kleinkinderschritte absolut geheimhalten – so lange, bis sie vollkommen stabil sind. Wenn noch der geringste Zweifel besteht, behalten Sie sie für sich.

Eines der schädlichsten Signale, die unsere Kultur uns vermittelt, ist, daß wir unseren eigenen Wahrnehmungen nicht trauen können. Wir werden so erzogen, daß wir an uns zweifeln, und wir versuchen, unsere Eindrücke von außen bestätigt zu bekommen, weil wir glauben, daß jemand anderer uns eher die Wahrheit sagen wird als wir selbst. Es ist, als ob wir meinten, wir seien der Aufgabe, unser eigenes Leben zu leben, nicht gewachsen. Statt dessen versuchen wir, ein Leben im Konsens zu führen. Ist es da ein Wunder, daß wir unzufrieden sind?

Der richtige Job.
Der richtige Mann.
Das richtige Auto.
Das richtige Haus.
Richtig für wen? Für wessen Maßstäbe?

Anstatt aus unseren Fehlern zu lernen, versuchen wir, von vornherein keine zu machen! Wir gewöhnen uns an, stärker auf andere zu hören als auf uns selbst. Daraus folgt, daß wir, wenn wir dieses Verhalten umkehren und beginnen, genau auf unsere Wahrnehmungen zu hören, anfangs etwas ängstlich sind. Diese Angst läßt in uns das Bedürfnis nach Selbstschutz entstehen, und das bedeutet, daß wir Zurückhaltung üben müssen.
Obwohl uns das vielleicht bisher nicht bewußt war, machen doch alle Menschen Zeiten in ihrem Leben durch, in denen ihre eigenen Wahrnehmungen nicht mit jenen ihrer Umgebung übereinstimmen. Wenn wir eine größere psychische Veränderung vor uns haben oder gerade durchleben, sind wir gut beraten, unsere Energie auf unseren eigenen Kern zu konzentrieren.

Anders ausgedrückt: Wir müssen aufhören, uns am Konsens zu orientieren, und statt dessen beginnen, genauer auf diese innere Stimme zu hören, die uns sagt: »Ich weiß, sie sagen alle, es sei (sicherer, in der Vorstadt zu leben, unmöglich, ein Filmdrehbuch zu verkaufen, dumm, einen gutbezahlten Job aufzugeben, notwendig, mich von Ralph zu trennen), aber mein Instinkt, dem ich vertrauen will, sagt mir, daß ich das nicht tun sollte, weil ich das Gefühl habe, daß das, was sie sagen, falsch ist.«
Wenn wir mitten in einer solchen Phase der autonomen Bewertung stecken, sind wir oft uneins mit den Menschen in unserer Umgebung. Wir sollten in diesen Zeiten daran denken, daß sie es gut meinen, aber wir müssen uns auch vor Augen führen, daß sie mit dem Rat und den Rückmeldungen, die sie uns geben, nicht nur uns unterstützen, sondern auch den Status quo zementieren. Es geht ihnen nicht darum, unsere Veränderung zu sabotieren, sondern sie möchten uns einfach davor bewahren, verletzt zu werden.
Was sie nicht wissen – und sie wissen es nicht, weil wir es selbst nicht wissen –, ist, daß etwas am Status quo so unerträglich und so schmerzvoll geworden ist, daß wir um eine Veränderung nicht umhinkönnen. Selbst wenn uns diese Notwendigkeit ängstigt, lockt uns doch die Aussicht auf Heilung von einem bestimmten Schmerz. Dieser Schmerz kann viele Gesichter haben: Vielleicht haben wir das Gefühl, in einem hochbezahlten, aber ungeliebten Job zu ersticken. Vielleicht hassen wir uns selbst dafür, daß wir unsere Träume verraten, nur weil wir Angst vor der Unsicherheit haben. Vielleicht fühlen

wir uns eingesperrt im langweiligen Einerlei der Vorstadt, oder vielleicht nagt das schreckliche Gefühl an uns, daß wir und unser Partner einander möglicherweise von der großen Liebe fernhalten, anstatt sie zu leben. Tatsache ist, daß unsere Freunde sich Sorgen machen, daß das Unbekannte, für das wir uns öffnen, uns noch mehr Schmerz zufügen könnte.

Das erste Prinzip der Magie ist Zurückhaltung, wissen Sie noch? Wenn wir mehr Magie in unser Leben bringen wollen, setzen wir dieses Prinzip in die Realität um. Wir beginnen, uns einen heiligen Raum zu schaffen, in dem unser Traum blüht und gedeiht und in dem keine Zweifel zugelassen sind. Wir weigern uns, die Argumente, warum wir uns nicht von der Stelle bewegen sollten, mit anderen durchzusprechen. Lieber sprechen wir über all das, was dafür spricht, daß wir das Risiko eingehen sollten.

Unter Freunden ist es oft schwer, dem anderen genügend Raum für Träume zu lassen, wie tief die Freundschaft auch sein mag. Jedesmal, wenn wir uns dazu durchringen, unseren Träumen zu trauen, betreten wir ein Gebiet, das die Menschen, die uns mit wachen Augen beobachten, sowohl fasziniert als auch ängstigt. Obwohl viele kreative Menschen unheimlich unter neidischen und destruktiven Freunden leiden, schließen sie daraus nur selten, daß die Kritik der Freunde Gefühlen des Neides oder der Unsicherheit entspringen könnte. »Warum sollte jemand auf mich eifersüchtig sein?« fragen wir uns, denn die Freude der Kreativität ist so unschuldig und hat so wenig mit anderen und ihren Wahrnehmungen zu tun, daß wir nicht merken, daß sie den Anschein der Macht und der Kraft erweckt und daß diese Macht und Kraft auf andere bedrohlich wirken können. Praktizieren Sie Zurückhaltung. Man könnte auch sagen: Verschenken Sie das Gold nicht.

Zeigen Sie Ihre Arbeiten nicht herum. Erzählen Sie nicht von ihnen. Ein erstes Lied, dem falschen Menschen vorgespielt, kann Ihr letztes sein. Ein erstes Bild, von einem kritischen Auge begutachtet, könnte das letzte gewesen sein, obwohl Sie doch eine Serie malen wollten.

Müssen wir vielleicht härter werden?

Um kreativ zu sein, müssen wir verwundbar sein. Wenn wir hart werden, blockieren wir unsere Kreativität. Dieselbe harte Schale, die uns schützt, hindert uns daran, offen für unsere eigenen Erfahrungen zu sein. Wir verschließen uns, um uns vor kreativem Schmerz zu schützen, aber damit sperren wir auch die kreative Freude aus. Und deshalb müssen Sie einen heiligen Kreis, einen schützenden Ring, um sich selbst und Ihre junge Arbeit ziehen. Stellen Sie sich vor, Sie seien ein kreatives Kind und Ihre Arbeit sei Ihr Geisteskind. Und bedenken Sie: Nicht alle Ihre erwachsenen Freunde sind wohlgesinnt.

Auf die Gefahr hin, mich zu wiederholen, sage ich es noch einmal: Einige Ihrer Freunde, wahrscheinlich sogar die meisten, sind in ihrer eigenen Kreativität blockiert, und blockierte Menschen sind im allgemeinen sehr kritisch.

Was Ihre Freunde möglicherweise Urteilsvermögen nennen, kann in Wirklichkeit ein penetranter Perfektionismus sein. Blockierte kreative Menschen sind wie

Dorfklatschmäuler. Sie freuen sich über Mißgeschick, und Glück macht sie sehr, sehr böse. Bevor Sie irgend jemandem gegenüber ein kreatives Vorhaben oder erste kreative Schritte erwähnen, fragen Sie sich selbst: Ist es möglich, daß diese Person blockiert ist, daß sie neidisch sein oder sich bedroht fühlen könnte? Haben Sie Mitleid mit Ihren blockierten, kreativen Freunden. (Und bedenken Sie, daß sie diesen Eindruck nach außen hin vielleicht gar nicht erwecken.) Aber viel mehr Mitgefühl gebührt Ihnen selbst. Praktizieren Sie Zurückhaltung. Die Ergebnisse werden magisch sein.

Übung: Saboteure der Kreativität

Listen Sie zehn Freunde auf, die Sie für Saboteure der Kreativität halten – jene, die gegen Ihre Bemühungen ankämpfen.
Sie wissen schon, wer gemeint ist. Es sind jene Leute, die Ihnen ein kleineres und hilfloseres Bild Ihrer selbst zurückwerfen, als es der Wirklichkeit entspricht. Es sind jene Leute, die, wenn Sie ihnen erzählen, daß Sie ein Fernsehstück schreiben, sagen: »Weißt du eigentlich, wie schwierig es ist, ein originelles Drehbuch zu verkaufen?« (Jedenfalls weniger schwierig, als eines zu verkaufen, das nie geschrieben wurde.) Manchen Leuten, die diese Übung machen, fallen keine Namen solcher Kreativitätssaboteure ein. Claire, eine Publizistin, drückte es so aus: »In meiner Kindheit war ich umgeben von ihnen. Inzwischen habe ich sie aus meinem Leben verbannt!« Wenn das stimmt, ist es wunderbar, aber es stimmt selten.
Suchen Sie sowohl in Ihrer Kindheit als auch in Ihrem Erwachsenenleben nach Kreativitätssaboteuren. Mag sein, daß Sie sie tatsächlich verbannt haben, aber es mag auch sein, daß Sie nur leugnen, von solchen Leuten umgeben zu sein.

Übung: Wahrheitsgetreue Spiegel

Listen Sie zehn Freunde auf, die Sie für wahrheitsgetreue Spiegel halten – für Leute, die Ihre Träume so bekräftigend zurückspiegeln, daß sie Ihnen realistisch und durchführbar erscheinen. Jeder Künstler braucht ein paar gute Freunde, keine Speichellecker, sondern positiv denkende Menschen. Das sind Leute, die Ihnen die Möglichkeiten vor Augen führen, die in Ihnen und in Ihrer Arbeit liegen.

Suchen Sie Ihre Möglichkeiten und kultivieren Sie sie.

Batterien aufladen

»Tut mir leid, daß ich dir nicht früher geantwortet habe«, sagen wir zu einem uns lieben Freund. »Ich hatte einfach keine Zeit, Luft zu schnappen und meine Batterien wieder einmal aufzuladen!«

Wir wissen natürlich alle, was damit gemeint ist. Gemeint ist, daß unser Leben uns überrollt, daß es über uns zusammenschlägt und daß wir in der Tretmühle der Geschwindigkeit und der Ereignisse gefangen sind. Unsere persönlichen Prioritäten – Freundschaften, Familie, kreative Projekte – haben wir vernachlässigt oder schlecht gehandhabt. Unser Leben ist uns entglitten.

»Ich weiß, ich hätte dich früher anrufen sollen. Ich wollte es auch, aber ...« (Aber ich war überlastet, völlig geschafft, überarbeitet, gestreßt ... fühlte mich elend.)

Worum es hier wirklich geht, ist, unsere Batterien aufzuladen und sie auch aufgeladen zu halten. Es geht darum, uns einzuklinken und uns selbst und unsere Absichten, Wahrnehmungen und unsere Intuition in Ehren zu halten. Es geht um etwas sehr Einfaches, das aber oft inmitten des ganzen Getöses schwer durchzuhalten ist. Es geht darum, den Dingen und Menschen, die wir lieben, Aufmerksamkeit zu schenken.

Viele spirituelle Lehrer nennen diese bewußte Konzentration auf den Augenblick »Achtsamkeit«. Ich spreche lieber von Aufladen, weil es für mich eher mit dem Geist als mit dem Kopf zu tun hat. Ich klinke mich ein – nicht so sehr, um festzustellen, was ich in meinem Kopf denke,

sondern eher, um zu spüren, was ich mit meinem ganzen Selbst – Körper, Intellekt und Geist – weiß.
»Wie geht es mir damit?« ist eine Frage, die immer mehr an Bedeutung gewinnt. Diese Frage stellen wir uns täglich auf den Morgenseiten, indem wir uns selbst ein Stück begleiten, wann immer wir das Gefühl haben, in die Stromschnellen geraten zu sein oder von einem unter der Wasseroberfläche treibenden, unsichtbaren Baumstamm gerammt zu werden. »Was denke ich?« – »Was würde ich gerne tun?« So könnten wir unsere Fragen fortspinnen.
Wir überprüfen unsere Stromkreise und halten Ausschau nach den Stellen, an denen sie unterbrochen oder schadhaft sind. Das ist eine schwierige Arbeit, eine Arbeit, die Sorgfalt und Bewußtsein erfordert. Jede Arbeit, die mit Elektrizität zu tun hat, erfordert Konzentration, und der Umgang mit kreativem Strom ist da keine Ausnahme.
Wenn wir uns die Zeit nehmen, solche Fragen zu stellen und zu beantworten, hören wir auf, passiv den inneren Film unserer eigenen ungelösten Probleme zu betrachten. Statt dessen stellen wir uns einer klarsichtigen und authentischen Begegnung mit der Welt. Wenn wir mit uns selbst nicht im Einklang sind, klinken wir uns aus unserem Leben und aus unserer Umgebung aus. Die Welt um uns herum verliert ihren Glanz, ja sie wird sogar unsichtbar. Weit davon entfernt, unsere kreativen Brunnen mit einem Strom neuer Bilder und den aus ihnen resultierenden Erkenntnissen und Kunstwerken zu füllen, trübt sich unsere Sicht durch den Schleier der

Selbstbezogenheit. Unsere Welt wird schlechter, weil wir ihr keine Aufmerksamkeit schenken.

Um unsere Batterie aufzuladen und mit uns selbst in Einklang zu kommen, müssen wir uns entschieden und bewußt auf uns selbst und unsere Sorgen konzentrieren.

Die Batterie aufzuladen wirkt für den Fluß unserer kreativen Energie Wunder. Wenn wir auf den Strom stoßen, bewegen wir uns mit ihm in unserem eigenen Tempo und stellen fest, daß unsere Gedanken durch die Wirbel der Emotionen und Prioritäten anderer Gedanken durcheinandergebracht und gestört worden sind. Wir haben den *Saft* zum Handeln – und handeln müssen wir!

Anders ausgedrückt müssen wir unsere Batterie nicht nur mit Strom aufladen, sondern wir müssen den Strom als Motor zum Handeln nutzen. Manche von uns werden ihre Kreativität als Hilfsmittel dazu verwenden. Oft, wenn ich mich in einer Beziehung gelähmt fühle, schreibe ich ein Gedicht oder ein Lied »zu« dem Punkt, an dem die Sache stockt. Man könnte auch sagen, daß ich mit der Feder anstelle eines Fingers zeige, aber ich stelle mir meine Feder lieber wie eine Kompaßnadel vor. Das Schreiben zeigt mir, wo wirklich Norden ist.

Wenn wir mit uns selbst als Individuum im Einklang sind, gelingt es uns besser, den Fluß der universellen Energie anzuzapfen. Eine Möglichkeit, sich das vorzustellen, ist, daß »wir« (die Menschheit) eine Art gigantische Orgel mit Pfeifen sind. Wir sind alle ein einziges, riesiges, kreatives Bewußtsein, und doch ist jeder von uns einzeln eine Pfeife. Jede Pfeife ist ein Teil des

Ganzen und speist Informationen ein. Wenn wir aufgeladen sind, ist uns unser persönlicher Energiekanal klar, und dann können wir einerseits mehr aus dem universellen, kreativen Bewußtsein herausholen und andererseits mehr in es hineinpumpen – Spannung, um bei der Metapher zu bleiben: unsere kreative Kraft.

Übung: Batterien aufladen

Eine der besten Möglichkeiten des Aufladens besteht darin, sehr schnell zu schreiben – so schnell, daß unsere Hand nie zum Stillstand kommt, während wir zu bestimmten Phrasen frei assoziieren. Dabei geht es darum, sehr schnell zu schreiben und die Phrase so oft zu wiederholen, daß sie unsere Abwehrmauern überwindet. Hier sind einige Phrasen, die ich jedesmal, wenn ich mich aufladen möchte, zwanzig- bis dreißigmal ergänze. Nehmen Sie einen Stift zur Hand und versuchen Sie es selbst – etwa zwanzigmal.

1. Wenn ich es vor mir selbst zugebe, spüre ich ________________

____

2. Wenn ich es mir selbst eingestehen kann, denke ich __________

____

3. Wenn ich es mir selbst eingestehen kann, vermute ich _________

____

4. Wenn ich es mir selbst eingestehen kann, bin ich _____________

____

5. Wenn ich es mir selbst eingestehen kann, könnte ich __________

____

Übung: Aufladen zu Hause

Dies ist – wie die Malübung – eine weitere Übung, die Ihnen ein unmittelbares, sichtbares Ergebnis bringt, und sie ist ebenfalls sehr reinigend. Als erstes suchen Sie sich einen oder zwei große Pappkartons. Nun durchforsten Sie Ihr Haus und werfen in einen der Kartons alle überflüssigen Papiere, die sich angesammelt haben – mit Ausnahme von zehn alten, bebilderten Magazinen. Die brauchen Sie später.

In die Schachtel kommen also Zeitungen, alte Briefe, die Sie wahrscheinlich kein zweites Mal lesen, Geschenkpapier, das Ihnen nicht gefällt, zusammengefaltete kleine Schachteln, wenigstens ein paar der neunhundert Papiertüten, die Sie im Schrank für den Tag aufbewahren, an dem Sie Lebensmittel ins Geschäft zurücktragen wollen. Sie wissen schon, was gemeint ist. Arbeiten Sie so lange, bis Sie ein paar saubere Oberflächen vor sich haben oder bis einige Ihrer Schubladen wieder leer sind. Entsorgen Sie das Papier so, wie es Ihrem Umweltgewissen entspricht.

Karton Nr. 2 ist für den Inhalt von Kästen und Wäscheschubladen bestimmt. In ihn kommen alle Ihre Kleidungsstücke, die Sie an Tagen mit schlechtem Selbstwertgefühl tragen, dicht gefolgt von den Dingen, die Sie zwar entzückend finden, die Sie aber einfach nicht tragen. Seien Sie ruhig radikal. Nehmen Sie sich Ihre Garderobe vor, reduzieren Sie sie, reißen Sie sie aus dem Kasten und schicken Sie sie zurück ins Universum. Wie kann etwas Neues in Ihr Leben kommen, wenn es mit alten Dingen vollgestopft ist? Los geht's!

Übung: Aufladen im spirituellen Haus

Für diese Aufgabe brauchen Sie eine Schuhschachtel oder einen kleinen Karton und eine große Dosis Ehrlichkeit. Reservieren Sie sich eine Stunde, in der Sie nicht gestört werden. Legen Sie Ihre Sicherheitsmusik auf und schreiben Sie sich alle negativen Einstellungen und »giftigen« Gewohnheiten auf, die Sie aus Ihrem Leben eliminieren möchten. Verschwenden Sie Zeit mit Tratscherei? Sind Sie süchtig auf Junk food, Lesen oder Fernsehen? Wie steht es mit dem Neid? Suhlen Sie sich in Ihrem Groll gegen die anderen, die das haben, wonach es Sie gelüstet, statt daß Sie etwas unternehmen, um diese Dinge auch zu bekommen?

(Diejenigen von Ihnen, die mit dem Buch *Der Weg des Künstlers* gearbeitet haben, erinnern sich vielleicht an die »Eifersuchtskarte«. Bei dieser Übung wurden Sie aufgefordert, Leute zu nennen, auf die Sie eifersüchtig sind, den genauen Grund zu beschreiben und zu sagen, welche Schritte Sie unternehmen könnten, um das zu erreichen, was diese Leute für Sie verkörpern und wonach Sie sich sehnen.)

Das ist eine gute Gelegenheit, um einen Blick auf die »Mördergewohnheiten« zu werfen. Sabotieren Sie sich durch Alkohol, Drogen, Essen, Überarbeitung, auslaugende Beziehungen, ständig bedürftige Freunde, zuviel oder zuwenig körperliche Bewegung? Schreiben Sie Ihre negative Bestandsaufnahme.

Wenn Sie damit fertig sind, aufzuschreiben, was Sie gern loswerden würden, werfen Sie das Blatt in die

Schuhschachtel. Nun haben Sie die Möglichkeit, auf konstruktive Weise destruktiv zu sein: Verbrennen Sie die Schachtel oder vergraben Sie sie!

Aufbruch

Herzlichen Glückwunsch zur Bewältigung dieses schwierigen, aber essentiellen Reichs. Das Großreinemachen, das Sie geleistet haben, wird Ihnen bei Ihrer weiteren Arbeit zugute kommen. Bevor wir uns aber neuen Ufern zuwenden, sehen wir uns noch einmal an, was Sie in diesem Kapitel für sich getan haben. Nehmen Sie sich die Zeit und würdigen Sie die schwierige Arbeit, die Sie geleistet haben; das kann Ihr Vertrauen in Ihre Fähigkeit stärken, kreative Projekte in Angriff zu nehmen und zu einem guten Ende zu führen. Unser Rückblick:

Sie haben die Situationen aufgelistet, in denen Ihnen Geduld gute Dienste leistete, und haben sich dadurch eine hellere Gegenwart erarbeitet. Sie konzentrierten sich auf die Risiken, die einzugehen Sie gern den Mut hätten. Sie begannen, sich Kinderschritt für Kinderschritt in diese Risiken hineinzutanzen. Sie durchforsteten Ihre Umgebung nach Eigenschaften und Qualitäten, die Sie schätzen und von denen Sie gern mehr hätten. Sie öffneten sich symbolisch für eine größere Zahl dieser Eigenschaften. Sie besuchten Ihre Vergangenheit noch einmal, Ort für Ort, und stellten eine neue Verbindung zu den Anteilen Ihrer Persönlichkeit her, für die diese Orte stehen. Sie besiegten die Langeweile, indem Sie ausprobierten, wieviel Freude kleine Vergnügungen machen können, und indem Sie die Schneeflocken Ihrer einzigartigen Kreativität Gestalt annehmen ließen. Sie fanden Zeit, Ihre Batterien aufzuladen, und Sie verwendeten die so gewonnene Energie dafür, einen schützenden Kreis kreativer Zurückhaltung um sich aufzubauen. Viel Arbeit, gute Arbeit! Nun, da Sie Ihre Einstellungen, die einen Teil Ihres kreativen Potentials bilden, verändert haben, sind Sie bereit für die nächste Herausforderung: das Reich der Beziehungen.

Das Reich der Beziehungen

Wir sind nun in unserer inneren Landschaft schon geraume Zeit unterwegs. Dabei sind wir unseren eigenen Widerständen begegnet, haben unsere Kraft und unsere spirituelle Geschicklichkeit weiterentwickelt. Wir haben unsere Einstellungen geändert und an Größe gewonnen, und wir haben einen besseren und klareren Überblick über das Gelände unseres Lebens erhalten. An diesem Punkt unserer Pilgerreise wollen wir mit dem Gipfelsturm beginnen. Das bedeutet, daß wir unsere Beziehungen neu und mit absoluter Klarheit bewerten müssen, so daß uns als Weggefährten nur Menschen bleiben, denen wir wirklich vertrauen können.
Nun ist der Zeitpunkt gekommen, an dem wir jene Beziehungen überprüfen, aussortieren und über Bord werfen müssen, die uns nicht länger dienlich oder bei unserem Gipfelsturm sogar hinderlich sind.
Die Herausforderung im Reich der Beziehungen ist »Selbstbedienung« im besten Sinn des Wortes.

Gleichheit

Viele sehr kreative Menschen haben Schuldgefühle, wenn es darum geht, auf das Gold in ihrem Leben und in ihrer Persönlichkeit Anspruch zu erheben. Die Arbeit, die wir in diesem Reich leisten werden, soll uns helfen, unser Leben zu durchforsten und unsere Kraft wieder für uns selbst zu beanspruchen. Mit unseren Wurzeln im Universum verankert, so sagt uns die ägyptische Weisheit, sind wir alle direkte Empfänger des »Goldenen Strahls«.

Eines der zentralsten, problematischsten und bedrohlichsten Prinzipien der kreativen Wiedergesundung ist in Wirklichkeit sehr einfach: Wir sind alle gleich. Das Universum hat keine Stiefkinder. Wir alle kennen den richtigen Jemand oder, wenn Ihnen das lieber ist, das richtige Etwas. Um genug Kraft zu gewinnen, um unser Schicksal zu ändern, brauchen wir uns nur nach innen zu wenden – und genau dazu sind die Werkzeuge dieses Buches gedacht. Um nach innen zu gehen, braucht kein Mensch einen Agenten oder auch nur einen Vermittler. Wir haben alle einen direkten Draht.

Wir alle werden ein bißchen nervös, wenn wir uns dieses Konzept der wahren Gleichheit vor Augen führen. Wir möchten nämlich glauben, daß uns die Vorstellung der *Un*gleichheit bedrohlich erscheint, aber das stimmt nicht, denn wir sind an sie gewöhnt. Wir alle wissen, was »Insider«, »Outsider« oder »Lieblinge« sind. Wir sind mit diesen Begriffen – oder sollte ich lieber sagen Ausreden? – aufgewachsen.

Wenn wir alle gleich sind, brauchen wir unser Licht nicht unter den Scheffel zu stellen, um andere zu schonen – seien es unsere Eltern, Ehepartner oder blockierten Freunde.
Wenn wir alle gleich sind, haben wir ein Recht, unsere Talente zu nutzen, und ein Recht, zu erwarten, daß alle Talente geschätzt und unterstützt werden.
Wenn wir alle gleich sind, kann die Unterstützung für diese Talente von irgendwoher und überall kommen – wir alle können gleichermaßen Kraft aus dem Universum beziehen –, auch wenn uns die Form, in der sie sich manifestiert, manchmal überrascht.
Anders ausgedrückt: Wenn wir alle gleich sind, spielen die »Ungleichheiten« keine Rolle mehr, und es gibt so etwas wie »Ungleichheiten« gar nicht.
Natürlich gibt es sie, wollen wir einwenden, und sie wirken gegen uns (oder gegen die anderen, und deshalb sollte ich nicht gierig sein oder meinen Anteil beanspruchen, denn dann würde sich jemand anderer schlecht fühlen).
Vergessen Sie's.
Sie haben richtig gehört. Menschen, die an ungleiche Chancen glauben, fühlen sich ohnehin schon schlecht. Sie sind einem Klub beigetreten, den sie selbst gegründet haben. Sie sind die Mitläufer, die »Außenseiter«, sogar die Verlierer. In Wirklichkeit ist es ein gemütlicher kleiner Klub, und man braucht nicht viel zu tun, um Mitglied zu sein. Es genügt, sich darüber zu beklagen, daß »sie« – die Insider, die Gewinner, die Glücklichen – einen an allem hindern.

Einer der vielen negativen Mythen, die in unserer Kultur über Künstler kursieren, besteht darin, daß es einen magischen Klub der Insider gibt, der bestimmt, wer es schafft und wer nicht. »Es ist alles nur Politik«, hört man griesgrämige Künstler murren. »Wichtig ist nur, wen man kennt, und nicht, was man tut.« Das ist eine verführerische, aber blockierende Vorstellung. Wenn das Spiel tatsächlich abgekartet ist, wozu sollte man sich dann überhaupt anstrengen? Wenn man die »richtigen Leute« kennen muß, wozu sollte man dann versuchen, echte Arbeit zu leisten? »Sie« sind ohnehin gegen einen.

Aber wer sind »sie«?

Sie sind unsere eigenen Vorstellungen, unsere Ängste oder falschen Befürchtungen, unsere von uns selbst geschaffene »Selbstwert-Decke«. Es sind nicht die anderen Leute. Wenn wir alle gleich sind, hat kein Mensch die Macht, das Gute in uns zu blockieren.

Also noch einmal: Wer sind »sie«? *Sie* sind unsere Wahrnehmung, die uns sagt, daß manche Leute mehr Macht haben als wir. Um genau zu sein, sind wir davon überzeugt, daß manche Menschen die Macht haben, zu unseren Träumen ja oder nein zu sagen.

Wenn wir alle gleich sind, haben wir alle denselben Ursprung. Wir alle haben Zugang zu der Unterstützung, die uns stark machen kann, wenn wir nur wagen, sie in Anspruch zu nehmen.

»Das ist ein großes ›Wenn‹«, sagen Sie jetzt vielleicht.

Nun, ja und nein. Auf diese Macht zuzugreifen ist eine echte Entscheidung. Wenn wir etwas wollen, suchen wir uns nur allzuoft eine Quelle, von der wir erwarten, daß sie uns das Gewünschte bringt. Diese »Quelle« kann eine bestimmte Person oder auch ein Unternehmen sein. Wenn sie tun, was ich will, dann ...

Aber mit diesem »Wenn sie tun, was ich will« verschenken wir unsere Macht. Wir geben der anderen Seite Macht über uns. Natürlich ist diese Macht eine Illusion, aber das spielt keine Rolle. Solange wir den Zugriff auf die Macht als Kompetenz anderer betrachten, brauchen wir die Macht nicht selbst auszuüben. Außerdem können wir weiter an unserem Glauben, unfähig zu sein, festhalten.

»Wenn nur mein Agent ein bißchen aggressiver wäre«, jammern wir und lehnen im selben Atemzug das Angebot einer Freundin ab, das Manuskript einem Bekannten zu schicken, der im Verlagswesen tätig ist.

»Wenn Hiram mir nur endlich diese Bänder mit den tollen Songs schicken würde, die wir vor zehn Jahren aufgenommen haben«, brummen wir, anstatt den Komponisten anzurufen, der sagte, er brauche einen Texter, und zwar auf der Stelle!

Wir verschwenden soviel Energie damit, an Türen zu klopfen, die nicht aufgehen, und gleichzeitig weigern wir uns, durch die anderen Türen zu gehen, die sich schon öffnen, wenn wir sie nur antippen. Wir hämmern an die Türen bestimmter Institutionen, und wir wollen, daß jemand, die *richtige* Person, die Tür öffnet, uns hereinruft und uns als »echten« Künstler bestätigt. Wir sehnen uns nach dem »Genehmigungsstempel«, den wir uns in Wirklichkeit selbst verpassen müssen. Ironischerweise öffnen sich ausgerechnet dann auf mysteriöse

Weise viele Türen, wenn wir uns selbst die ersehnte Würde und das Recht verleihen, unsere eigene Arbeit zu schätzen.

»Ich lebe in der Erwartung, daß sich alle guten Dinge in meinem Leben vervielfachen«, schrieb Dr. Ernest Holmes. Es ist unsere Aufgabe, diese Erwartung in uns selbst aufrechtzuerhalten.

»Die zeitliche Abfolge können wir nicht selbst festlegen«, sagt mein Freund Dusty, aber wir können auf jeden Fall daran denken, daß »noch nicht« nicht »nein« bedeutet. Sehen Sie sich nur den folgenden Text von Ernest Holmes an:

Da ich nur tun will, was gut und konstruktiv ist, Leben spendet und vor Leben sprüht, manifestiert sich in allem, was ich tue, göttlicher Überfluß. Deshalb weiß ich, daß ich bei allen meinen Unterfangen Glück haben werde. Ich weiß, daß ich unbegrenzte Möglichkeiten in mir trage. Und ich weiß, daß das unendliche Gute genau dort ist, wo ich bin, und daß es meine Erfahrungen aktiv prägt.

Übung: Schreiben Sie ein positives Gebet

Schreiben Sie in Ihren eigenen Worten ein Gebet, das fest und kraftvoll ausdrückt, daß Sie kein Opfer sind, sondern ein mit reichen Gaben gesegnetes, kreatives Wesen, dessen Möglichkeiten, zu wachsen und etwas zu leisten, grenzenlos sind:

Geliebte Quelle,
dankbar beanspruche ich mein Geburtsrecht als ein mit reichen Gaben gesegnetes Kind des Universums. Ich akzeptiere, daß für jedes Bedürfnis, das ich habe, ein universeller Strom existiert, der es erfüllt. Ich danke dir für diesen Strom. Ich danke dir für den göttlichen Plan voller Güte für mich und meine Arbeit. Ich weiß und nehme an, daß kein Traum zu kühn ist, als daß er nicht von uns beiden gemeinsam wahr gemacht werden könnte. Ich öffne mein begrenztes Denken deiner grenzenlosen Kreativität. Ich lade dich ein, mich wie einen Kanal zu durchströmen und meine kreativen Ideen als Erweiterung jener göttlichen Natur in die Welt zu tragen, die ich mit dir teile …

Beim Schreiben dieses Gebets stoßen Sie möglicherweise auf einen inneren Widerstand in Form von alten Situationen und Überzeugungen, von denen Sie glauben, daß sie Sie blockieren. Schreiben Sie Ihr Gebet trotzdem und gehen Sie dann zur nächsten Aufgabe über.

Übung: Illuminieren Sie Ihr Gebet

Viele der schönsten Dokumente des Mittelalters sind Skripten, die von Mönchen im Rahmen ihrer spirituellen Arbeit gewissenhaft und detailgetreu »illuminiert« wurden. Ein heiliges Dokument wie Ihr Gebet verdient eine solche Verschönerung.

Gehen Sie in einen Kramladen, ein Geschäft für Malutensilien oder in eine Papierhandlung und besorgen Sie sich eine kleine Flasche Goldfarbe und einen Pinsel. Oft sind dort auch Goldstifte oder Marker in Goldfarbe erhältlich. Arbeiten Sie entweder mit Feder und Tusche oder mit Buchstaben zum Abrubbeln, falls Ihnen das lieber ist. Schreiben Sie Ihr Gebet, verzieren Sie es und hängen Sie es an die Wand. Vielleicht ist Ihnen der Trick von Nutzen, den ich im Gymnasium lernte: Sengen Sie die Ecken Ihres Papierblatts mit einem Streichholz an, um dem Blatt ein richtig »antikes« Aussehen zu verleihen.

Übung: Das Schuldzuweisungsspiel
Runde eins: Ereignisse

Listen Sie nun bitte zehn Situationen oder Fakten aus Ihrem Leben auf, von denen Sie glauben, daß sie das Gute in Ihnen blockieren. Als nächstes listen Sie verschiedene Möglichkeiten auf, wie Sie diese Blockaden in Ihrem gegenwärtigen Leben beheben könnten:

- Wenn ich auf ein besseres College gegangen wäre, wäre mein intellektuelles Selbstwertgefühl sicher stabiler. (Besuchen Sie einen Abend- oder Auffrischungskurs auf einem Gebiet, von dem Sie glauben, daß Sie darin schwach sind.)
- Wenn mich meine Eltern besser unterstützt hätten, könnte ich jetzt all die verschiedenen Möglichkeiten, die ich habe, durchdiskutieren und mir Rat holen. (Suchen Sie sich ältere Freunde oder Verwandte, einen Priester oder eine Sozialarbeiterin, und bitten Sie die gewählte Person, die aktuellen Alternativen mit Ihnen durchzusprechen.)
- Wenn ich nicht meine gesamte Energie in Harrys Karriere investiert hätte, hätte ich inzwischen sicher schon meinen Universitätsabschluß. (Holen Sie Informationen ein, was Ihnen zu dem Abschluß auf Ihrem Gebiet noch fehlt. Listen Sie all die großartigen Dinge auf, die Sie für Harry taten, und tun Sie nun mindestens eines dieser Dinge für sich selbst.)

1. ______________________________

____

2. ______________________________

____

3. ______________________________

____

4. ______________________________

____

5. ______________________________

____

6. ____

____

7. ____

____

8. ____

____

9. ____

____

10. ____

____

Denken Sie daran, nicht nur das Problem aufzulisten, sondern auch die dazugehörige Lösung!

Das freiwillige Opfer

Eine der verhängnisvollsten Lügen, die wir uns selbst immer wieder erzählen, ist die, daß immer jemand anderes schuld sei. Wenn sie nur ... dann hätten wir ...
Wenn wir starken Groll entwickeln, blockieren wir uns fast immer selbst. Wir wissen, was wir gerne tun möchten und was dazu nötig wäre, aber wir sind noch nicht soweit. Deshalb geben wir jemand anderem die Schuld an unserem Unbehagen. Unser Gefühl, daß wir uns nach vorn bewegen und einen Schritt machen sollten, steht im Widerstreit zu unserem Wunsch, untätig und in Sicherheit zu bleiben. Zum Punchingball in diesem inneren Dialog machen wir am liebsten einen Freund, unseren Chef oder irgend jemanden, der für unser unschlüssiges Selbst einspringen kann, das zitternd auf dem Sprungbrett steht und sich nicht zu springen traut.
Wut und Schuldzuweisungen sind oft Symptome für bevorstehende Veränderungen. Viele Menschen empfinden Veränderungen als bedrohlich, deswegen sträuben sie sich dagegen, und zwar indem sie anderen die Schuld an dem Zustand geben, in dem sie sich befinden (wütend, verärgert), so daß sie nichts unternehmen müssen, was den Ärger oder die Frustration lindern könnte. Schuldzuweisungen und Groll sorgen dafür, daß wir in der Opferrolle steckenbleiben. Sie schaffen Scheuklappen, die es uns schwermachen können, unsere Optionen zu sehen. Wenn wir »auf den Anruf eines Freundes warten« müssen, der uns hängenläßt, brauchen wir uns

weder umzuziehen noch unsere Gewohnheitsmuster zu ändern. Wir brauchen nicht einmal aus dem Haus zu gehen, um uns das Theaterstück anzusehen, für das wir Karten haben, nicht wahr?

Wut erzeugt Adrenalin, und Adrenalin gibt uns das Gefühl, stark zu sein. Uns stark zu fühlen ist etwas, was wir anstreben – nicht verwundbar oder verängstigt oder offen für neue Ereignisse, Menschen, Orte und Erfahrungen. Stark, aber festgefahren: Was für eine schöne, sichere Position!

Wir wollen vermeiden, daß wir etwas falsch machen, und so verzichten wir oft von vornherein darauf, überhaupt etwas zu tun. Wir vermeiden Fehler, indem wir jemand anderem die Schuld in die Schuhe schieben und dann ordentlich wütend auf ihn werden. Wir pumpen so lange Adrenalin, Wut oder Angst in unser System, bis uns unsere körpereigenen Chemikalien buchstäblich unter Drogen setzen.

»Wenn er doch nicht ein solches Arschloch wäre – einfach nicht anzurufen und mir diese konfuse Nachricht bei der Sekretärin zu hinterlassen –, dann hätte ich die Ruhe und Konzentration, dieses Musikstück hier fertigzukomponieren ...«

Wer sagt denn (außer unserer inneren Perfektionistin, die ja die ganze Zeit Fleißübungen macht), daß wir ruhig und konzentriert sein müssen, um ein Musikstück zu komponieren? Vielleicht können wir am Boden zerstört sein und trotzdem komponieren. Vielleicht komponieren wir etwas und machen dabei Fehler, die wir später korrigieren. Vielleicht brauchen wir nicht perfekt zu sein

oder perfekte Leistungen zu erbringen. Vielleicht gestatten wir uns, eine Lernkurve zu durchlaufen. Vielleicht ist es ein klein wenig Mitgefühl, das wir brauchen. Natürlich haben wir Angst davor, etwas Neues auszuprobieren: ein Musikstück zu komponieren, einen Siebdruck anzufertigen, ein paar Vorhänge zu nähen! Wir haben es ja schließlich noch nie in unserem Leben gemacht!
Die Tatsache, daß wir etwas bereits einmal gemacht haben, weckt bei unserer inneren Perfektionistin kein Mitgefühl. Ganz im Gegenteil, genau in diesen Situationen schärft sie ihre kleinen, spitzen Krallen! Die Nadelstiche beginnen, wenn wir auch nur mit dem leisesten Gedanken daran spielen, etwas zu machen, wofür wir keine Erfolgsnachweise aus der Vergangenheit beibringen können – und dabei spielt es keine Rolle, ob dieses Etwas Liebe, Musik oder Reiten im Damensitz ist. Was für unsere innere Perfektionistin zählt (und das *einzige*, was für sie zählt), ist die Gefahr, daß wir ihr die Kontrolle über unser Leben entziehen und tatsächlich ein wenig zu leben beginnen könnten.
Die innere Perfektionistin ist ein Wachposten. Am besten stellen Sie sie (ihn/es) sich als gut programmierten, nicht besonders phantasiebegabten Troll vor. Dieser Troll führt einfach seine Aufträge aus, um Sie davon abzuhalten, von einem bestimmten Weg abzuweichen. Er hat strikte Anweisung, keine Erkundungsgänge zuzulassen und Sie daran zu hindern, die Wälder der Phantasie zu durchstreifen. Schließlich könnten Sie darin zu Schaden kommen!
Wenn Sie also Ihre innere Perfektionistin nicht dazu

bewegen können, irgendeine Art Mitgefühl für Sie aufzubringen – und ich würde sagen, daß diese Wahrscheinlichkeit hoch ist –, versuchen Sie doch einmal Ihrerseits, ein wenig Mitgefühl für diesen armen kleinen Troll zu empfinden.

Manche Dinge machen uns größer. Risiken auf uns zu nehmen ist eines davon. Keine Risiken einzugehen bedeutet, daß wir darauf bestehen, klein zu bleiben. Ich möchte Ihnen zwei besonders schmerzliche Fallgeschichten schildern, um diesen Punkt zu illustrieren. Wenn Sie feststellen, daß Sie dauernd denken: »Genug! Genug! Genug!«, dann haben meine Schilderungen bei Ihnen offensichtlich etwas ausgelöst. Viele Menschen haben jede Menge Zeit und Energie damit verschwendet, anderen die Schuld daran zu geben, daß sie sich in ihrem Leben festgefahren haben.

Clarisse, die sich danach sehnte, Schriftstellerin zu werden, war eine schwer arbeitende, alleinerziehende Mutter, die zu allein war, wie sie nur allzu bereitwillig einräumte. Aber all das war die Schuld ihrer Tochter. »Meine Tochter braucht eine echte Mutter«, pflegte sie zu sagen.

»Wenn ich Zeit hätte, würde ich schreiben«, sagte Clarisse.

Natürlich hatte Clarisse Zeit, aber sie verwendete sie dazu, die Bücher anderer Leute zu lesen, um fernzusehen und sich Videos über das Leben anderer Menschen anzusehen. Clarisse verschaffte sich ihre Abenteuer aus zweiter Hand. Obwohl sie ihr Schicksal nach außen hin edelmütig und tapfer ertrug, war Clarisse in Wirklichkeit

verbittert und ängstlich; sie war nicht bereit, sich zu verändern, zu wachsen, etwas zu riskieren oder sich verwundbar zu zeigen.
Justin ist ein ausgezeichneter Maler – wenn er Zeit zum Malen findet. Es gibt nämlich etwas, worin er wirklich berühmt werden möchte: er will einen perfekten Vater abgeben. Trennung von seinen Kindern? Nichts für ihn. Jeden Abend ist er bei seinen drei Söhnen. Er ißt gemeinsam mit ihnen, sieht mit ihnen fern und bringt sie zu Bett. Für das Malen findet er höchstens eine oder zwei Stunden am Wochenende Zeit, und auch das nur, wenn die Jungen nichts anderes vorhaben, was wichtiger ist.
»Was kann ich tun? Sie haben nur eine einzige Kindheit«, sagt er tapfer. Obwohl es niemand wagt, ihm das ins Gesicht zu sagen, versucht Justin, ein zweites Mal Kind zu sein: Er benutzt seine Kinder dazu, keine Verantwortung für seine eigenen Erwachsenenträume übernehmen zu müssen. Das ist etwas ganz anderes, als die eigene Kreativität auszuleben und so ein Vorbild für die Kinder abzugeben.
Was ich sagen will, ist: Ob Sie nun für Ihre leiblichen Kinder oder für Ihr eigenes kreatives Kind in die Elternrolle schlüpfen – spielen Sie ein wenig. Das wird in Ihrem Leben vieles verändern.

Übung: Das Schuldzuweisungsspiel
Runde zwei: Menschen

Bitte listen Sie nun zehn Menschen auf, die Sie beschuldigen, weil sie Sie in Ihren Bestrebungen behindern. Wovon halten diese Menschen Sie ab? Wie könnten Sie diese Einmischung verhindern?

- Meine Kinder: Keine Zeit zum Malen. (Setzen Sie sich mit der Staffelei zu ihnen ins Fernsehzimmer.)
- Meine Schwester: Sie ruft mich immer ausgerechnet abends an, wenn ich Zeit zum Schreiben hätte. (Schalten Sie nach achtzehn Uhr den Anrufbeantworter ein.)
- Meine eifersüchtige Freundin: Sie entmutigt mich jedes Mal, wenn ich ein Risiko eingehen will. (Sagen Sie ihr nicht mehr, welche riskanten Dinge Sie vorhaben.)

1. ______________________________
2. ______________________________
3. ______________________________
4. ______________________________
5. ______________________________
6. ______________________________
7. ______________________________
8. ______________________________
9. ______________________________
10. ______________________________

Nun, da Sie aufgelistet haben, was Sie tun könnten, um sich in den genannten Situationen von der Opferrolle zu befreien, wählen Sie eine der oben aufgelisteten Möglichkeiten und setzen Sie sie in die Tat um. Wenn Sie es geschafft haben, streichen Sie sie von Ihrer Liste und gehen Sie zum nächsten Punkt über. Diese Liste ist ebenso wie die Morgenseiten und Ihre Lebenserzählung nur für Ihre Augen gedacht. Sie sollten sie aber an einem Ort aufbewahren, wo sie Ihnen leicht zugänglich ist. Eine gute Idee ist es, die Hilfe Ihrer Kreativitätsgruppe in Anspruch zu nehmen, wenn Sie vorhaben, sich eines der bedrohlicheren Vorhaben auf der Liste vorzunehmen. Ich nenne das »ein kreatives Sandwich machen«. Hier ist das Rezept:

Sie: Ich werde es tun. Ich werde ____________________.
Verbündete/r: Okay. Ruf mich gleich an, wenn du es getan hast.
Sie: Jawohl! Ich habe es getan! Ich habe ____________________.

Übung: Spielen Sie ein wenig

Wenn ich unterrichte, werde ich sehr oft gefragt: »Julia, was kann ich tun, damit meine Kinder kreativ bleiben?«

»Selbst kreativ bleiben«, ist meine Antwort. »Wenn Sie Ihre eigene Kreativität pflegen, werden Sie auch genau wissen, wie Sie die Kreativität Ihrer Kinder anregen können. Außerdem lernen Kinder aus dem, was wir tun, und nicht aus dem, was wir sagen.«

Hier denke ich einen Augenblick lang an meine eigene Kindheit zurück, an die langen Winternachmittage, an denen ich mit meiner Mutter Papierschmuck bastelte, vielzackige Sterne, bedeckt mit Wachs und Glitzer. Unser Haus hatte einen spiralförmig gewundenen Treppenaufgang. Meine Mutter verwendete ihn als Wechselgalerie. Monat für Monat hängte sie dort Poster der Bilder eines anderen Malers auf – Matisse, van Gogh, Gauguin, Monet. Einer nach dem anderen, um uns damit vertraut zu machen. Meine gitarrespielenden Geschwister brauchten kein Geschirr zu spülen. Wenn sie spielten, griff meine musikliebende Mutter nur allzugern selbst zur Abwaschbürste. Die fünf Dinge, die ich unten aufliste, sind schwierig, wenn man gar keinen Sinn für Spielereien hat oder tief in der Märtyrerrolle steckt, doch bitte tun Sie alles!

1. Kaufen Sie sich eine Glocke. In Kramläden finden Sie oft Glocken oder Glockenketten, die sehr wenig kosten. Auch in Stoffgeschäften gibt es manchmal kleine Silberglocken, die Sie an Ihre Socken nähen oder an die Schuhbänder Ihrer Sportschuhe knoten können. Es ist fast unmöglich, deprimiert zu sein, wenn Sie bei jedem Schritt frohe, klingelnde Töne hören.
2. Kaufen oder machen Sie sich eine Rassel. Besorgen Sie sich getrocknete Bohnen aus dem Reformhaus. Dann füllen und verzieren Sie ein Blechdose oder einen anderen Behälter. Manche Teedosen geben ebenfalls ausgezeichnete Rasseln ab. Verwenden Sie

Ihre Rassel jedesmal, wenn Sie das Gefühl haben, daß Ihre Energie ins Stocken gerät.

3. Kaufen oder bereiten Sie sich Ihr Lieblingsessen aus Ihrer Kindheit zu. Schokoladepudding oder Grießbrei mit bunten Zuckerstreusel haben etwas an sich, das uns aufheitert.
4. Backen Sie Weihnachtskekse, ganz gleich, welche Jahreszeit gerade ist. Sie können Ihre Kreativgruppe dazu einladen oder die Kekse als verrücktes Geschenk an die Mitglieder verschicken. Vergessen Sie aber nicht, auch selbst welche zu essen!
5. Machen Sie selbst Konfekt oder Gemüsesuppe – und zwar so viel, daß etwas zum Einfrieren und zum Verschenken übrigbleibt.

Wo tut es weh?

Wenn unsere Gefühle verletzt sind und uns in unserem künstlerischen Tun behindern, wiederholen wir oft ein und dieselbe Phrase, die uns einen Hinweis darauf geben kann, was uns in Wirklichkeit kränkt.

Das Telefon mit meiner Geheimnummer klingelte, während ich schrieb. Da ich dachte, es sei mein Lehrpartner, nahm ich den Hörer ab.

»Hallo«, sagte ich. Am anderen Ende der Leitung war eine eigenartige Frau. Ich erklärte ihr, daß dies meine Arbeitszeit sei und daß ich keine Zeit für eine Unterhaltung hätte. Das interessierte sie nicht. Sie spürte nicht, daß sie eine Grenze überschritten hatte.

»Aber ich *möchte* mit Ihnen sprechen«, beharrte sie. Sie erklärte, daß sie Probleme mit ihrer Kreativität hätte, aber nichts unternehmen wollte, wobei es um ein »inneres Kind« ginge.

»Ich kenne keine Art von Kreativität, bei der das innere Kind nicht im Spiel ist«, sagte ich. »Meiner Erfahrung nach werden unsere kreativen Projekte von unbewußten Verletzungen unseres inneren Kindes sabotiert. Ich stelle es mir vor wie das Ungeheuer von Loch Ness. Sie zeichnen da diesen ruhigen See, und plötzlich tauchen aus dem Nichts dieser eigenartige Hals und dieser Kopf auf ... Das ist das kreative Monster Ihres inneren Kindes, das sagt: ›Du kannst es nicht!‹«

»Vielleicht«, erwiderte die Frau zweifelnd. »Aber das, was Sie vorschlagen, will ich nicht machen.«

»Dann lassen Sie es eben«, sagte ich zu ihr. »Es liegt an Ihnen. Ich kann die Entscheidung nicht für Sie treffen.«
»Darum habe ich Sie auch nicht gebeten ... Madam«, schnappte sie, und der Sarkasmus tropfte geradezu aus dem Hörer.
Autsch! Ich legte auf und holte mir meine Rasseln – Spielzeug, das ich immer in der Nähe habe, falls ich Aufheiterung brauche. Ich schüttelte sie eine Zeitlang, stampfte mit den Füßen. Ich war ungeheuer wütend und verletzt. Es war einfach nicht fair, daß sie angerufen und mich bei meiner Arbeit gestört hatte und noch dazu gemein gewesen war. Es war nicht fair!
Ich fragte mich, woher das wohl kam. Trug ich ein schmerzhaftes Muster in mir, das da lautete: Das ist nicht fair? War es gerade wieder ausgelöst worden?
Jawohl, so war es. Meine vielsagende Phrase erwies sich als die Spitze eines Eisbergs.
Als Künstlerin muß ich verwundbar und empfindlich für Schmerz bleiben, denn sonst habe ich nicht die für meine Arbeit notwendige Sensibilität. Unser Ideal ist, daß unser erwachsenes Selbst und unser künstlerisches Kind ständig miteinander kommunizieren. Auf diese Weise kann der »Erwachsene« nicht als Tyrann, sondern als Verteidiger des verwundbaren künstlerischen Selbst fungieren, während gleichzeitig das künstlerische Selbst dem der Welt überdrüssigen Erwachsenen als Führer, Spielkamerad und Begleiter dienen kann. Ich muß auf beide Teile meines Selbst hören.
Danieli, ein begabter Setdesigner, fiel während der Arbeit an einem großen Projekt auf mysteriöse Weise bei

seinem Regisseur in Ungnade. Es wurde nicht darüber gesprochen, aber plötzlich wurde Danieli nicht mehr zu den wichtigen Besprechungen eingeladen, und wenn er erschien, gab man ihm das Gefühl, nicht willkommen zu sein. Die Ungewißheit machte Danieli schließlich paranoid und defensiv. Bei der Arbeit hatte er das Gefühl, auf Eierschalen zu gehen. Selbst jetzt, nach einem Jahrzehnt, ist die Erinnerung sehr schmerzvoll für ihn, und er hat echte Narben davongetragen.

Der Regisseur, der Danieli so verrückt gemacht hatte, wußte sehr gut, daß er bei seinen Mitarbeitern Paranoia auslösen konnte, indem er nicht laut sagte, was er offensichtlich dachte. Seine Filme waren bekannt für ihre Verschwörungshandlungen voller machiavellistischer Intrigen, und dasselbe galt für das tägliche Leben, das er führte.

Der arme Danieli, der ein heiterer Mann mit einer eindeutigen Präferenz für freundliche, klare Kommunikation war, mußte feststellen, daß die Freude an seiner Arbeit vom nebulösen Verhalten seines Regisseurs überschattet war. Der Regisseur hatte sich diese Unklarheit zur Gewohnheit gemacht, wenn er sie nicht sogar absichtlich pflegte.

»Wo tat es denn genau weh?« fragte ich Danieli. »Welches Gefühl erzeugt ein solches Verhalten in dir?«

»Es gibt mir das Gefühl, unsichtbar zu sein«, antwortete Danieli wie aus der Pistole geschossen und mit großer Emotion.

Ich stellte Danieli dieselbe Frage, die ich mir selbst gestellt hatte: Konnte diese Phrase, die er da gerade verwendet hatte, ein Hinweis auf ein bestimmtes emotionales Narbengewebe sein? Trug er ein Muster in sich, das bewirkte, daß man ihn so behandelte, als sei er unsichtbar?

Und ob!

Als künstlerisch begabtes Kind künstlerischer, aber narzißtischer Eltern (diese beiden Eigenschaften müssen übrigens nicht Hand in Hand gehen!) mußte Danieli damit zurechtkommen, daß seine jugendliche Kreativität übersehen und zuwenig gefördert wurde. Schon in einer frühen Phase seiner beruflichen Karriere hatte er seine Dienste in großzügiger Weise einem jungen Regisseur angeboten, der Danielis Hilfe gern in Anspruch nahm, dann aber die gesamten Lorbeeren für Danielis Arbeit selbst einheimste und niemals, nicht einmal, nachdem er berühmt geworden war, anerkannte, wie entscheidend Danielis Beitrag für sein frühes Meisterwerk gewesen war.

Ab diesem Zeitpunkt konnte Danieli rückblickend Spuren des Unsichtbarkeitsmusters bei sich feststellen: die harte Arbeit als Koregisseur, bei der er leer ausging, während ein anderer Regisseur den Ruhm für sich beanspruchte, die »Hilfe«, die er als Setdesigner anbot, während andere die Ergebnisse allein auf ihr Konto buchten ...

Mit einem Schlag wurde Danieli klar, daß er sich zwei Jahrzehnte lang von einem destruktiven Muster hatte lähmen lassen. Er erkannte, daß er oft als kreative Trägerrakete für die aufsteigenden Sterne anderer Leute gedient hatte. Diese Art der »unsichtbaren« Hilfe hatte bei Danieli einen bitteren Nachgeschmack hinterlassen, und er war sich bezüglich seiner eigenen, beträchtlichen Kräfte und Begabungen im unklaren geblieben. Unsichtbar sein macht keinen Spaß!

Als Danieli über seine Gefühle sprach, vollzog er einen Schritt in Richtung Sichtbarkeit. Unabhängig davon, ob der berühmte Regisseur Danielis Arbeit jemals anerkennen wird, hat Danieli dies nun zumindest selbst getan, und das ist bereits in großer Schritt in die richtige Richtung.

Wenn wir wütend oder in unserer Kreativität frustriert sind, verdrängen wir unsere Kraft. Wir gestatten es jemand anderem, unseren Wert zu beurteilen, und dann sind wir böse, weil man uns unterschätzt.

In Wirklichkeit kann uns kein anderer Mensch, keine Institution und kein Kritiker ohne unsere Zustimmung Kreativität zuerkennen oder absprechen. Allerdings sind wir manchmal gut beraten, um Anerkennung zu kämpfen: die Anerkennung für ein Drehbuch, das wir verfaßt haben, die termingerechte Bezahlung eines Bildes, das die Galerie verkaufte. Oft jedoch sind die Schritte, die wir machen müssen, innerer Natur: zu erkennen, wo es weh tut, wie es weh tut und was wir tun können, um den Schmerz zu lindern. Der größte Beitrag, den wir zur Heilung einer künstlerischen Wunde erbringen können, besteht darin, daß wir uns selbst schätzenlernen, und die folgenden Aufgaben bedeuten Schritte in diese Richtung.

Übung: Holen Sie sich Ihre Kraft zurück

Listen Sie fünf Situationen auf, in denen Sie zuließen, daß Ihr kreativer Wert von anderen bestimmt wurde. Halten Sie dabei sowohl nach positiven als auch nach negativen Situationen Ausschau. (»Sie sagte, ich sei brillant, und deswegen bin ich brillant.«) Wenn wir uns zu sehr auf die Meinung anderer verlassen, sei sie nun positiv oder negativ, kann uns dies davon abhalten, unseren eigenen kreativen Kurs zu steuern.

Übung: Beziehungscollage

Bei der ersten Collage geht es um Ihre negativen kreativen Beziehungen. Diese Collage ist ein sehr kraftvolles Werkzeug, das Ihnen unerwartete Klarheit und Erleichterung schenken kann. Ich verwendete diese Übung zur Klärung einer Beziehung, die mir Schmerz bereitete, weil sie eine vielversprechende Zusammenarbeit zerstörte. Beim Anfertigen der Collage konnte ich meinen Schmerz durchleben und aus der Tatsache, daß ich die Arbeit allein in Angriff genommen und fertiggestellt hatte, ein neues Selbstwertgefühl gewinnen. Diese Leistung war mir in meinem Kummer über das, was »hätte sein können«, vollkommen entgangen.

Übung: Collage der Fülle

Legen Sie Ihre Erweiterungsmusik auf. Suchen Sie ein aktuelles Foto von sich, das Sie in die Mitte eines großen Blattes kleben. Nun gruppieren Sie rund um Ihr Foto viele Bilder, die für Sie von Wert sind. Das ist eine Collage der Fülle, eine Collage, in der wir uns an einen Platz mit einer Menge von Ressourcen zurückversetzen, die uns vom Universum im Überfluß geschenkt werden.

Übung: Siege auflisten

Bei den amerikanischen Ureinwohnern pflegten die Krieger, die vom Kampf zurückkehrten, über alle Siege zu berichten, die sie errungen hatten. Gehen Sie zu Ihrer Lebenserzählung zurück und listen Sie hundert Ihrer Lieblingssiege auf, Dinge, auf die Sie stolz sind. Das kann alles sein – das »Schreiben eines Theaterstücks« oder daß Sie »Lucy den Kopf gewaschen« haben, »wegen der Dinge, die sie zu meiner Schwester über mich sagte«. Die Siege können ganz klein sein, und sogar Dinge, auf die niemand anderer stolz sein könnte. Ich bin zum Beispiel stolz auf die Tatsache, daß ich in der Grundschule einem Jungen eine Abreibung verpaßte, der alle Mädchen verprügelte!

Übung: Wer hat das Gold?

Setzen Sie sich mit einem Notizblock und einem Schreibstift hin. Fangen Sie ganz am Anfang an und listen Sie alle kreativen Dinge auf, die Sie je getan haben und an die Sie sich erinnern können. Dieses Werkzeug, das in *Arts Anonymous* entwickelt wurde, wird auch Kreativinventur genannt. Es ist sehr wirkungsvoll, weil es Ihnen hilft, Ihre Kraft in eine ganz andere Perspektive zu rücken!

Batterien

Nachdem wir uns nun all die Gelegenheiten angesehen haben, bei denen wir herabgesetzt werden, sollten wir eine kleine Pause einlegen, um all das noch einmal zu überprüfen. Ja, Sie haben richtig gelesen, noch einmal. Denn es geht darum, festzustellen, wo es »undichte Stellen« in unserem Leben gibt, durch die wir Zeit und Energie verlieren. Oft wissen kreative Menschen gar nicht, wie kreativ sie sind, weil sie ihre kreative Kraft nicht für sich selbst einsetzen.

Wenn wir versuchen, uns ein wenig Zeit für uns allein zu reservieren, tun manche Leute so, als wären wir drauf und dran, ein Verbrechen zu begehen, etwas, was unter die Überschrift »tätlicher Angriff« oder »Gewaltanwendung« fallen könnte. Unsere Forderung nach ein bißchen Zeit für uns selbst trifft sie wie ein Keulenschlag. Oft benutzen uns die Menschen in unserer Umgebung als Batterie, und wir spielen diese Rolle bereitwillig für sie. Viele sehr kreative Menschen sublimieren ihre eigene Kreativität, um sie in den Dienst anderer zu stellen.

Da ist dieses Wochenende, das Sie sich reserviert haben, um Ihre Bewerbung für den tollen Job zu schreiben, den Sie so gern an Land ziehen würden. Da ist aber auch das Wochenende, an dem Ihr Partner eine Fundraising-Veranstaltung inszeniert. Die Abgabefrist für Ihre Bewerbung ist der Dienstag. Das Fundraising dauert nur einen Tag. Natürlich haben Sie bereits mehrere Wochenenden investiert, um Ihrem Partner bei der Organisation

einer Veranstaltung zu helfen, für die er und nur er allein die Lorbeeren einheimsen wird. Da es wirklich nur noch ein einziger weiterer Tag ist, wird es Sie doch nicht umbringen, wenn sie ihn auch noch investieren, oder?
Nun, sehen wir uns das einmal an. Das Helfen kostet Ihre Zeit und Ihre Energie, und es kostet Sie möglicherweise auch noch den Job, den Sie so gern hätten. Die Bewerbung ist am Dienstag fällig. Am Montag werden Sie vollkommen erschöpft sein – ganz zu schweigen von der Tatsache, daß Sie an diesem Tag die volle berufliche Leistung erbringen müssen. Natürlich könnten Sie die Nacht durcharbeiten, aber dann wären Sie am Dienstag k. o., und schließlich arbeiten Sie auch nicht aus reinem Jux.
Lassen Sie es mich anders ausdrücken: Sie arbeiten, um Geld für Ihren Lebensunterhalt zu verdienen.
Viele äußerst kreative Menschen arbeiten für den Lebensunterhalt, leisten aber auch die ganze Arbeit, die das Zusammenleben erfordert. Wir sind es doch, die bis zwei Uhr morgens wach bleiben, um unserem Partner bei seinem Brainstorming zu helfen oder ihn vor und nach wichtigen Ereignissen zu beruhigen. Wir warten darauf, daß man uns dankt, und fragen uns, warum das nicht geschieht. Und wenn es wider jede Wahrscheinlichkeit doch geschieht, fragen wir uns, ob ein einfaches »Dankeschön« für die Schäden ausreicht, die wir durch unseren Altruismus unseren eigenen Lebensplänen zufügen.
»Sei nicht egoistisch«, sagen wir uns. Das ist eine Phrase, die viele von uns ihr ganzes Leben lang eingebleut beka-

men, besonders in Situationen, in denen unsere eigenen Pläne mit denen anderer kollidierten, die uns als ihre kreative Batterie verwendeten.

Es ist höchste Zeit, daß wir egoistisch werden. Lassen Sie mich hier definieren, was ich meine: In einem gesunden Sinn egoistisch zu sein bedeutet, im Interesse unseres Selbst zu agieren, und das bedeutet auf jeden Fall, daß wir dieses Selbst fragen sollten, ob es bei den Anforderungen, die an unsere Energie gestellt werden, etwas fühlt, und wenn ja, was.

»Könntest du?« werden wir gefragt.

»Natürlich«, sagen wir oft, noch bevor der Fragesteller seine Bitte zu Ende formuliert hat und bevor uns klargeworden ist, welche Auswirkungen dieses Ansinnen auf unser Leben haben wird.

»Könntest du mir bei diesem Buch helfen?« bedeutet: »Könntest du mir deine Zeit, dein Fachwissen, deine Erfahrung zur Verfügung stellen? Könntest du mir deine Wochenenden, deine Abende, deine Freizeit schenken?«

»Könntest du mein Buch für mich tippen?« bedeutet: »Könntest du mir dabei helfen, mein Projekt in der Zeit abzuwickeln, in der du selbst schreiben oder diesen Malkurs machen könntest, zu dem du zweimal pro Woche gehen müßtest?«

Vielen kreativen Menschen wurde beigebracht, daß ihre Begabungen anderen Leuten das Gefühl geben, minderwertig zu sein – wie unseren weniger musikalischen Geschwistern zum Beispiel. Man brachte uns entweder bei, unser Licht unter den Scheffel zu stellen, oder den

Reichtum zumindest zu teilen und unsere Kreativität zugunsten anderer einzusetzen.
Wir führen uns diese Dinge meist nicht klar vor Augen, aber viele Menschen, die anderen gewohnheitsmäßig als Batterie dienen, wurden schon in frühen Jahren genau darauf programmiert. Vielleicht finden Sie den Ausdruck »programmiert« ein wenig zu hart und fragen: »Du meinst doch nicht, daß die das mit Absicht getan haben?«
Doch. Sie taten es mit Absicht. Nein. Sie taten es nicht mit Absicht. Welchen Unterschied sollte das machen? Sie taten es jedenfalls, und es ist nun an uns, die Entprogrammierung unserer Persönlichkeit vorzunehmen und Anspruch auf die Kraft, auf die Energie und auf die Zeit zu erheben, die uns gehören.

Übung: Lehnen Sie es ab, weiterhin als Batterie zu fungieren

Bei dieser Übung werden Sie die Namen von zehn Personen auflisten, denen Sie als Batterie dienen. Fangen Sie mit früheren Situationen an – wie Sie die Semesterarbeit Ihres Bruders schrieben, wie Sie das Biologieprojekt Ihrer Schwester konzipierten – und arbeiten Sie sich aus der Vergangenheit zur Gegenwart vor. Erinnern Sie sich an das Projekt, für das Ihre Chefin das ganze Lob kassierte, oder wie Sie die Geschäftspläne für Ihren Mann oder Ihre Frau ausarbeiteten, wie Sie die gesamte Vorbereitungsarbeit für das Dinner, die Verkaufskonferenz etc. etc. erledigten:

1. ______________________________
2. ______________________________
3. ______________________________
4. ______________________________
5. ______________________________
6. ______________________________
7. ______________________________
8. ______________________________
9. ______________________________
10. ______________________________

WARNUNG! Schmoren Sie jetzt nicht im Eintopf reaktivierter Ressentiments, sondern gehen Sie direkt zur nächsten Aufgabe über, bei der die Ressentiments mit Hilfe von Alchimie in goldenes Selbstwertgefühl verwandelt werden:

Übung: Schreiben Sie Ihren »Schattenlebenslauf«

Eine Art der Manipulation kreativer Menschen besteht darin, daß ihre Arbeit niemals anerkannt wird. Diejenigen, die sie als Batterien verwenden, tun oft so, als käme der kreative Treibstoff, den sie beziehen, und damit selbstredend auch das entsprechende Ergebnis, in Wirklichkeit von ihnen selbst.
Eine meiner Bekannten fungierte als »Koautorin« der Bücher ihres Mannes, eines Arztes. In Wirklichkeit war sie es, die diese Bücher schrieb. Sie war die Autorin von zweien dieser Bücher, aber er erkannte das nie an, und

sie selbst tat es ebenfalls nicht. Als ich sie vor kurzem traf, bat sie mich, das erste Buch zu lesen, das sie im Alleingang geschrieben hatte. Ich tat es, und es war – exzellent. Ich beeilte mich, sie anzurufen.

»Findest du es wirklich gut?« fragte sie ängstlich. »Meinst du wirklich, ich kann schreiben?«

»Natürlich kannst du«, antwortete ich. »Wer schrieb denn all die Bücher mit deinem Mann?«

»Nun, eigentlich war *ich* das«, sagte sie, ein wenig überrascht.

Viele von uns haben weit mehr Arbeit auf viel mehr Gebieten geleistet, als wir für uns in Anspruch nehmen. Reklamieren Sie diesen Anspruch. Gehen Sie Ihre Lebenserzählung durch und halten Sie Ausschau nach Menschen, die Sie als Batterie benutzten, und nach den Situationen, in denen das so war.

Nehmen Sie sich die Zeit, um zu Ihrer Lebenserzählung alle Leistungen hinzuzufügen, von denen Ihnen nun bewußt wird, daß Sie sie bisher übersehen oder unterschätzt haben.

Obsession

Bevor wir uns von den Dingen abwenden, die unsere Zeit und unsere Energie verschwenden, möchte ich noch einen Blick auf eine andere Verhaltensweise werfen, mit der sich kreative Menschen häufig selbst sabotieren: »unerwiderte Liebe«, auch Obsession genannt.

Für blockierte Kreative erfüllt die unerwiderte Liebe durchaus ihren Zweck: Sie hält sie davon ab, sich selbst zu lieben. Wenn wir uns nicht selbst lieben, verdienen wir all die Abenteuer, Leistungen und Errungenschaften nicht, die uns zustünden, wenn wir liebenswert wären. Suchen Sie sich also jemanden, der nicht auf Sie reagiert, und Sie werden wundervoll blockiert sein und sich wie festgefahren vorkommen.

Wenn So-und-so mich nur lieben würde, könnte ich ... Ach, mit ein bißchen Unterstützung (So-und-sos Unterstützung natürlich) könnte ich so gut wie alles tun, was ich wollte ... Ach Gott, ich frage mich, ob er/sie mich liebt?

Dieses Grübeln nimmt einen großen Teil unserer Zeit und sogar noch mehr Energie in Anspruch. Eine ungewisse Liebesgeschichte von der Art, die in Ihnen Sehnsucht nach mehr weckt, macht süchtig. Wissenschafter wissen seit langem, daß sporadische Verstärkungen eine Ratte viel besser zu einer gewünschten Verhaltensweise bringen als kontinuierliche Verstärkung. Ungewißheit macht immer süchtig. Legen Sie immer wieder ein Stückchen Käse in den Irrgarten, wird die Ratte bald das

Interesse an dem Käse verlieren. Wenn Sie nur gelegentlich eines hineinlegen, wird die Ratte laufen und nachsehen, ob eines daliegt.

Ironischerweise ist sporadische Verstärkung genau die Konditionierung, mit der die »Ratten«, die wir lieben, uns beeinflussen. Wir machen sie zum Mittelpunkt unserer gesamten Aufmerksamkeit. Von Zeit zu Zeit belohnen sie uns für all diese Aufmerksamkeit ... und schon sind wir gefangen.

Wir sind gefangen in einem ständigen Hin und Her. Die Schimäre, der Schattentanz einer von abwechselnd roten und grünen Ampeln geprägten Liebe ist eine Sucht, die uns von vielem abhält. Einige von uns verwenden sie dazu, ihr eigenes kreatives Leben zu unterdrücken. Und das funktioniert so:

»Ich könnte den Anfang dieser Geschichte neu schreiben und sie bis zur Frist einsenden ... ich möchte wissen, ob er mich liebt ...«

»Ich sollte zumindest die Stellenangebote lesen, damit ich endlich aus dieser Sackgasse herauskomme ... ob sie mich wohl liebt?«

Ist es denn ein Wunder, daß wir in unserem Bestreben, unserer Kreativität aus dem Weg zu gehen, ständig auf die glühend heiße/kalte, unerwiderte Liebe stoßen? Natürlich nicht. Wenn es uns gelingt, das Drama im Zentrum unseres Lebens aufrechtzuerhalten, brauchen wir es nicht auf das leere Blatt, auf die Leinwand, auf die Bühne oder auf den Bildschirm zu bringen oder es in Ton zu formen.

Wenn wir uns statt dessen unseren inneren Film ansehen (Er hinterließ mir eine ganz liebe Botschaft, als er alles absagte, was wir gemeinsam geplant hatten. Ist das ein Zeichen der Hoffnung?), können wir die Drehbuchänderungen, die das reale Leben für uns vorgesehen hat, vermeiden. Wenn unser Blick blind ist für den Preis der Obsession, verschleiert sich auch unser kreativer Blick. Ist das ein Wunder? Wie können wir die üppigen Veilchen in diesem Jahr bewundern und gleichzeitig Miß Einsam spielen?

Unerwiderte Liebe in ihrer grundlegenden Form ist glorifizierte Qual. Und natürlich stellen wir auch Anforderungen an das Objekt unserer Liebe. »Ich fühle mich elend, wenn du mich nicht liebst und mein Leben in Ordnung bringst!«

Vergessen ist der freie Wille, vergessen ist der Respekt vor den Bedürfnissen anderer, der Respekt vor ihrem Recht, sich ihre Gefährten selbst zu suchen, vergessen ist der Respekt vor ihrem Gefühl für richtiges Tempo.

Ist es ein Wunder, daß wir zurückgewiesen werden? Der Empfänger unserer Forderung kann die zwanghafte Natur dieses Interesses spüren. Kein Wunder, daß er sich wie ein Beutetier fühlt. Er wird ja schließlich auch tatsächlich als Beute betrachtet: als die leeren Kalorien, die wir uns einverleiben wollen, um unsere Unzufriedenheit mit einem Leben zu behandeln, das in die Hand zu nehmen wir uns weigern.

»Du mußt mich lieben!« fordern wir, anstatt zu fragen: »Wie kann ich mich selbst lieben?« Wenn meine Liebe von einer Person allein kommen muß und diese Person nicht ich bin, dann entbindet uns diese Tatsache von der

Notwendigkeit, etwas zu unternehmen, damit wir uns selbst lieben können. Das funktioniert folgendermaßen:
»Wie wär's mit einem netten Abendessen im Restaurant?«
»Nein, danke. Mir geht es viel zu schlecht. Er/sie hat nicht angerufen, und ...«
»Wie wär's dann mit Kino und einem Kaffee danach?«
»Nein, danke. Ich warte auf den Anruf.«
»Und wenn du ihn/sie anrufst?«
»Oh, das könnte ich nicht ...«
Der Grund dafür, daß wir nicht anrufen können, besteht darin, daß Klarheit nicht süchtig machend ist. Klarheit und echte Kommunikation lassen Zeit, Raum und Energie für Kreativität, Freundschaft und Risiko. Das ist beängstigend, nicht wahr? Wir könnten etwas tun, etwas erkennen oder sogar etwas verändern!
Obsession ist fast unweigerlich mit Hinauszögern verbunden. Der sicherste Weg zum Durchbrechen einer Obsession besteht darin, genau die kreative Aktivität in aktives Handeln umzusetzen, das Sie zu vermeiden suchten.

Übung: Obsession (Vergangenheit)

Gehen Sie in Ihrer Lebenserzählung zurück, um festzustellen, ob Sie je eine Obsession dazu eingesetzt haben, sich an kreativer Aktivität zu hindern. Schreiben Sie ein Cup über diese Zeit Ihres Lebens.

Übung: Obsession (Gegenwart)

Sehen Sie sich nun Ihr derzeitiges Leben an. Gibt es da eine latente Obsession, die Sie genau in dem Augenblick blockiert, in dem Sie ... (auch nur ein kleines bißchen?) Fertigen Sie eine Collage Ihrer (gegenwärtigen) Beziehung zu dieser Person an.

Übung: Reißen Sie sich heraus

Um sich aus Ihrer Obsession herauszureißen, können Sie folgendes tun:

1. Eine Woche jeden Tag eine Kamera mit eingelegtem Film bei sich tragen.
2. Bilder von den Händen und Füßen aller Ihrer Freunde machen.
3. Ein Kissen in der Form eines Tieres anfertigen.
4. Eine »verlorengegangene« Freundin anrufen, die Sie ausfindig machen.
5. Sich selbst einen begeisterten Bericht über Ihre Qualitäten als Liebhaber/in schicken.

6. Sich selbst als Ihr Ideal beschreiben.
7. Ihre Oscar-Dankesrede schreiben.
8. Einen Küchenstuhl mit Folkloremotiven bemalen.
9. In ein Stoffgeschäft gehen und sich die Seidenballen ansehen, um festzustellen, welche Farben Sie wirklich aufmuntern.
10. In ein chinesisches Geschäft gehen und einen großen Teller und eine Untertasse kaufen.

Übung: Fangen Sie endlich an

Okay! Los geht's! Beginnen Sie endlich mit dem, was Sie bisher immer vermieden haben.

Aufbruch

»Wenn eine innere Situation nicht bewußtgemacht wird, erweckt sie nach außen hin den Anschein von Schicksal«, sagt C. G. Jung. Aus diesem Grund haben wir die Arbeit auf uns genommen, unsere Schwierigkeiten im Reich der Beziehungen ans Tageslicht zu bringen.

Wir haben gesehen, daß wir im wesentlichen alle gleich sind und daß wir ein Recht auf ein kreativ erfülltes Leben haben. Wir haben Muster des freiwilligen Opfertums offengelegt, sind zu den kreativen Verwundungen zurückgekehrt, die uns für unsere eigenen kreativen Energien blind gemacht haben, und wir haben die Gestalt dieser Verwundungen verändert. Wir haben unser Recht, unsere kreative Energie für uns selbst zu nutzen, wieder für uns in Anspruch genommen, und schließlich haben wir uns mit sämtlichen obsessionsartigen Mustern konfrontiert, die unseren Zugang zu unserer kreativen Macht blockieren.

Nun, da wir zu neuen Ufern aufbrechen, sind unsere Herzen und unsere Rucksäcke ein wenig leichter geworden. Befreit von den auslaugenden Ansprüchen anderer, können wir unseren Kurs nun genauer steuern und unsere Ziele schneller erreichen. Auf unserem Weg in das Reich der Spiritualität erkennen wir, daß wir die Götzen hinter uns gelassen haben.

Das Reich der Spiritualität

Wir könnten richtigerweise argumentieren, daß alles auf der Welt spirituell ist und daß wir von Anfang an im Reich der Spiritualität unterwegs sind. Das stimmt natürlich, aber wir wollen uns hier direkt auf die Spiritualität konzentrieren, indem wir uns bewußt auf unsere Beziehung zu den höheren Sphären konzentrieren und versuchen, sie zu stärken.

Für viele Menschen bedeutet eine solche spirituelle Reise eine Übung in semantischer Flexibilität. Wir erkennen, daß die Sprache der Spiritualität oft zu unklar, zu ätherisch oder zu abgehoben ist, als daß wir uns sicher geerdet fühlen könnten. Vielleicht hatten wir sogar Begegnungen mit »offiziell« spirituellen Menschen, die uns dieses Gefühl der Erdung nicht vermittelten.

Die Übungen und Werkzeuge, die wir in diesem Reich verwenden, stützen sich nicht so sehr auf die Theorie, sondern eher auf die tatsächliche Erfahrung. Sie haben es nicht länger mit dem Gott zu tun, von dem Ihnen von Kindesbeinen an gepredigt wurde. Lesen Sie statt dessen mit einem Schreibblock in der Hand und notieren Sie sich Erinnerungen, die Ihnen wieder ins Gedächtnis kommen. Vielleicht entdecken Sie sogar, daß Sie eine reiche Fülle an spirituellen Erfahrungen besitzen, und sobald Sie sich für diese öffnen, werden Sie noch viele weitere entdecken. Mit der Zeit wird in Ihnen vielleicht das Gefühl einer Arbeitspartnerschaft mit einer unvermuteten inneren Ressource entstehen. Die Werkzeuge Morgenseiten, künstlerische Stelldicheins, tägliche Spaziergänge und das Hineingehen in die Imagi-Nation dienen allesamt dazu, diese Beziehung zu pflegen. Die Werkzeuge, die wir in diesem Reich verwenden werden, sind dazu gedacht, sie zu stimulieren und zu beleben.

Gott erhält einen Namen

»Gott ist Üppigkeit und Köstlichkeit«, erklärte der Mystiker Meister Eckhart. Ich glaube, daß er recht hatte. Ich glaube an einen festlichen Gott, und ich glaube, daß der Schöpfer Kreativität liebt. Schließlich hatte dieser Jemand offensichtlich großes Vergnügen daran, Hibiskusblüten, rote Felsklippen, Flüsse, Seesterne, Kiefernzapfen, Korallenschlangen und Sterne zu schaffen.
Dieser Jemand – oder dieses Etwas, wenn Ihnen das lieber ist – kannte kein Ende. Es gibt zum Beispiel Millionen Arten von Käfern. In unserer Kultur stellt man sich Gott so oft in calvinistischer Strenge und Enthaltsamkeit vor, daß wir vergessen, daß Gott offensichtlich Freude am kreativen Überschwang hatte – ein Künstler, der in die Materialien selbst verliebt war.
»Wir stehen in Beziehung zu Gott wie ein Bild zum Maler, wie ein irdenes Gefäß zum Töpfer oder ein Buch zu seinem Autor«, erklärt Matthew Fox.
»Meine Liebe gehört den Bergen und den einsamen, bewaldeten Tälern, den fernen Inseln und den tönenden Flüssen ...«, schrieb Johannes vom Kreuz.
»Wir bekommen den Gott, an den wir glauben«, sagt meine Freundin Julianna McCarthy. (Nachdem sie schon mehr als dreißig Jahre ihrer spirituellen Reise hinter sich hat, wird sie es wohl wissen.) Man könnte ihre klugen Worte auch so verstehen, daß uns viele spirituelle Traditionen lehren, uns an spezifische Gottheiten oder bestimmte Aspekte eines Gottes zu wenden. (Jung-

Anhänger würden vielleicht sagen, daß wir den Archetyp eines bestimmten Gottes/einer bestimmten Göttin in uns aktivieren.)
Der Klangheiler Ted Andrews erklärt das so:

Die Namen der alten Gottheiten sind spezifische Signale, Signale, die dazu verwendet werden, die Aspekte der einen, göttlichen Kraft im ganzen Universum anzurufen ... Die Verwendung von Götternamen in Ritualen, Gebeten, Affirmationen und Mantras wird möglicherweise schon praktiziert, seit es Menschen auf der Erde gibt. Die Namen können dazu verwendet werden, sich auf die spezifische Kraft einzustimmen, die der Name repräsentiert ... Wir verwenden die alten Götternamen und -worte, um Energien herabzurufen und zu erwecken, die im allgemeinen mit ihnen assoziiert werden und die in uns leben.

Im Christentum beten wir zu Gott dem Vater, Gott dem Sohn oder Gott dem Heiligen Geist, je nachdem, welchem Aspekt Gottes unsere Situation entspricht. Das Jesuskind wird traditionell mit Kreativität assoziiert, während der Heilige Geist jener Aspekt ist, an den wir uns in einer bestimmten Situation um Gnade wenden. Zu Gottvater beten wir, um Schutz zu finden.
In jedem dieser Fälle rufen wir eine Kraft herab, die auf unsere Bedürfnisse abgestimmt ist. Die Kabbala nennt im Baum des Lebens zehn Rufnamen, wobei jeder Name einen anderen göttlichen Aspekt anspricht – auch hier wieder entsprechend den Notwendigkeiten. *Eheieh* ruft

die Kreativität herab; mit *Shaddai el Chai* werden die psychischen Kräfte gestärkt. Jeder dieser Rufnamen dient dazu, eine andere göttliche Kraft herabzurufen und die Göttlichkeit in unserem Inneren anzusprechen. Eine Möglichkeit, sich das vorzustellen, sind Abstammungslinien. Alle Gedanken, Begriffe und Namen tragen einen Fluß der Geschichte in sich und, was noch wichtiger ist, einen Fluß der Energie. Wenn wir eine Familienentwicklung über mehrere Generationen hinweg zurückverfolgen, stellen wir vielleicht fest, daß Opas Nase im Gesicht des Enkelsohnes erscheint oder daß uns aus dem Gesicht der kleinen Dorothea Tante Dorothys Augen entgegenstrahlen.

Es ist, als gingen wir mit den Codeworten, die uns Zugang zu gewissen Datenbanken geben, in einen Computer hinein. Aus diesem Grund steht es uns gut an, uns bewußtzumachen, an welchen Gott wir glauben und welchen Gott wir herabrufen.

In einer belasteten Beziehung zu einem anstrengenden Kind könnten wir zum Beispiel das mitleidige Herz Christi herabrufen, der sagte: »Lasset die Kindlein zu mir kommen.« Wir könnten die Hilfe von Sarasvati, der Göttin der Musik, in Anspruch nehmen, wenn uns das Klavierspielen schwerfällt, oder wir könnten uns an den Gott Merkur wenden, wenn wir uns wünschen, daß wir in unserer Kommunikation schlagfertiger und direkter werden.

Indem wir uns klar darauf konzentrieren, an welchen Gott wir glauben, indem wir ihn bei seinem Namen nennen oder ihm einen Namen geben, der uns richtig erscheint – Große Göttin, Weltmutter, Gottmutter/-vater, Höhere Kraft usw. –, erleben wir das Gefühl der Unterstützung und des Schutzes. Alles hängt davon ab, welche »Art« von Gott wir herabrufen.

Wenn wir eine kreative Arbeit in Betracht ziehen, lassen wir uns oft von der latenten Vorstellung eines Gottes beeinträchtigen, der mit Kreativität nichts zu tun hat. Sie wissen schon, welchen Typ ich meine: den, der über unsere Witze nicht lachen kann; den, der sie anmaßend finden würde. Viele von uns sind mit einem humorlosen Gott groß geworden. Nicht, daß dahinter eine böse Absicht gestanden hätte, aber es ist geschehen.

Kreativität erfordert ein bestimmtes Maß an Lebensfreude und zumindest eine Prise Chaos. Einer unserer Mythen über Kreativität lautet, daß wir dazu Einsamkeit und Stille brauchen, und das stimmt nicht in jedem Fall.

Einsamkeit und Stille sind gut, aber oft ein teurer Luxus – und für die Kreativität nicht immer notwendig, denn die Sprache des Lebens ist knisternd und verführerisch: rauh, zart und manchmal auch ehrfürchtig. Aber wir leben immer noch in einer jüdisch-christlichen Kultur, deren bestimmender Kreativitätsmythos etwa so aussieht: Alle leben glücklich und zufrieden im Paradies, bis jemand selbstherrlich agiert und etwas Neues ausprobieren will. Ein solcher Wunsch ist zu anmaßend für einen eifersüchtigen, seinen Einflußbereich verteidigenden, kompetitiven Gott.

Wenn wir vor einem kreativen Sprung zurückscheuen, tun wir gut daran, das Spiel »Gott einen Namen geben«

zu spielen. Vielleicht ducken wir uns vor dem Zorn eines Gottes, an den wir (offiziell) gar nicht mehr glauben.
Wir sollten nicht vergessen, daß uns unser Gottesbegriff im frühen Kindesalter eingeimpft wurde und daß er erheblich von unserer eigenen Gotteserfahrung abweichen kann. Wir sollten auch bedenken, daß derjenige Teil von uns, der kreativ ist, ein kreatives Kind bleibt. Mit unserem rationalen, erwachsenen Bewußtsein können wir Agnostiker, Zen-Buddhist oder praktizierender Presbyterianer sein, das spielt alles keine Rolle. Die Wahrscheinlichkeit ist hoch, daß unser kreatives Kind nach wie vor an Gott, den Schwarzen Mann, glaubt. Anders ausgedrückt glaubt unser kreatives Kind immer noch: »Wenn du es wagst, die Hand nach diesem (goldenen) Apfel auszustrecken, wird dir der Kopf abgeschlagen!«
Sie könnten nun argumentieren, daß dieser Text einen unangenehm schnodderigen Ton hat, daß mein Verständnis der Genesis von einer gewissen Unbekümmertheit gekennzeichnet ist und daß ich Gott nicht ernst genug nehme. Wie ich bereits zu Beginn sagte, hat mein Gott Sinn für Humor. Als Theologin und als Künstlerin ist es mir gestattet, Fehler zu machen.

Übung: Erinnern Sie sich an den Gott Ihrer Kindheit

Wenn Sie an dieser Liste arbeiten, fällt vielen Menschen sofort eine lange Liste von Attributen wie den folgenden ein: »abgehoben, verweigernd, männlich, voreingenommen, allmächtig, eifersüchtig, allein lassend, allwissend, streng, allsehend, zurückhaltend, geizig, unerreichbar ...« Würde der Gott Ihrer Kindheit Ihre Kreativität unterstützen? Möglicherweise nicht. Und nur allzuoft war der Gott unserer Kindheit ein uns aufgezwungener Gott, kein erlebter. Es wurde uns beigebracht, wer und was Gott war, statt daß man uns unseren Gott selbst hätte entdecken lassen, und sogar ein wohlwollender, liebevoller Gott zeigte kein allzu großes Interesse an unserer kreativen Arbeit.

Nachdem Sie den Gott beschrieben haben, den Sie in Ihrer Kindheit kennenlernten, sehen Sie in Ihrer Lebenserzählung nach, ob Sie darin irgendwelche Beispiele wohlwollender göttlicher Führung entdecken – ein »komisches« Gefühl, einen »wunderbaren« Zufall –, besonders in bezug auf Ihre Kreativität. Paßt dieser wohlwollende Gott zu dem Gott, der Ihnen geschildert wurde? Wenn ja, wundervoll! Und wenn nicht, sollten Sie aus Ihrer Erfahrung lernen und Ihr Gottesverständnis neu definieren.

Listen Sie fünf Beispiele göttlicher Führung in Ihrem Leben auf:

1. ____
2. ____
3. ____
4. ____
5. ____

Übung: Erfinden Sie einen Kreativitätsgott

Wenn ich unterrichte, bitte ich meine Gruppen immer, in einem gemeinsamen Brainstorming einen »Kreativitätsgott« zu ersinnen. Durch die Arbeit mit diesem Werkzeug nehmen die Adjektive fast sofort einen festlichen Klang an. Oft werden Worte wie »gutmütig, nährend, humorvoll, nicht konkurrenzorientiert, unterstützend, musikalisch, sinnlich, üppig« verwendet.
Listen Sie für sich zehn Charakterzüge eines Kreativitätsgottes auf:

1. ____
2. ____
3. ____
4. ____
5. ____
6. ____
7. ____
8. ____
9. ____
10. ____

Sie können zum Beispiel Bilder ausschneiden und eine Collage eines Kreativitätsgottes anfertigen. Sie können ihn zeichnen, malen oder nähen. Wie wäre es mit einer Wandmalerei in dem Zimmer, in dem Sie arbeiten? Wie wäre es mit einem lächelnden Gott an der Decke Ihres Schlafzimmers? Vielleicht wollen Sie mehr machen als nur ein Kreativitätstotem. Sie können eine Grüne Göttin herstellen, die Ihre Sorge um die Umwelt widerspiegelt, einen liebenden Vater-/Muttergott für Ihre Sorgen um Ihre Eltern und eine festliche, vielarmige Tänzerin für die überschäumende Kreativität, die Sie mit Ihrer Tanzarbeit zum Ausdruck bringen.

Wie ich bereits in dem Buch *Der Weg des Künstlers* erwähnte, ist das Aufbauen eines künstlerischen Altars eine sehr kraftvolle Übung. Auf diesem Altar können Sie Bilder des wohlwollenden Gottes aufstellen, der Sie unterstützt, und auch Objekte, die Sie in irgendeiner Weise in Erstaunen versetzen. Das Staunen ist nämlich ein wichtiger Aspekt der Spiritualität.

Vergessen Sie nicht, daß Sie auch auf Götter aus anderen Kulturen zurückgreifen können, zum Beispiel auf Sarasvati, die hinduistische Musikgöttin, einen ruhenden Buddha oder einen tänzelnden Pan. Sie können Objekte sammeln, die Sie mit dem von Ihnen herabgerufenen Gott assoziieren.

Wenn Sie sich noch keinen künstlerischen Altar aufgebaut haben, sollten Sie es jetzt tun. Stellen Sie die Gottesbilder auf, die Ihnen von üppiger Kreativität erzählen. (Wenn Sie Agnostiker/in oder Atheist/in sind, wählen Sie Bilder aus der Natur, die Ihnen von jenen Qualitäten erzählen, die Sie herabrufen wollen.)

Führung

Führung erfahren wir am besten in der Einsamkeit. Sie wird auch die »stille, leise Stimme« genannt, weil wir uns in unseren Gedanken und in unserem Leben so weit beruhigen müssen, daß wir sie hören können. Der Dichter Rumi weist uns an: »Keine Worte mehr. Hör nur die Stimme in dir selbst.«

Führung wird uns in vielen Formen zuteil, von denen manche so undeutlich sind, daß wir sie nur wie eine angedeutete Bewegung aus den Augenwinkeln erhaschen. Wenn wir die Zeiten der Stille und der Einsamkeit ausweiten und ihnen einen regelmäßigen Rhythmus zugestehen, öffnen wir uns für die Führung. Wir können uns das zum Beispiel so vorstellen, daß wir uns eine Art spiritueller Lichtung in uns selbst schaffen, eine Lichtung in unserem Leben, um uns zu zentrieren und Platz in unserem Herzen zu bekommen. Die Stimme der Seele, die Stimme der Führung, kann nun in diese Lichtung einströmen, die wir für sie geschaffen haben. Wir zähmen sie nicht, sondern locken sie an wie ein scheues Reh, indem wir ihre Wildheit anerkennen und eine Umgebung für sie schaffen, in der sie sich sicher genug fühlt, um zu uns zu sprechen.

Es kann leicht passieren, daß uns die Führung, die wir erhalten, schockiert. Manchmal müssen wir uns in unserem gegenwärtigen Leben nur ein wenig anpassen, aber zu anderen Zeiten ist ein größerer Richtungswechsel von uns gefordert. Doch jeder von uns erhält eine klare und spezifische Führung und kann sich darauf verlassen. Auf diese Führung zu hören ist nicht leicht. Es fällt uns auch schwer, nicht sofort einen linear verlaufenden Erfolg zu erwarten. Wenn wir das tun, bekommen wir leicht das Gefühl, daß Gott oder eine andere Kraft uns irgendwie zu beschwindeln oder zu düpieren versucht.

Meine Freundin Julianna hat auch dafür eine Erklärung: »Gott weiß genau, welche Mohrrübe Er uns vor die Nase halten muß, um uns genau dorthin zu bekommen, wo Er uns haben will.« Vielleicht ist es tatsächlich so.

Übung: Eine Lichtung schlagen

Da Sie mit diesem Buch arbeiten, schreiben Sie bereits Morgenseiten, durch die Ihnen möglicherweise eine starke Führung zuteil wird. Diese Woche planen Sie jeden Tag zwei weitere, kurze Schreibtermine ein, jeder nicht länger als fünf Minuten. Nehmen Sie einen Stift zur Hand und *lauschen* Sie einfach.

Wenn Sie »nichts« empfangen, ergänzen Sie folgenden Satz: »Ich könnte ...«. Ergänzen Sie ihn viele Male. Aber als erstes lauschen Sie immer, ob Sie etwas »hören«. Wenn nicht, ergänzen Sie Sätze, die mit »Ich könnte«, »Ich möchte«, »Wenn ich nur glaubte«, oder »Es ist möglich, daß« beginnen. Tun Sie das so lange, bis die fünf Minuten vorbei sind.

Irgendwann wird Ihnen Ihre innere Führung zur Verfügung stehen, ohne daß Sie solche Krücken brauchen. Bedenken Sie auch, daß sich Führung auch in Form von unerwarteten Einsichten offenbaren kann.

Übung: Verbringen Sie einen Abend schweigend

Da geschriebene Worte immer noch Worte sind und da Worte zu uns sprechen, wird das ein Abend sein, an dem Sie auch ohne Lesen auskommen müssen. Sie werden an diesem Abend weder fernsehen noch ins Kino gehen, und Sie werden auch keine Musik hören. Sie werden einen Abend des Schweigens verbringen.

Damit das möglich ist, müssen Sie sich vielleicht im vor-

aus die Unterstützung Ihres Partners oder Ihrer Familie sichern. Sagen Sie einfach, daß Sie ein wissenschaftliches Experiment durchführen. Erklären Sie, daß Sie die Auswirkungen des Schweigens beobachten wollen und daß Sie ihnen *später* darüber berichten werden.
Viele von uns empfinden Schweigen als Verstärkung für Seele, Inspiration und Kreativität.

Übung: Schreiben Sie ein Spiritualitäts-Cup

Durchforsten Sie Ihre Lebenserzählung nach etwas, das Sie als spirituelle Erfahrung einordnen können. Und dann formulieren Sie dieses Erlebnis in einem Cup voll aus.

Übung: Machen Sie sich Spiritualitäts-Spielkarten

Kaufen Sie sich ein Paket linierte Kärtchen. Sie brauchen zweiundfünfzig davon. Nehmen Sie zehn und tragen Sie in jedes eine spirituelle Erfahrung oder ein Gebet ein, das erhört wurde. Sie können diese Kärtchen verzieren, bemalen, mit Feder und Tusche beschreiben oder sie mit einem goldenen Rand verschönern.
Nun nehmen Sie die nächsten zehn Karten und schreiben auf jede ein spirituelles Zitat, das Sie »anspricht«. Illustrieren und verzieren Sie auch diese Kärtchen.
Als nächstes nehmen Sie wieder zehn und schreiben auf jedes den Namen von etwas, was Sie lieben: Eisblumen

am Fenster, Himbeeren, Muscheln, Eicheln, mundgeblasene Gläser ...
Nun nehmen Sie wieder zehn Karten und schreiben auf jede den Namen eines Menschen, den Sie lieben. Sie können auf diese Karten Fotos kleben, wenn Sie möchten.
Auf die nächsten zehn Karten schreiben Sie die Namen von Künstlern oder auch Kunstwerken, die in Ihnen ein Gefühl von Transzendenz hervorrufen.
Nun bleiben nur noch zwei Karten übrig. Gestalten Sie eine Karte so, daß sie Ihre Person symbolisiert, und eine Ihre Vorstellung von Gott als *der* Quelle.
Nun legen Sie alle zweiundfünfzig Karten in eine spezielle Schachtel, in einen Stoffbeutel oder in eine Tasche. (Kleine Samttaschen gibt es in vielen Esoterikgeschäften zu kaufen.) Verwenden Sie diese Karten mindestens einmal pro Woche – jedesmal, wenn Sie das Gefühl haben, daß Sie etwas spirituelle Kraft gebrauchen könnten. Wie jene von Ihnen, die mit Tarot-, Medizin- oder Druidenkarten vertraut sind, sicher wissen, gibt es viele verschiedene Arten für ihre Verwendung, wie zum Beispiel:

1. Ziehen Sie irgendeine Karte und überlegen Sie, was Ihre Wahl bedeutet.
2. Mischen Sie langsam alle Karten und lassen Sie die vielfältigsten Assoziationen an die Oberfläche Ihres Geistes kommen.
3. Formulieren Sie eine Frage und legen Sie dann drei Karten auf: eine für die Vergangenheit, eine für die

Gegenwart und eine für die Zukunft. Was sagen Ihnen die einzelnen Karten über die aktuelle Situation?

4. Mischen Sie die Karten und wählen Sie diejenigen aus, die Ihnen bei Ihrem aktuellen Unterfangen Unterstützung und Inspiration geben. Hängen Sie die gewählten Karten an einem Platz auf, an dem Sie sie immer wieder sehen. Verwenden Sie sie als Archetypen, um die Energien hervorzurufen, mit denen Sie arbeiten wollen.
5. Wenn Sie die obigen Übungen sehr beflügelnd finden, könnten Sie tiefer in die Kunst der Tarotkarten und der Edelsteinkunde eindringen.

Suchen Sie sich in Kramläden oder in Schmuckgeschäften Miniaturen der »Helfer«, die Sie für Ihre kreativen Projekte brauchen: Ein Zauberer kann Ihnen dabei helfen, einen Traum Wirklichkeit werden zu lassen, oder eine Kaiserin kann die ganze Fülle des Universums auf Sie herabrufen.

Spirituelle Erfahrung

Ich lese gern über die spirituellen Erfahrungen anderer, aber ich hasse es, meine eigenen zu Papier zu bringen. Ich sage, daß ich Angst davor habe, überheblich oder abstrakt zu klingen. Was ich nicht sage, ist, daß diese Verweigerung eine Möglichkeit für mich ist, meine spirituellen Erfahrungen nicht in Besitz zu nehmen.

Wie viele von uns pflegte auch ich Dinge wie belohnten Glauben, Synchronismus und ihre segensreichen Auswirkungen bewußt zu ignorieren. Der offensichtlichste Synchronismus wird als Zufall abgetan und als »zu gut, um wahr zu sein« zur Seite geschoben.

Obwohl ich glaube, habe ich Angst davor, zu glauben. Wir sagen, daß wir uns nach der Sicherheit des Glaubens sehnen, aber ich muß eigentlich sagen, daß ich aus meinem Mangel an Glauben ein hohes Maß an Sicherheit beziehe. Er sorgt dafür, daß ich vorsichtig bleibe und mich beklage, statt etwas zu verändern. Mein Mangel an Glauben zahlt sich wirklich aus. Riskante Vorhaben können hinausgeschoben, Erkenntnisse abgetan, segensreiche Synchronismen ignoriert werden. Kurz gesagt ermöglicht mir mein mangelnder Glaube, noch ein wenig länger bei meiner festgefahrenen Lebensweise zu verharren.

Sonia Choquette nennt das das »Ja, aber«-Syndrom. Wenn ich das höre, fühle ich mich gedrängt zu rufen: »Ja, aber Sonia! Es macht angst, an diese unsichtbaren Wirklichkeiten zu glauben!«

Das macht es wirklich. Es macht angst, die unsichtbare Hand Gottes oder anderer hilfreicher Kräfte zu erkennen. Auf der anderen Seite ist es auf lange Sicht noch beängstigender, sich zu weigern, sie zu sehen. An dem Punkt, an dem ich in meinem Leben derzeit stehe, habe ich genug gesehen, um zu glauben. Ich habe auch genug gesehen, um meinen eigenen Unglauben als einengend zu erkennen. Doch ein Leben, in dem die spirituellen Dimensionen so real für mich sind wie unser konkretes, für alle sichtbares »wirkliches« Leben, ist ebenso aufregend wie bedrohlich.

Spirituelle Einengung wird wie jede Art von Einschränkung immer unbequemer, je länger wir in ihr verharren. Unbehagen kann ein stärkerer Motor fürs Vorwärtsbewegen sein als Glaube, aber das Vorwärtsbewegen bringt sein eigenes Unbehagen mit sich, denn die Geschwindigkeit kann beängstigend werden. Ist es ein Wunder, daß so viele von uns unentschlossen zwischen Glauben und Unglauben hin- und herpendeln und so lange zwischen den Stühlen sitzen, wie sie es nur aushalten?

Die Erkenntnis, daß das spirituelle Leben eine Realität ist, bringt bestimmte Konsequenzen mit sich. Irgendwann müssen wir einmal unsere spirituelle Distanz verringern und zugeben, daß wir, ja, an ... nun, an ... irgend etwas glauben. Anders ausgedrückt, daß wir glauben und daß wir über irgendeine Art spiritueller Erfahrung verfügen. Eine Erfahrung, die den Glauben aus der Theorie hinausschiebt und ihn ins Persönliche rückt. Sobald wir zugeben, daß wir glauben, wenn auch nur ein ganz klein wenig, dient uns der Glaube als Grundlage, Risiken einzugehen. Die Bewältigung dieser Risiken erzeugt wieder Glauben, der seinerseits das Eingehen weiterer Risiken ermöglicht. Kein Wunder, daß wir uns sperren!

Solange es uns gelingt, die Möglichkeit spiritueller Unterstützung für unsere Vorhaben zu leugnen, können wir unter dem Horizont unserer Träume und Ziele leicht eine niedrige Decke einziehen. Die Phrase: »Ich würde liebend gern, aber ...« ist eine enge Begleiterin des »Ja, aber«-Syndroms. Spirituelle Erfahrungen sind – nun – spirituelle Erfahrungen und fühlen sich vielleicht eigenartig an. Wenn es uns gelingt, sie zu leugnen, können wir uns von unserer spirituellen Unterstützung und unseren kreativen Möglichkeiten lossagen. Bedenken Sie, daß die Phrase: »Da müßte ein Wunder geschehen« oft dazu verwendet wird, keines herabrufen zu müssen.

Wenn wir uns Menschen ansehen, die ein spannendes Leben führen, stellen wir oft fest, daß diese Leute einen starken Glauben haben, der sie dazu veranlaßt, größere und kleinere Sprünge zu tun. Als C. G. Jung mit seinem Freund und Mentor Sigmund Freud brach, riskierte er seinen beruflichen Untergang. Freuds Vorstellungen – daß unsere Handlungen, Gedanken und Vorstellungsmuster in unserem persönlichen Unterbewußtsein wurzeln – waren sehr aussagestark, und außerdem waren sie populär und modern.

Jung gelangte durch seine Erkenntnisse zu einer anderen Meinung. Seine Forschungen hatten ihn zu der Überzeugung gebracht, daß wir alle Teil eines kollektiven Bewußtseins sind und auch ein rassenspezifisches, kollektives Gedächtnis haben. Dieses Bewußtseinsmeer (ein Element aller mystischen Lehren) wurde von seinen Kollegen als primitiv abgelehnt. Sie hatten all das »magische Denken« satt. Sie waren über so etwas hinaus. Sie waren modern, rational. (Und – irgendwie selbstgefällig.) Jungs Kollegen betrachteten ihn als einfältigen Irregeleiteten, als einen Mann, der eine brillante Karriere aufs Spiel setzte, um einem falschen Stern nachzujagen oder sich auch nur um die eigene Achse zu drehen.

Besondere Ablehnung erfuhr Jung, als er begann, geheimnisvolle Wissensgebiete wie Ägyptologie, Astrologie und das alte chinesische Orakelsystem I Ching zu erforschen. In diesen Systemen spielen Zufälle eine wichtige Rolle, die undurchsichtige Verflechtung von Mikrokosmos und Makrokosmos, der inneren und der äußeren Welt. Jung nannte diese Verflechtung »Synchronizität«. Seine Forschungen und Erfahrungen führten ihn zu der Überzeugung, daß es ein unsichtbares Reich der Spiritualität gibt, das mit den Gedanken und Handlungen unseres weltlichen Reichs verwoben ist und es beeinflußt.

Nach Ansicht der modernen Freudianer waren wir über so kindliche Vorstellungen wie Jungs Synchronizitätskonzept längst hinaus. Die alten Wissenssysteme waren verstaubt und überholt, und sie waren sogar ein wenig lächerlich. Obwohl Jung verspottet wurde und auch beruflich relativ isoliert war, blieb er seinem persönlichen Weg treu. Seinen privaten spirituellen Forschungsreisen entsprangen Werke von großer Originalität und Würde,

Werke, die noch heute, Jahrzehnte nach seinem Tod, die Vorstellungskraft der Menschen beflügeln.
Als er in einer späten Phase seines Lebens gefragt wurde, ob er gläubig sei, antwortete Jung: »Ich glaube nicht ... ich weiß.« Zu sagen, daß wir etwas *wissen*, erfordert großen Mut. Was wissen wir schließlich schon genau?
Ich selbst neige dazu, spirituelle Geschenke als ebendas zu betrachten – als spirituelle Geschenke, als Segnungen, die ausgepackt werden wollen, und nicht als Meilensteine spiritueller Errungenschaften. Trotzdem können wir spirituelle Geschenke zu uns »einladen«. Davon handelt der größte Teil dieses Buches.
Ich werde Ihnen ein wenig von dem erzählen, was ich weiß, und ich werde Ihnen sagen, warum ich versucht habe, mich diesem Wissen zu verschließen. Anders ausgedrückt werde ich einige meiner eigenen spirituellen Erfahrungen der Gegenwart und der Vergangenheit für mich in Besitz nehmen, in der Hoffnung, daß Sie, indem Sie diesen Faden durch meine Lebenserzählung zurückverfolgen, ihn auch in Ihrer eigenen wahrnehmen und verfolgen können.
Bevor wir uns meinen spirituellen Abenteuern zuwenden, möchte ich kurz aus einem Werk Machaelle Wright Smiths zitieren, der bemerkenswerten Ökologin, deren Farm Perelandra oft »amerikanisches Findhorn« genannt wird. (Findhorn ist der berühmte schottische Garten, in dem auf karger Erde alle möglichen Pflanzen und Blumen gedeihen.) In der Einführung zu ihrer spirituellen Odyssee *Behaving as if the God in All Life Mattered* schreibt sie:

Ich biete diese Suche nach dem spirituellen Faden in meinem Leben als Beispiel an, das Sie für die Suche nach diesem Faden in Ihrem eigenen Leben verwenden können. Ich kann gar nicht sagen, wie sehr ich Ihnen allen diese Übung ans Herz legen möchte ... Indem ich den spirituellen Faden suchte, sah ich den Sinn in den einzelnen Ereignissen und erkannte, daß jedes Ereignis auf den anderen aufbaut, so daß ein Muster der Einheit und der Ganzheit entsteht. Ich sah das Licht der Synthese. Das Ergebnis ist, daß ich immer weniger in Zorn und Enttäuschung zurückblicke, sondern immer mehr in Dankbarkeit, sogar in Lobpreisung.

Und nun zu meiner Geschichte, aber mit einer Vorbemerkung: Es ist meine Überzeugung, daß wir alle ein gemeinsames spirituelles Erbe haben, das wir uns erschließen können. Wie Jung glaube ich, daß wir Teil eines archetypischen gemeinsamen Bewußtseinsmeers sind und daß unsere persönlichen spirituellen Erfahrungen in ihrer Natur universell und viel »normaler« sind, als wir üblicherweise zugeben. Ich möchte Ihnen ein wenig von meiner eigenen Reise zu dieser Akzeptanz erzählen, weil ich hoffe, Ihnen damit die Scheu vor der Ihren zu nehmen.

Da dies eine gute und zunächst ein bißchen unheimliche Geschichte ist, beginnt sie so, wie diese Geschichten meist beginnen: »Es war an einem finsteren, stürmischen Abend.«

Es war tatsächlich ein finsterer, stürmischer Abend. Ich lebte noch nicht in Taos, sondern war dort nur zu

Besuch. Ich hatte einen Termin im Norden der Stadt, »gleich hinter der gelben, blinkenden Ampel«, wo ich eine Frau besuchen sollte, die ich noch nie in meinem Leben getroffen hatte. Sie war eine Auraleserin und Chaneller, und da ich einige der Dinge, die mir damals in meinem Leben gerade widerfuhren, nicht verstand, hatte ich beschlossen, sie mit ihr zu besprechen. Schließlich war das ihr Spezialgebiet. Lois West, ein ganz normal klingender Name. Ich hatte ihre Karte in einem lokalen Esoterikbuchladen gefunden und sie einfach angerufen.

»Ich kann Sie heute abend um neun empfangen«, sagte sie. »Ist das zu spät?«

Und so fuhr ich um neun Uhr an diesem Abend während eines fürchterlichen Unwetters in Richtung Norden (es gibt nur wenige Dinge, die dramatischer sind als ein Gewitter in New Mexico). Plötzlich ertappte ich mich dabei, daß ich dachte: Was diese Frau kann, kann ich auch. Dieser Gedanke schockierte mich, und so schüttelte ich ihn ab. Dann stand ich vor ihrem Haus, einem eigenartig aussehenden Steinhaus – einem wahrhaftigen Hexenhaus.

Lois West selbst war eine blonde, vernünftig aussehende Frau mit einer freundlichen, direkten Art. »Ich war früher Reporterin, und deshalb drücken sie sich mir gegenüber meist sehr lakonisch aus. Ich hoffe, Sie finden Ihr Ergebnis nicht zu kurz. Normalerweise kommen sie sehr direkt und ohne Umschweife auf den Punkt.«

Der Punkt, auf den »sie« kamen, war, daß ich auf die Erde geschickt worden war, »um über den Zusammenhang zwischen Kreativität und Spiritualität zu lehren«.

»Das ist komisch«, warf ich ein. »Ich schreibe gerade ein Buch darüber.« Ich griff in meine Tasche und zog ein paar Seiten von dem hervor, was später *Der Weg des Künstlers* werden sollte.

»Mhm. Es wird ein Erfolg werden«, fuhr Lois West fort. Sie schaltete das Band wieder ein. »Sie haben das schon viele Male gemacht.« Das Band spulte sich ab und katapultierte mich mitten hinein in das Leben, das ich jetzt führe. Wie versprochen, war das Ergebnis sehr kurz, aber konzentriert wie ein guter Zeitungsartikel. Ich dankte Frau West und verabschiedete mich von ihr.

Wieder zurück in Chicago, erwähnte ich dieses Abenteuer gegenüber meiner Freundin Eleanor. Ich erzählte ihr auch, wie es mir plötzlich in den Sinn gekommen war, daß auch ich hellsehen könnte.

»Oh, tu es doch bitte für mich!« rief sie aus.

Ich tat es, und Eleanor fand meine Aussagen zutreffend. Kurze Zeit später arbeitete ich mit einer sehr talentierten Produzentin an einem Film. Während der Dreharbeiten stellte sie fest, daß sie schwanger war, und kurz darauf hatte sie eine Fehlgeburt. Sie war völlig verzweifelt, und ich als ihre Freundin fühlte mit ihr und machte mir Sorgen.

»Ich weiß nicht, warum«, sagte sie unter Tränen. »Wir wünschen uns so sehr ein Kind. Ich bin gesund. Ich habe mich untersuchen lassen. Mein Mann ist gesund ...«

Während des Zuhörens las ich im Geiste in ihr, als ob ich nach Hinweisen suchte, um ihre Frage zu beantworten. Da »sah« ich plötzlich einige eigenartige Gewebeansammlungen, die aussahen wie Murmeln und ein Golfball, dort, wo ich ihren Uterus vermutete. Ich zwinkerte.

»Was ist?« fragte sie. Ich muß eigenartig ausgesehen haben.

»Ich glaube ...« Ich suchte nach Worten. »Ich glaube, du solltest dich untersuchen lassen, ob du Wucherungen hast oder so etwas. Ich sehe ... ich sehe diese runden Gewebeansammlungen ...«

Nun war es meine Freundin, die zwinkerte.

»Ich glaube, du solltest dich untersuchen lassen«, sagte ich. »Noch einmal.«

Meine Freundin ging zur Gynäkologin, die feststellte, daß sie tatsächlich ein Myom hatte, und ein Operationstermin wurde festgelegt. Wir sprachen darüber, wie erstaunlich meine Intuition gewesen war. Meine Freundin dankte mir ausführlich für meine »Diagnose«. Charakteristischerweise versuchte ich, meinen sechsten Sinn abzutun. Ich wollte nicht darüber nachdenken, was er bedeuten konnte.

Sechs Monate danach schien ich eine neue, beunruhigende Spezialität entwickelt zu haben. Ich schickte noch drei Freundinnen zum Gynäkologen, um Krankheiten diagnostizieren zu lassen, die für mein geistiges Auge klar zu erkennen waren, und in allen drei Fällen wurde tatsächlich medizinische Hilfe gebraucht. So aufregend es auch war, diese psychischen Sternschnuppen aufzufangen, fand ich sie doch auch beängstigend, und ich wußte nicht, was sie bedeuteten oder wohin sie mich führten. Jedesmal, wenn ich etwas sah und sich dieses

Etwas als Realität entpuppte, trug ich auf meiner geistigen Tafel einen weiteren Punkt ein: »Intuition hat wieder gestimmt.« Aber dann radierte ich den Punkt schnell wieder aus. Je mehr Freundinnen mich um meinen intuitiven Rat baten, desto ängstlicher wurde ich. Das Ganze entglitt meiner Kontrolle!

Ich erinnere mich an einen besonders beunruhigenden Vorfall. Eine meiner Freundinnen, eine Redakteurin, bat mich um eine Wahrsagung, und ich begann. Aber alles, was ich sah, waren Granatäpfel.

Sie wird denken, daß ich verrückt bin, überlegte ich, aber schließlich erzählte ich ihr von den Granatäpfeln. Schließlich war es nicht meine Aufgabe, zu zensieren, was ich sah, auch wenn ich eindeutig im dunkeln tappte. Granatäpfel?

Stellen Sie sich vor, wie schockiert ich war, als sie ganz aufgeregt rief: »Granatäpfel! Als ich ein kleines Mädchen war, stopfte ich mir immer die Taschen damit voll! Ich liebte sie über alles!« Ihre geistigen Taschen waren immer noch mit Granatäpfeln gefüllt, und sie trug sie immer noch bei sich, so daß ich sie sehen konnte.

Dinge sehen zu können ängstigte mich. Was, wenn ich *wirklich* hellsehen konnte? Würde ich dann zu einem Leben mit wallenden violetten Gewändern und Kristallen verdammt sein? Und was war mit meiner Tochter? Was würde sie davon halten, eine New-Age-Hexe zur Mutter zu haben? Ich zog es vor, meine Gabe zu verleugnen, und ich leugnete sie so lange, bis ich zwischen zwei Welten gespalten war. Einerseits war es verrückt, zu glauben, aber andererseits war es verrückt, es nicht zu tun.

Damals empfahl mir ein kluger Therapeut namens Barry Cecconi, mir ein Rollenmodell zu suchen, das Hellseherin war und sich gleichzeitig in der realen Welt zu Hause fühlte. Ich dachte sofort an Sonia Choquette, eine anmutige Frau, glücklich verheiratet, Mutter zweier Kinder, die in einem ganz normalen Chicagoer Ziegelhaus lebte und seit jeher und in dritter Generation eine Hellseherin und spirituelle Lehrerin von großer Lebendigkeit war. Sie half spirituell suchenden und anderen Menschen, die in einer verwirrenden Lebenssituation steckten.

Vor etwa fünfzehn Jahren hatte mich die Freundin meines Bruders, Beth, eingeladen, einen Abend mit ihr zu verbringen. Da gab es jemanden, mit dem sie mich bekannt machen wollte – Sonia Choquette. Sonia und ihr Mann Patrick veranstalteten einen Workshop über Manifestationen mit dem Titel »Nach Herzenswunsch« (mittlerweile unter dem Originaltitel »Your Heart's Desire« als Buch erschienen).

Der Workshop, der in ihrer im zweiten Stock liegenden Wohnung in Chicago abgehalten wurde, war faszinierend für mich. Vor dem Fenster lag ein betonierter Spielplatz, der von einem Metallzaun umgeben war. Dieses Bild erinnerte mich daran, wie wir das Leben manchmal sehen – als zu klein, zu hart, abgegrenzt von unüberwindlichen Barrieren, die uns von außen aufgezwungen werden.

In der Wohnung sprach Sonia über die Kraft, die wir haben, um unser Leben zu gestalten und unsere eigenen Grenzen zu überwinden. Das Leben sei dazu da, von innen nach außen gelebt zu werden, und nicht umgekehrt, sagte sie. Eine hellseherische Begabung sei ein Geschenk der Seele. Wir würden unsere eigenen Zäune, unsere eigenen Grenzen und Beschränkungen bauen, und das würden wir mit der Sprache tun.

Was? Moment mal, Sonia ...

Ich war mit allen Dingen, von denen sie sprach, vollkommen einverstanden, bis sie zu ihrem achten Gesetz kam: »Unsere Worte sind die Bausteine unseres Lebens.« Diese Vorstellung widerstrebte mir unmittelbar, vielleicht deshalb, weil ich Schriftstellerin war. Worte waren mir sehr wichtig, und ich wollte nicht, daß sie mit mehr befrachtet waren, als dies ohnehin der Fall war.

»Nun«, sagte Sonia, »du kannst dich gegen die Idee sträuben, aber wir bekommen genau das, worum wir mit der Seele bitten. Deshalb paß auf, was du sagst! Manche Leute sagen: ›Ich bekomme immer Erkältungen‹, und dann ist es auch so. Andere sagen: ›Ich habe unglaubliches Glück‹, und das haben sie. Unser Unterbewußtsein nimmt alles wörtlich, was wir sagen. Es führt aus, was wir ihm befehlen. Wenn wir auf der Verwendung negativer Wörter bestehen, geschehen negative Dinge.«

Das überzeugte mich nicht. Ich verließ das Seminar in der Überzeugung, daß Sonia einige wundervolle Dinge darüber gesagt hatte, daß unser Leben im wesentlichen von unserer eigenen Initiative abhängt – aber das mit den Worten, damit war sie meiner Meinung nach ein wenig über das Ziel hinausgeschossen.

Ich wurde bald eines Besseren belehrt.

Unterstützt von der Großzügigkeit meiner Familie und meiner Freunde und mit Geld, das ich durch meine

Arbeit für das Fernsehen verdient hatte, drehte ich ein kurzes Feature. Es war unglaublich, aber in drei Wochen hatten wir alles im Kasten, und ich war sehr zufrieden. Vor der Nachbearbeitung legte ich eine kleine Erholungspause ein, in der mir plötzlich eine Erleuchtung kam.

Ich erkannte, daß ich in meinem Leben viele Male auf das gehört hatte, was die Leute sagten, anstatt auf das zu achten, was sie tatsächlich taten. Es konnte vorkommen, daß ich, wenn nur die Sprache freundlich genug war, alle möglichen persönlichen Kränkungen und Grobheiten ignorieren konnte.

Was wäre, so fragte ich mich plötzlich, wenn ich mir den Film ohne Ton ansähe?

Ich hatte das Gefühl, als ob ich zufällig *den* Schlüssel in die Hand bekommen hätte. Der gierige Kollege, der mir immer sagte, wie großzügig er sei? Wenn ich seine Worte ausblendete, erkannte ich ihn mühelos als den, der er war. Der Mann, der mir sagte, er wolle seine Freundin verlassen, um mit mir zusammenzusein? Wenn man ihn nach seinem Verhalten beurteilte, tat er nichts, was darauf hinwies.

»Sieh dir das Bild ohne Ton an! Sieh dir das Bild ohne Ton an!« wiederholte ich immer wieder. Ich muß diese Phrase tausendmal wiederholt haben – bis zu dem Augenblick, als der Tontechniker anrief, um mir zu sagen, daß der Ton des Films gestohlen worden war.

Gestohlen! Bänder, die für niemanden außer für mich von Wert waren! Die Polizei von Chicago hatte Mordfälle aufzuklären und interessierte sich nicht allzusehr für meinen verlorenen Soundtrack. Es war mitten im Winter. Mit steifgefrorenen Fingern und vereistem Herzen wühlte ich mich durch die Müllhalden im Norden von Chicago. Erfolglos. Die Bänder waren einfach weg. Es gab keinen Ton zu meinem Film.

»Sie dir das Bild ohne Ton an.« Erbittert dachte ich an mein Mantra. War ich nicht gewarnt worden? Hatte Sonia nicht das Unterbewußte als eine Art stumme Armee beschrieben, die bereitstand, unsere Befehle auszuführen? Hatte sie nicht gesagt, daß wir unsere Realität mit Worten formen?

Ob es mir gefiel oder nicht – ich *mußte* mir den Film nun ohne Ton ansehen. Ich mußte den ganzen Film ohne Ton schneiden, ihn neu synchronisieren und mich mit einer europäischen Fassung zufriedengeben, da ein englischsprachiger, englisch synchronisierter Film in Amerika nie in die Kinos kommen konnte. Wie ich die Sache auch betrachtete, dies war eine sehr teure Lektion darüber, was Worte bewirken können.

Ich rief Sonia an und bat sie um einen Termin, und dieses Treffen war der Beginn einer Freundschaft, die bis zum heutigen Tag anhält. Von Sonia lernte ich, meine hellseherische Begabung als normales menschliches Talent zu sehen, und unter ihrer sorgfältigen Anleitung erkannte ich, daß wir alle nicht nur kreativ sind, sondern auch intuitiv.

Wenn Sie in den letzten Wochen Morgenseiten geschrieben haben, wenn Sie zu einigen künstlerischen Stelldicheins gegangen sind, haben Sie Ihre eigene spirituelle Synchronizität – jene Zeitpunkte und Ereignisse, bei denen Ihre innere Realität und die äußere Welt zu verschmelzen scheinen – wahrscheinlich erlebt, und vielleicht haben Sie sie auch unterdrückt. Wenn dem so ist, sind Sie vielleicht bereits zu einem geschickten Proponenten von Sonias »Ja, aber«-Syndrom geworden.

Ich denke, daß es an der Zeit ist, daß wir alle ein wenig von unserem ewigen »Ja, aber« abrücken, und damit uns das möglich wird, müssen wir unsere Offenheit kultivieren. Bitte beachten Sie, daß ich nicht »Leere im Kopf« sagte. Ich bin davon überzeugt, daß wir geerdet sein und ganz spezifisch vorgehen müssen, wenn wir das Reich der Spiritualität erkunden. Das ist der Grund, warum tägliche Spaziergänge so wichtig sind: Sie sorgen dafür, daß wir mit unserem Kopf in den Wolken und mit unseren Füßen am Boden bleiben.

Ein anderes, ungeheuer wertvolles Instrument für die Förderung unserer spirituellen Entfaltung besteht darin, daß wir die spirituellen Abenteuer anderer teilen. Ich habe das Glück, daß es in Taos, meiner neuen Heimatstadt, nicht nur *Merlin's Garden*, sondern auch einen zweiten Buchladen namens *Ten Directions* gibt, der vollgestopft ist mit Büchern über spirituelle Themen. Dort fand ich eines meiner Lieblingsbücher namens *ESP: A Personal Memoir* von Rosalind Heywood. Trotz seines eher trockenen Titels ist dieses Buch in einem herrlich skeptischen und humorvollen Ton geschrieben.

In diesem Buch möchte ich einige meiner Erfahrungen aufzeichnen, die sich möglicherweise einer angeblichen Fähigkeit zuschreiben lassen, die heutzutage unter dem

Namen »außersinnliche Wahrnehmung« bekannt ist. Vielleicht, weil es dafür keine handfesten Beweise gibt ... Am besten spricht man von Erfahrungen, die außersinnlichen Wahrnehmungen ähnlich sind. Mir ist jedenfalls keine sichere Methode bekannt, um sie zu erklären oder zu interpretieren. Ich versuche auch nicht, mit ihnen das Phänomen der außersinnlichen Wahrnehmungen zu beweisen oder zu verwerfen. Die Dinge sind, was sie sind, ich bin keine Missionarin, und wie Faraday sagte, kommt am Ende immer die Wahrheit ans Licht ...

Nun, es gibt eine einzige Sache, die mir an Heywood nicht gefällt: ihre Bescheidenheit. Sie war ursprünglich Missionarin (ihr Buch erschien im Jahr 1964), und sie hatte schon vor mir unbekannte Reiche bereist. Ich bin ihr dafür dankbar und auch dafür, daß sie von diesen Reichen berichtet.

Es war Heywood, die zuerst über ein Phänomen sprach, mit dem ich mein ganzes Leben lang zu tun gehabt hatte: eine hartnäckige innere Stimme, die mich oft zu außergewöhnlichen, aber rückblickend richtigen Handlungen drängte. »Führung« nannte Dorothy Maclean diese Stimme. »Marschbefehl« nenne ich sie. Heywood sprach von Aufträgen, und ihre schienen um nichts weniger drängend zu sein als die, die ich erhielt. Und sie zitterte wie ich, als sie versuchte, diese Stimme zu erklären. Lassen Sie mich noch einmal aus *Memoirs* zitieren:

»Nachdem ich alle Gedanken an das Problem aus meinem Kopf geschaufelt hatte, ging ich schnellen Schrittes

die Straße hinunter. Da schoß mir plötzlich an einer bestimmten Stelle, die ich heute noch finden würde, eine Idee durch den Kopf. Es war, als ob eine Stimme sie laut gerufen hätte.« Dies ist die Beschreibung eines Wissenschaftlers, der erzählt, wie er eine intuitive Idee hatte. Er war weiser, als ich es gewesen war, als ein augenscheinlicher Gegner außersinnlicher Wahrnehmungen mich bat, ihm zu erzählen, wie ich die von mir so genannten Aufträge erhielt.
»Nun«, antwortete ich unschuldig und vergaß die wichtigen Worte »es ist, als ob« davorzustellen, »ich höre eine Stimme.«
»Ah, eine Stimme«, und seine eigene Stimme hätte nicht höhnischer sein können: Offensichtlich eine, die ein wenig aus dem Gleichgewicht ist ...

Wenn wir immer mehr klare Informationen spiritueller oder intuitiver Natur bekommen und die Stimme in uns immer lauter und klarer wird, kann es sein, daß wir selbst denken: »Offensichtlich eine, die ein wenig aus dem Gleichgewicht ist.« Vielleicht sind wir auch von Menschen umgeben, die genau das sagen. Deshalb ist es notwendig, daß wir uns spirituelle Verbündete suchen, wenn auch nur auf dem Papier.
In meinen Seminaren kommen oft Teilnehmer zu mir, die erstaunliche und beunruhigende Erfahrungen mit Führung und Synchronizität im Jungschen Sinn gemacht haben.
»Was ist da los?« wollen sie wissen.
Was los ist? Nun, ganz einfach, ihre spirituellen Gaben

entfalten sich. Oft verweise ich sie auf Sonias ausgezeichnetes Buch *The Psychic Pathway*, das so vieles entmystifiziert und so viele hilfreiche Techniken bietet, die den Lesern helfen, geerdet zu bleiben und gleichzeitig offen zu sein.

Lassen Sie mich einstweilen mit einigen Worten schließen, von denen ich hoffe, daß sie Ihnen Sicherheit geben werden:

Die westliche Kultur ist die einzige, die so tut, als sei das Reich der Spiritualität keine Realität. Wenn das Reich der Spiritualität zu einem Teil Ihrer Erfahrung wird – und das wird es, wenn Sie immer tiefer in Ihre Goldader eindringen –, denken Sie bitte daran, daß Sie dadurch nicht unausgeglichen werden, sondern daß sich Ihre kulturelle Basis verbreitert.

Übung: Öffnen Sie die Tür

Legen Sie sich Ihre Lieblings-Sicherheitsmusik auf, und dann legen oder setzen Sie sich ganz bequem hin. Schließen Sie Ihre Augen und atmen Sie gleichmäßig und tief, bis Sie zentriert sind und bereit zu beginnen. Wenn es soweit ist, stellen Sie sich Ihr Bewußtsein als einen Raum vor, in dem Sie eine bestimmte Anzahl von Ideen aufbewahren, mit denen Sie gut leben können. Stellen Sie sich die Tür zu Ihrem Bewußtsein als nur einen Spaltbreit offen vor. Nun sehen Sie den Schein eines strahlenden goldenen Lichts, das von außen hereinscheint. Dieses goldene Licht ist der Schimmer der spirituellen Möglichkeit. Während Sie sich von Ihrer Sicherheitsmusik beruhigen lassen, beginnen Sie sich vorzustellen, welche neuen Ideen Sie in Ihren Raum einladen möchten:

- Den Glauben an eine zielgerichtete innere Führung?
- Den Glauben an Synchronizität?
- Den Glauben an Engel oder an eine höhere Führungsmacht?

Es bleibt Ihnen überlassen, wofür Sie sich entscheiden. Während Ihre Sicherheitsmusik spielt, genießen Sie den Sinn für die erweiterten Möglichkeiten, die dieser neue Glaube in Ihr Leben bringt. Wenn die Musik zu Ende ist, kehren Sie in Ihren normalen Bewußtseinszustand zurück. Machen Sie sich eine kleine Notiz und hängen Sie sie an eine Stelle, an der Sie sie gut sehen können: »Ich glaube nun offiziell an ....«

Übung: Es ist trotz allem eine große, weite Welt

Ich beginne mit dieser Übung, indem ich mir einen Globus ansehe: Ja, da ist er, der Ort, an dem ich lebe. Und ja, da ist der Rest der Welt – so viele Kulturen, so viele Lebenseinstellungen, so viele verschiedene Arten, die Dinge zu betrachten ...
Nun führen Sie über einen Zeitraum von mehreren Tagen hinweg die folgenden kurzen Übungen durch. Sie sollen Ihnen dabei helfen, psychologische Räume

ausfindig zu machen, in denen Sie alternative Glaubenssysteme unterbringen können:

1. Zünden Sie eine Kerze an, dämpfen Sie die anderen Lichter und versuchen Sie, sich eine Welt vorzustellen, die nur von Kerzenlicht erhellt wird.
2. Gehen Sie in ein Ethno-Restaurant, in dem Sie noch nie waren. Stellen Sie sich vor, die Speisen, die man Ihnen dort serviert, wären Ihre tagtägliche Nahrung.
3. Ziehen Sie den folgenden Gedanken in Betracht:

Früher einmal glaubten die Menschen auf der Welt, daß Bäume göttlich seien. Sie glaubten, daß sie eine menschliche oder groteske Form annehmen und zwischen den Schatten tanzen könnten; sie glaubten, daß Rehe, Raben und Füchse, Wölfe und Bären und Wolken und Pfützen, fast alle Dinge unter der Sonne und unter dem Mond, und auch Sonne und Mond selbst, nicht weniger göttlich und wandlungsfähig seien ...
Sie träumten sich ein so großes Mysterium in kleine Dinge hinein, daß sie dachten, das Winken einer Hand oder eines heiligen Zweiges reiche aus, um weit entfernte Herzen zu verstören oder den Mond in Dunkelheit zu hüllen. *W. B. Yeats*

4. Wählen Sie ein Totemtier. Beschaffen Sie sich ein Bild, eine Statue oder eine andere Darstellung von diesem Tier. Sie können sich auch eine ganze Sammlung zulegen. Was an diesem Tier spricht Sie an?

5. Tanzen Sie dieses Tier. Legen Sie sich die Musik auf, von der Sie glauben, daß sie »Ihrem« Tier gefallen würde. Tanzen Sie spielerisch, wie es das Tier tun würde: geschmeidig wie eine Schlange oder ein Fisch, mit großen Flügelschlägen wie ein Falke oder ein Adler; im Galopp eines Ponys oder mit den tolpatschigen Walzerschritten eines Bären ...

»Danke« sagen

Wir glauben oft, daß wir die Dinge erzwingen müssen. Und gleichzeitig glauben wir, daß wir das nicht können. Dann grämen wir uns wegen unserer Machtlosigkeit und vergraben uns tief in unsere Bitterkeit. Die Wahrheit ist aber, daß wir dazu ausersehen sind, zu gestalten. Anders ausgedrückt sorgen wir einerseits dafür, daß Dinge geschehen, und andererseits lassen wir sie geschehen; wir stellen uns etwas vor, und dann setzen wir diese Vorstellung im Universum frei, damit sie sich manifestieren kann, wie es sein soll. Wir könnten auch sagen, daß wir gezwungen sind, die helfende Hand des Universums zu akzeptieren.

Ein verstorbener Priester der Unity-Kirche, Jack Boland, nannte diesen kooperativen Prozeß *Masterminding.* Er war ein Verfechter der Arbeit mit spirituellen Gebetspartnern, damit die Betenden ihre Träume sehen und einander davon erzählen konnten und damit sie sie dann dem Mastermind zur Manifestation übergeben konnten.

Als ich in Chicago lebte, führte ich diese Übung einmal pro Woche mit meiner Freundin Laura durch. Wir trafen uns in einem Café, bestellten unsere Cappuccino und listeten dann gemeinsam auf, was wir wollten oder wobei wir Hilfe brauchten. Unsere spirituellen Ziele reichten von großen Ideen (»ein neuer Wohnort«, »Hilfe beim Schreiben des Kriminalromans«) bis hin zu ganz spezifischen (»die richtigen Wörter, wenn ich mit ihm spreche«).

Eine von uns schrieb eine Bitte auf, und die andere warf sie zurück, als ob sie bereits verwirklicht wäre. »Julia, ich sehe, daß du einen Weg findest, um nach Taos zu ziehen. Ich sehe, daß du dort ein Heim findest, das perfekt zu dir paßt ...«

Wir führten ein Tagebuch unserer Bitten, und jede Woche begannen wir unsere Sitzung, indem wir überprüften, welche Fortschritte wir gemacht hatten oder, genauer, welche Fortschritte das Universum für uns gemacht hatte.

Sehr schnell erkannte ich, daß ich mich gegenüber der helfenden Hand oft blind gestellt hatte, wenn sie mir entgegengestreckt worden war. Es war nicht so, daß meine Gebete nicht erhört worden waren, sondern daß ich fixe Vorstellungen davon hatte, aus welcher Richtung die Hilfe kommen mußte. Noch kontraproduktiver war, daß ich immer nach abrupten, spektakulären und dramatischen Umkehrungen negativer Situationen Ausschau hielt, und nicht nach kleinen Verbesserungsschritten.

»Wir streiten immer noch«, sagte ich, als sich meine Beziehung in einer turbulenten Phase befand.

»Ich dachte, du sagtest, du hättest einen Weg gefunden, um ihm zu sagen, was du meinst, und daß ihr kürzlich am Abend nach dem Kino ein gutes Gespräch hattet.«

»O ja ... aber beim Frühstück stritten wir schon wieder!«

Da wir im Team arbeiteten, konnten Laura und ich einander dazu bringen, die oft unerwartete Art und Weise zu erkennen, wie Gebete erhört werden. Ich begann mich ein wenig wie eine Einkäuferin zu fühlen, die jammert: »Aber ich will es in Blau!«, obwohl auch Rosa sehr schön aussieht.

Als ich von Chicago nach Taos zog (das große, erhörte Gebet), mußte ich drei Pferde mitnehmen, und das Geld für den Transport war nirgendwo in Sichtweite. In dem Bewußtsein, daß dies eine ziemlich große Bitte war, setzte ich sie auf meine Liste. Eine Woche später, als ich mit meinem Exmann über den Umzug sprach, bot er an: »Möchtest du, daß ich die Pferde für dich und Domenica transportiere?«

»Oh, das könnte ich nie von dir verlangen«, antwortete ich.

Als ich bei unserer nächsten Mastermind-Sitzung Laura von diesem Gespräch erzählte, fand sie mein Verhalten einfach lächerlich. »Natürlich kannst du!« sagte sie. »Ruf ihn an und danke ihm für seine Großzügigkeit! Außerdem sollst du das Universum um Hilfe bitten und ihm nicht vorschreiben, auf welche Weise es sie anbieten soll!«

Wir sollen nicht so passiv sein, daß wir die Sehnsüchte unseres Herzens abtöten, und wir sollen nicht so verzweifelt sein, daß wir versuchen, unsere Träume wie Äpfel, die noch nicht reif sind und fest am Zweig haften, aus dem Universum zu reißen. Das ist aber oft viel schwieriger, als es klingt. Viele von uns haben zuviel Angst, um zu träumen. Wir wurden schwer verletzt, weil unsere Träume sich nicht so manifestierten, wie wir uns das vorstellten, und wir haben Angst, noch einmal zu versuchen, sie Wirklichkeit werden zu lassen.

Michael Weller schrieb ein schreckliches Theaterstück namens *Ghosts on Fire*. Es geht darin um einen blockierten Regisseur und seinen unerträglichen emotionalen Schmerz. Für mich waren die »brennenden Geister« immer die begrabenen Träume des Regisseurs. Beim Lehren habe ich die Erfahrung gemacht, daß jeder von uns Träume hat, die uns wie aufgestocherte, glühende Kohlen verbrennen können. Manchmal scheinen sie knapp unter der Oberfläche unseres Lebens zu liegen wie subkutane Verletzungen, und wenn wir sie berühren, schießt der Schmerz durch unseren Körper wie Feuer. Das ist es, was mit brennender Sehnsucht gemeint ist. Aber warum wollten wir unsere Sehnsüchte wieder zum Leben erwecken? Warum sollten wir erneut riskieren, wieder zu leben, wieder zu lieben? Die Antwort ist: Weil die Alternative ein lebendiges Totsein bedeutet. Wenn wir unser Herz bitten, wieder zu wachsen, tut es das meiner Erfahrung nach auch. Wir sind tapfer genug, wieder zu träumen und etwas zu riskieren, wieder zu lieben. Wir brauchen nur die Sicherheit, daß wir das wirklich können, und diese Sicherheit kommt in tausend kleinen und großen Stücken zu uns, wenn wir um sie bitten. Aber bitten müssen wir.

Ich habe dazu einen Liedtext gedichtet:

Der Schlüssel liegt im Willen.
Bereitschaft ist's, die zählt.
Vertrau dem Universum,
es schenkt dir die ganze Welt.

Wenn wir glauben, daß das Universum geizig ist, wenn wir an einen verweigernden Gott glauben, dann tun wir gut daran, Angst davor zu haben, unsere Träume zu artikulieren. Wenn wir sie uns in dieser Angst klar vor Augen führen, kann es sein, daß wir das Gefühl haben, als gäben wir Bilder unseres Geliebten in feindliche Hände. Unsere Träume einem zerstörerischen Universum zu überantworten kann in uns das Gefühl wecken, Verräter in eigener Sache zu sein: Wenn ich Gott sage, was ich wirklich will, werde ich es nie bekommen.

Es gibt zwei Möglichkeiten, mit diesem Dilemma klarzukommen. Die erste besteht darin, unsere Gottesvorstellung zu überprüfen und zu verändern – das haben wir bereits getan. Die zweite besteht darin, es zuzulassen, daß wir und unser neuer Gott einen kleinen Teil unserer Träume verwirklichen.

Beachten Sie, daß ich sage: »Wir und unser neuer Gott.« Hier handelt es sich um eine Partnerschaft. Wir müssen bitten und bereit sein, zu empfangen. Ohne unsere Bereitschaft kann das Universum unsere Wünsche nicht erfüllen.

Wenn wir süchtig sind auf den Streß und auf die Sorgen, die entstehen, wenn wir versuchen, die Dinge zu erzwingen, haben wir Angst vor dem Gefühl des freien Falls, das entsteht, wenn wir die Dinge einfach geschehen lassen. Die Kontrolle aufgeben? Nicht, wenn wir nicht dazu gezwungen sind. Wenn wir süchtig auf Sorgen sind, weil sie uns ein Gefühl der Sicherheit geben, weil sie so vertraut sind und unsere Phantasie daran hindern, zu frei herumzuschweifen, kann uns die Akzeptanz des

Empfangens fast ebenso schwerfallen wie das Bitten. Und das ist der Grund, warum es so gut ist, klein anzufangen. Meist gibt es einen kleinen Schritt, den wir in Richtung eines Traums tun können. Wenn wir ihn tun, vollzieht das Universum oft mehrere, weitere Schritte für uns, und unsere Bereitschaft zur Akzeptanz wächst mit diesen Schritten.

Wir können etwas verlangen, und wir können zulassen, daß uns etwas angeboten wird. Wir müssen daran denken, daß das Universum die Quelle unserer Versorgung ist und daß diese Versorgung oft über andere Menschen zu uns kommt. Häufig verwechseln wir die Menschen selbst mit der Quelle. »Ich werde in ihrer Schuld stehen!« denken wir voller Panik. Wir hassen es, in irgend jemandes Schuld zu stehen, denn das gibt uns das Gefühl, die Kontrolle zu verlieren. Üben Sie, von anderen etwas anzunehmen.

Bevor wir daran denken, was wir anderen schuldig sind, sollten wir lieber daran denken, was wir uns selbst schulden. (Unterstützung, zum Beispiel, oder die Chance, etwas zu verändern.) Wenn wir uns lange von anderen als Batterien benutzen ließen, schulden wir uns selbst zunächst eine schöne, lange Ruhepause. Wenn unsere Energie als Treibstoff für die kreativen Projekte anderer diente, sollten wir es ihnen vielleicht gestatten, uns den Gefallen in irgendeiner Form zurückzugeben.

»Ich wünschte, mein Mann würde meine Träume unterstützen«, beklagte sich eine meiner Seminarteilnehmerinnen. »Er hat mir zwar angeboten, mein Studium zu bezahlen, aber mir geht es um seine emotionale Unterstützung.«

Für manche Menschen ist emotionale Unterstützung gleichbedeutend mit finanzieller Unterstützung. Wir müssen lernen, die Menschen das geben zu lassen, was sie geben können, anstatt das zu fordern, was wir möchten.

Die Stimme des Herzens kennt viele Sprachen, und manchmal spricht sie in nüchternen Zahlen und Summen: »Laß mich deinen Umzug bezahlen ...«, oder sie bietet ein Tauschgeschäft an: »Ich könnte an den Samstagvormittagen auf deine Kinder aufpassen, damit du in den Töpferkurs gehen kannst, und du könntest meine Kinder an den Donnerstagen vom Ballett abholen, damit ich in die Stadt fahren kann ...« Oder sie drückt sich durch Schweigen aus. Statt daß Sie anderen Ihre Zeit anbieten, obwohl Sie sie in Wirklichkeit für sich selbst brauchen, bleiben Sie stumm. Und schließlich kann sie in Worten und Verhaltensweisen sprechen, die Ihnen nicht vertraut sind.

Um Akzeptanz zu üben, müssen wir das Akzeptieren üben. Anders ausgedrückt sollten Sie beginnen, »ja« und »danke« zu sagen, wenn Ihnen Geschenke, Chancen und Unterstützung angeboten werden. Sagen Sie nicht mehr: »Oh, das kann ich nicht annehmen!«

O ja, Sie können.

Übung: Geschenke annehmen

Üben Sie, Geschenke anzunehmen, in welcher Form auch immer. Vollenden Sie zwanzigmal den folgenden Satz: »Es wäre schön, wenn _______________« und hängen Sie das Blatt Papier an einer Stelle auf, an der Sie es oft sehen.
Halten Sie Ausschau nach den Geschenken, die als Reaktion auf diese Wunschliste zu Ihnen kommen.

Übung: »Synchronizitäts«-Notizblock

Kaufen Sie einen kleinen »Synchronizitäts«-Notizblock und tragen Sie ihn bei sich. Ich verwende dafür am liebsten einen winzigen Notizblock mit Spiralen am oberen Rand. Man kann ihn leicht in der Handtasche oder in der Hosentasche tragen, und die Eintragungen können notiert werden (z. B. »14. Januar 1995, begann, *Avalon* umzuschreiben. Bekam sofort ›zufällig‹ drei Informationsquellen über Pflanzen und Töne – Wright Smith, Maclean und Sonia«).

Übung: Das Gottesgefäß

Machen, suchen oder wählen Sie sich ein »Gottesgefäß«. Was, so fragen Sie vielleicht, ist ein Gottesgefäß? Ein Gottesgefäß ist jedes Gefäß, das Sie dazu bestimmen und dem Sie Ihre Wünsche, Träume, Probleme, Gebete und

Fragen anvertrauen wollen. Sie können sich dieses Gefäß als eine Art spirituellen Briefkasten vorstellen oder als Zauberkasten. Wichtig ist auf jeden Fall, daß das verwendete Gefäß stark und magisch auf Sie wirkt. Mein Gottesgefäß ist eine sehr große, sehr alte blauweiße chinesische Vase mit zwei Drachen, die sich inmitten von Wolken und Windböen um sie winden. (Drachen sind die chinesischen Kreativitätssymbole.)

Vielleicht möchten Sie lieber eine Gottesschachtel. In diesem Fall können Sie eine Schuhschachtel oder jede andere, nicht zu kleine Schachtel verwenden, die Sie mit Bildern dekorieren, die Ihrem Gefühl nach Stärke, Magie und Bedeutung vermitteln. Als ich Sonia von dem Kreativitätsraum erzählte, in dem ich arbeite, rief sie aus: »Du hast einen Gottesraum gemacht! Einen magischen Raum!« Es geht jedenfalls darum, daß Sie einen Behälter finden, der Ihre Träume bewacht und dazu beiträgt, daß sie von einem hilfreichen Universum ausgebrütet werden können.

Auf diese Weise können Sie sich in Zeiten, wenn Sie das Gefühl haben, zu lange auf die Erfüllung einer Sehnsucht warten zu müssen, sagen: »Es liegt im Gottesgefäß. Der Zauber wird nicht lang auf sich warten lassen.«

Übung: Hilfe annehmen

Üben Sie, Hilfe in jeder Form anzunehmen, in der Sie ihnen angeboten wird. Ergänzen Sie den folgenden Satz: »Ich könnte wirklich Hilfe gebrauchen bei ....«

Hängen Sie das Blatt an einer Stelle auf, an der Sie es oft sehen. Und achten Sie aufmerksam auf alle Zeichen von angebotener Hilfe.

Übung: Passen Sie auf, was Sie sagen

Beobachten Sie eine Woche lang Ihre Sprache. Achten Sie darauf, wie oft Sie die Fülle des Universums einfach ablehnen. Ein Kompliment? (»Was, schön? Dieses alte Ding?«) Ein Angebot, die Tür zu öffnen? (»Nein, danke. Ich schaffe es schon.«) Und das Angebot einer Bezahlung, wo Sie keine erwarteten? (»O nein, also wirklich ...«)
Beginnen Sie zu sagen: »Oh, danke!« Und nehmen Sie an, was Ihnen angeboten wird!

Übung: Machen Sie täglich einen Gebetsspaziergang

Sie erinnern sich, daß wir zu Beginn dieses Buches darüber sprachen, wieviel Kraft man aus einem wöchentlichen Dankbarkeitsspaziergang schöpfen kann? Eine Woche lang, diese Woche, werden Sie täglich einen solchen Dankbarkeitsspaziergang machen. Zählen Sie bewußt und laut auf, welche Segnungen Ihnen zuteil wurden, oder tun Sie, was ich tat: Schreiben Sie ein kleines Loblied.

Aufbruch

Da das Reich der Spiritualität ein inneres Reich ist, bleibt es auf Ihrer weiteren Reise bei Ihnen. Wie Imagi-Nation ist es durch bewußte Absicht und durch die einfachsten Methoden zugänglich. Morgenseiten, künstlerische Stelldicheins, tägliche Spaziergänge – all das sind die physischen Schlüssel zu diesem Reich, die uns ständig zur Verfügung stehen. Sehen wir uns kurz die psychologischen Schlüssel an, die wir uns ebenfalls erworben haben.

Wir klärten unseren persönlichen Gottesbegriff und gaben ihm eine physische Form, indem wir einen Kreativitätsgott und ein Kreativitätstotem schufen. Wir gaben der Führung in unserem Leben Raum, indem wir bestimmte Zeiten zum Empfangen der Signale reservierten und indem wir schwiegen. Wir gingen in unserer Lebenserzählung zurück, um unsere spirituellen Erfahrungen ans Tageslicht zu bringen und über sie zu schreiben. Wir gestalteten ein persönliches Kartenspiel, durch das wir unsere privaten spirituellen Quellen herabrufen können. Wir konzentrierten uns darauf, offener zu werden, und wir machten Übungen, die uns physisch in das Reich der Spiritualität führten. Schließlich übten wir die Kunst der Dankbarkeit, indem wir uns öffneten, um einen größeren Fluß universeller Unterstützung zu empfangen und anzuerkennen.

Kurz gesagt, vergrößerten wir im Reich der Spiritualität

die Fähigkeit unserer Psyche, Inspiration und die Kraft zu ihrer Umsetzung zu empfangen.
So vorbereitet betreten wir nun das Reich der Möglichkeit.

Das Reich der Möglichkeit

Eines der Paradoxa einer spirituellen Reise besteht darin, daß wir am Ende unserer Pilgerreise nicht an einem Ende, sondern am Anfang stehen. Der Jungianer Robert A. Johnson sagt uns: »Wir müssen den Garten Eden verlassen, bevor wir die Reise ins himmlische Jerusalem antreten können. Es stimmt, daß es sich dabei um ein und denselben Ort handelt, aber wir müssen die Reise trotzdem machen.«

Nach einer langen Reise, die uns durch so viele Reiche führte, sind wir nun im atemberaubendsten von allen angekommen. Wir stehen am Eingang zum Herzen der Herzen: Vor uns liegt das Reich der Möglichkeit. Dieses Reich, das *sanctum sanctorum*, ist das innerste aller Reiche. Es ist das Reich, in dem wir unsere wahre Größe und unsere Reichweite zu erkennen beginnen. Träume und Vorstellungen, die uns einst anmaßend und großspurig erschienen, sind nun nicht länger Hirngespinste für uns, sondern reale Möglichkeiten.

Das Reich der Möglichkeit ist der physische, materielle Abkömmling von Imagi-Nation. Es ist die äußere Manifestation unserer inneren kreativen Welt. Wir betreten dieses Reich im Wissen um unsere wahre spirituelle Begabung. So erreichen wir den fernsten Horizont unseres Wagemuts und entdecken, daß wir nun wirklich nach Hause kommen.

Leidenschaft

Eine der Lügen, an die wir uns klammern, lautet, daß wir nicht verletzt werden, wenn wir es vermeiden, uneingeschränkt zu lieben. Solange wir aber halbherzig lieben und unsere Träume halbherzig verfolgen, arbeiten wir gegen uns selbst. Wir tun uns die Schmach an, uns selbst nicht ernst zu nehmen, und wir fügen unseren kreativen Projekten ein großes Unrecht zu, indem wir uns weigern, sie uns klar vorzustellen und zu visualisieren. Da aber die Klarheit der Vision ein Auslöser der Manifestation ist, kann unser Streben nach Absicherung bewirken, daß unsere Projekte im Sand verlaufen oder gar nicht erst zustande kommen.

Sehnsucht ist etwas Gutes. Leidenschaft ist etwas Gutes. Leidenschaftliche Sehnsucht bündelt den Willen, der seinerseits die Energie zum Fließen bringt. Der Wille ist in Wirklichkeit eine Leitlinie für die Energie. Wenn der Wille klar und nicht von Konflikten beeinträchtigt ist, bringt er die Energie so schnell und so effizient ins Fließen wie ein Zauberstab. Die Phrase »Sehen heißt Glauben« kann man auch umdrehen: Glauben heißt Sehen.

Synchronismus wird oft durch einen klaren, leidenschaftlichen Wunsch ausgelöst. Wenn wir den Mut haben, uns etwas, das wir uns präzise vorstellen, mit Leidenschaft zu wünschen, dann antwortet uns das Universum. Präzision ist hier von entscheidender Bedeutung.

Etwas mit Klarheit zu glauben bedeutet, etwas klar vor

unserem geistigen Auge zu sehen. Diese präzise Vision dessen, was wir uns wünschen, erfüllt unser Herz mit Sehnsucht. Anstatt die Sehnsucht nach unseren Träumen zuzulassen, weigern wir uns oft, zu erkennen, wonach wir uns wirklich sehnen. Wir sorgen dafür, daß unsere Träume und Sehnsüchte verschwommen bleiben, weil wir uns damit selbst zu schützen glauben. Wir sagen, daß Unwissenheit ein Segen ist – das ist sie aber meiner Erfahrung nach in keiner Weise. Unwissenheit ist ein nur halb gelebtes Leben, ein Vernachlässigen unserer Fähigkeit, die Dinge differenziert wahrzunehmen und spezifisch zu lieben.

Meiner Erfahrung nach könnte man viel eher sagen, daß Klarheit ein Segen ist. Wenn es uns gelingt, gegenüber uns selbst klar zu sein, können wir auch gegenüber der Welt klar sein. Und wenn wir gegenüber uns selbst und gegenüber der Welt klar sind, gelingt es uns viel besser, uns selbst Wertschätzung entgegenzubringen. Diese Wertschätzung gestattet es uns, viel offener zu sein für die Geschenke, die das Universum für Klarheit bereithält.

Ich habe eine neunzehnjährige Tochter, die heute alt genug ist, daß ich ihr etwas über das erzählen kann, was mir wichtig ist – und Leidenschaft ist mir so wichtig, daß sie mein Leben prägt und erklärt. In diesem Weihnachtsurlaub, in den der neunzehnte Jahrestag ihrer Empfängnis fiel, erzählte ich Domenica, wie leidenschaftlich ich ihren Vater geliebt hatte. Wir saßen am Küchentisch, und ich sah, auf wie viele Arten sie ihm ähnelt. Ich erzählte ihr zum Beispiel, daß seine Füße mich erotisch entzückt hatten. In all den Jahren, in denen diese Füße nun nicht mehr neben mir gehen, habe ich nie aufgehört, sie zu lieben, und das ist gut so. Ich wünsche meiner Tochter, daß sie einen Menschen findet, den sie aus ganzem Herzen liebt – mit einer Liebe, die so groß und so klein ist, daß sie jede Einzelheit schätzen kann. Alles zu schätzen, oder es zumindest zu versuchen, öffnet das Tor zur Kunst. Wir möchten zwar glauben, daß das Tor zur Kunst über den Intellekt führt, und so wird es uns auch beigebracht. Meiner Erfahrung nach öffnet sich das Tor zur Kunst jedoch im Herzen.

Wir sprechen oft über Frauen, die für männliche Künstler Musen sind. Auch mir dienten die Männer meines Lebens als Musen. In ihrer Gegenwart blühte ich auf und konnte schöpferisch sein. Manchmal, wenn ich eine Beziehung zu einem Künstler hatte, setzte unsere Liebe einen gegenseitigen Befruchtungsprozeß in Gang, und wir gelangten beide zu einer reicheren, fruchtbareren Arbeit. Manchmal waren meine Geisteskinder die Kinder, die ich meinen Geliebten zu Füßen legte, in dem Wissen, daß sie geholfen hatten, sie zu zeugen.

Ein verschlossenes, geschütztes Herz ist nur zu gebremster und vorsichtiger Kunst fähig. Wenn wir zugeben, daß wir etwas oder jemanden lieben, lieben wir auch uns selbst. Wir bekräftigen: »Ich bin es, der liebt.« Das »Ich« ist das Auge, durch das wir sehen. Eine kreative Vision zu haben bedeutet unter anderem, daß wir uns gestatten, das zu sehen, was wir lieben. Indem wir auf diese Weise feiern, was wir lieben, brauchen wir nie über unerwiderte Liebe zu klagen. Die Liebe wird in sich selbst zu einer

Belohnung. Was ich an dir liebe, ist das Ich, das ich in dir finde, und das Du, das ich in mir finde. Ich würde sagen, daß Sie, wenn Sie ein Künstler sein wollen, ein Liebender sein müssen. Liebende lieben in spezifischer Weise: den Schwung des Halses der Geliebten, den rötlichschwarzen Glanz der Haare auf dem Unterarm des Geliebten ...

Eine der stärksten spirituellen Erfahrungen meines Lebens war eine Reise »durch« den Körper des Mannes, den ich liebte. Ich hörte und erlebte ihn als die wunderbarste Musik, die man sich vorstellen kann. Jedes Haar, jede Zelle sang mir ein Lied. Die Schönheit hatte etwas ganz Besonderes. Sie war atemberaubend und göttlich.

Die Liebe liegt im Detail, und das gilt auch für Gott. Wenn Liebe und Gott in den Details zu finden sind, dann ist es auch die Kunst. Wir sollen mit Leidenschaft aufmerksam sein!

Übung: Senden Sie Ihrer Vergangenheit einen Valentinsgruß

Schreiben Sie einer Ihrer großen Lieben eine Valentinskarte. Vergessen Sie nichts, was Sie von ihr erhielten. War es der Mann, der Ihnen ein Abonnement des *National Geographic* schenkte? Teilte dieser Mann Ihre Liebe zur Bewegung im Freien oder weckte er sie mit einer Reise? Feiern Sie mit diesem Gruß den Gewinn aus dieser Liebe, anstatt ihren Verlust zu beklagen.

Übung: Senden Sie Ihrer Gegenwart einen Valentinsgruß

Schenken Sie sich selbst eine Valentinskarte. Lassen Sie Ihrer Phantasie freien Lauf und machen Sie etwas, das Ihrer Persönlichkeit entspricht. Sie können eine Collage anfertigen oder einfach hübsche Spitzen, Bänder und Verzierungen verwenden. Wenn Sie sich für eine Collage entscheiden, sollten Sie jene Dinge in den Mittelpunkt stellen, die an Ihnen und für Sie am liebenswertesten sind.

Übung: Listen Sie hundert Dinge auf, die Sie persönlich lieben

Das ist eine meiner Lieblingsübungen, und ich schlage vor, daß Sie sie ausprobieren. Legen Sie als erstes Ihre

Erweiterungsmusik auf. Als nächstes legen Sie ein bißchen Weihrauch auf die Herdplatte oder entzünden eine gute Duftkerze.
Nun erstellen Sie Ihre Liste. Denken Sie an das Tierreich, an das Pflanzenreich. Beziehen Sie alle fünf Sinne mit ein. (Und auch diesen sechsten, der sich so rasant entwickelt hat.) Denken Sie an Ihre Freunde, Ihre Familie, an die Kunst, an Erinnerungen, Hoffnungen, Orte, Töne, Aktivitäten, Einstellungen.
Kehren Sie zu Ihrer Lebenserzählung oder zu Ihrem Goldaderquiz zurück, falls Ihnen der Stoff ausgeht. Gestatten Sie es sich, spezifisch zu sein: rote Tulpen, Papageientulpen, dunkle Veilchen und hellen oder dunklen Flieder ... Fotos von Walker Evans, frische Himbeeren, die Gedichte von Elizabeth Bishop, die Gedichte von Edward Hirsch, die Bilder meiner Schwester Libby, »Louise«, meinen Chevy-Lastwagen, Baujahr '65, das Zitronen-Knoblauchhuhn von Großmutter Scorsese, Petit-point-Stickerei ...
Dies ist eine kraftvollere Übung, als man meinen möchte. Sie macht unser »Ich« zum Mittelpunkt unseres eigenen Universums. Dort sind wir in Wirklichkeit zwar ohnehin immer, aber oft verlieren wir diese Tatsache aus den Augen. Und deswegen verlieren wir oft auch das Gefühl für unsere eigene Macht. Da die Liebe die stärkste Energie ist, die uns zur Verfügung steht, gelangen wir auf direktem Weg zurück zu unserer eigenen Kraft, wenn wir uns auf das konzentrieren, was wir lieben.

Risiko

Ich glaube an das Risiko. An das Glück glaube ich nicht. Und ich glaube an den Synchronismus.
Vielleicht sind das für Sie semantische Wortklaubereien. Für mich nicht. Glück ist etwas, was uns widerfährt. Synchronismus ist etwas, was seinen Ausgang in unserem Bewußtsein nimmt. Risiko ist etwas, das wir auf uns nehmen. Glück ist etwas Passives. Synchronismus wird von uns selbst ausgelöst, und zwar, indem wir ein Risiko eingehen. Doch damit wir ein Risiko eingehen können, müssen wir bereit sein, eine schlechte Figur zu machen, wir müssen bereit sein zu scheitern, und wir müssen bereit sein, wie Idioten dazustehen. Es gibt Augenblicke der Wahrheit, in denen unsere Träume Konturen anzunehmen beginnen. Wir erkennen sie klar, und sie glitzern vor Hoffnung. In diesen Augenblicken wissen wir, daß sie uns gehören können, und dann vergeht der Augenblick, und wir treten zurück in die Schatten des Zweifels.
Damit wir ein Risiko eingehen können, müssen wir vielleicht die Hilfe eines Vertrauensspiegels in Anspruch nehmen – eines Menschen, der unser Potential erkennt und es uns zurückspiegelt. Es gibt auch andere Spiegel, die unsere Zweifel erkennen und diese vergrößert zu uns zurückwerfen. Viele von uns sind mit solchen negativen Spiegeln groß geworden. Ich nenne das »im Lachkabinett aufwachsen«. In diesem Lachkabinett (das alles andere als lustig ist) werden unsere kreativen Bestre-

bungen als monströs oder als töricht zu uns zurückgeworfen.
Wenn wir unter unseren Freunden keinen Vertrauensspiegel finden, müssen wir uns in einem Buch oder in einer Geschichte einen suchen.

Übung: Nehmen Sie Ihr Leben selbst in die Hand

Für diese Aufgabe brauchen Sie eine große Posterwand, Ihre beiden Hände und einen Stapel Magazine. Sie brauchen auch Klebstoff, vielleicht ein paar Marker, Tinte, Wasser- oder Acrylfarben. Glitzer oder winzige, selbstklebende Sternchen machen sich ebenfalls sehr gut. Einfach viele verschiedene Dinge, mit denen Sie Ihr Poster dekorieren können.

Sehen Sie sich Ihre Lebenserzählung an und greifen Sie drei Situationen heraus, in denen Sie ein Risiko eingingen, zu dem Sie sich »geführt« fühlten und bei dem sich Ihr Mut auszahlte. Diese Risiken können alles betreffen, was Ihnen wichtig ist oder war. Rufen Sie sich die entsprechenden Situationen genau ins Gedächtnis, und dann reißen Sie aus den Magazinen Bilder heraus, die zu den Situationen, Ihren Gefühlen und der damaligen Umgebung passen. Sie können natürlich auch Fotos aus dieser Zeit verwenden.

Wenn Sie Ihre Bilder gesammelt haben, zeichnen Sie Ihre Hand, Handinnenseite nach oben, auf dem Poster nach. Die Position bleibt Ihnen überlassen: Die Hände können die Bilder von unten stützen, helfend von oben kommen, Ihre Bilder wie einen Kelch umfassen ...

Nun gruppieren Sie Ihre Risikobilder, wie es Ihnen gefällt, und kleben sie auf das Plakat. Was Sie hier schaffen wollen, ist eine Collage, die uns schon beim ersten Hinsehen daran erinnert, daß Sie Ihr Leben aktiv und mit großem Erfolg in die eigenen Hände genommen haben und daß Sie dasselbe immer wieder tun können, wenn Sie es möchten. Eines der interessantesten Dinge an dieser Collage ist die Tatsache, daß sie Ihnen zeigt, daß Ihre eigenen Hände genauso aussehen wie die helfenden Hände eines wohlwollenden und unterstützenden Universums.

»Kreative Decken«

Wir alle sind weit begabter und auf weit vielfältigere Weise talentiert, als wir es uns vorstellen können. Natürlich wissen wir, daß wir für dieses begabt sind und eine Neigung für jenes haben, aber die meisten Menschen haben auch unmögliche Träume, irgendwelche Dinge, von denen sie sich wirklich wünschen, daß sie Talent dafür hätten, und von denen sie glauben, daß sie darin vollkommen untalentiert sind. Bei mir war das die Musik.

Vor einigen Jahren erkannte ich, daß ich, wenn ich auf meinen Morgenseiten um Führung bat und dann lauschte, oft sehr klare Zeichen bekam, die von einer klügeren Quelle zu kommen schienen, als ich es war. Im Laufe der Jahre lernte ich, mich auf diese Zeichen zu verlassen. Ich fragte. Ich hörte zu. Ich richtete mich nach den Zeichen. Aber ihnen vertrauen? Und dem Ich vertrauen, das ihnen vertrauen würde? Das war ein sehr langer Prozeß, der mit etwas zu tun hat, was ich »kreative Decke« nenne. Die Zeichen legen uns so oft einen Schritt nahe, der zu groß zu sein scheint, zu waghalsig, zu beängstigend ... bis wir den Zeichen folgen und feststellen, daß wir die ganze Zeit über unterstützt werden. Lassen Sie mich Ihnen ein Beispiel geben.

Vor etwa einem Jahr bekam ich das Zeichen, daß ich den Sommer in London verbringen sollte. Ich fand das ein wenig eigenartig, denn ich hatte mich noch nie besonders zu London hingezogen gefühlt. Trotzdem, es war

London, und so räumte ich sorgfältig meinen Seminarkalender für diese Zeit leer und sagte den Leuten, daß ich im Sommer – da in London – nicht erreichbar sein würde.

Warum London? fragte ich mich. Dann verkaufte sich mein Buch *Der Weg des Künstlers* in England gut, und ich dachte: »Aha! Deswegen also. Ich werde nach London fahren, um mein Buch vorzustellen.« Als nächstes traf ich einen Briten, der mir sympathisch war, und ich dachte: »Ach so, er ist der Grund. Ich fahre nach London, damit wir einander kennenlernen können.«

Mittlerweile stellten mir meine geführten Texte in Aussicht: »Du wirst in London strahlende Songs schreiben.« Zu sagen, daß ich daran zweifelte, ist eine starke Untertreibung. Ich schrieb zwar seit zwanzig Jahren Texte für verschiedene Komponisten, aber ich spielte selbst kein Instrument, konnte keine Noten lesen und habe eine Stimme, die ich immer für ein wenig dünn gehalten habe. Dazu kam, daß meine beiden Brüder Musiker sind. Einer ist Komponist, einige meiner Schwestern sind musikalisch, und ich war in musikalischer Hinsicht immer das häßliche Entlein unserer Familie. (»Wer ist das mit der komischen Stimme? Julie, bist du das?«)

Ich? Strahlende Lieder? Nicht gerade wahrscheinlich, dachte ich. Ich dachte, daß, wenn die Musik irgend etwas mit mir im Sinn gehabt hätte, ich das doch längst hätte wissen müssen. Als Kind hatte ich das Klavier meinen offiziell viel talentierteren Geschwistern überlassen. Ich sang zwar mit Begeisterung im Chor, und ich sang in der katholischen Kirche St. Joseph's die Altstimme des

Ave Maria, aber trotzdem fühlte ich mich alles andere als talentiert. Es war allerdings ein ekstatisches Gefühl für mich gewesen, ein Hinweis, den ich nicht beachtet hatte.

»Würde es nicht Spaß machen, ein Musical über Merlin zu schreiben?« beharrten meine Morgenseiten, doch ich tat den Gedanken ab.

Im Mai, als ich zu Besuch bei Freunden in Boulder, Kanada, war, ging ich in den Bergen spazieren und entdeckte einen kristallklaren Bach, der zwischen den Steinen dahinplätscherte. Ich setzte mich ans Bachufer, und dabei kam mir ein Lied in den Sinn, samt Text und Melodie. Ich mochte dieses Lied, und nicht nur die Worte gehörten mir, sondern auch die Melodie. Endlich war beides zu mir gekommen! Hoffentlich vergaß ich sie nicht! Niemand war in Hörweite, und so sang ich das Lied. Es war ein strahlendes Lied, es war von einer Art magischem Druidenrauch erfüllt. Aber ich wußte, daß ich es auch wie Rauch verlieren würde.

Erst der Rat einer Freundin, die Melodie auf Band zu singen, half mir. So konnte ich das Lied festhalten. Als ich es mir anhörte, bemerkte ich, daß es keltisch klang. Die Sehnsucht des Anfangs wich in der Mitte einem fröhlichen Teil. Merlin oder Talisman, der Barde, hätten es sicher gemocht.

My green heart is filled with apples.
Your dark face is filled with stars.
I'm the one that you've forgotten.
You're the one my heart desires ...

So dance when you think of me!
Sing to remember me!
Sing 'til your heart can see
Who we are.
Dance when you think of me!
Sing to remember me!
Sing 'til your heart can see
Who we are.

I'm the Lake that has no bottom.
You're the Sword that leaves no scars.
I'm the water sunlight dapples.
You're the light from distant shores.

Das Lied klang nicht nur keltisch, sondern es erinnerte auch an die Artus-Sage. Ich erinnerte mich an den Satz aus meinen geführten Texten, als ich gefragt hatte, worüber ich als nächstes schreiben sollte, und die Führung mir bedeutet hatte: »Würde es dir Spaß machen, ein Musical über Merlin zu schreiben?«
Ja, hatte ich gedacht, das würde es. Wenn ich auch nur ein bißchen musikalisch wäre ...
Innerhalb einer Woche nach dem ersten Lied kam ein zweites zu mir. Währenddessen unterrichtete ich, packte meine Siebensachen für London und betreute meine Tochter Domenica während der Zeit ihres Schulabschlusses. Dann traf ich in den letzten Tagen, bevor ich Taos verließ, noch eine Verabredung mit Pam Hogan, meiner Nachbarin in Taos und Channeling-Expertin von internationalem Ruf. (Eines der Charakteristika von

Taos ist, daß jeder zweite Einwohner Künstler oder New-Age-Anhänger, Channeler, Astrologe, Rutengänger, Hellseher, Kräuterkundiger oder Aromatherapeut ist. Die Dinnergesellschaften haben Ähnlichkeit mit Alternativmessen.) Da ich meiner eigenen Führung mißtraute, wollte ich hören, warum ich – ihrer Meinung nach – nach England ging. Ich fragte sie, ob es mit meinem Buch zu tun hätte, mit dem Lehren, mit meinem Interesse an dem Engländer. Am Ende der Sitzung wagte ich es, sie wegen der Musik zu fragen.

Das erhellte alles. Eine Flut von verschiedensten spirituellen Ermutigungen ergoß sich über mich. Die Musik würde von nun an ein Brennpunkt meines Lebens und meiner Arbeit sein. Ich würde »Herzenslieder« schreiben und singen. Musik ... Doch trotz Pams Ermutigung schien mir die Musik immer noch wie ein unwahrscheinlicher, ja unmöglicher Traum, der weit über meiner kreativen Decke angesiedelt war. Dann reiste ich nach London.

Einige Tage nach meiner Ankunft fiel mir auf, daß dort Musik in der Luft zu liegen schien. Zum ersten Mal faßte ich den Gedanken, mir ein billiges Keyboard zu kaufen und mir die Töne zusammenzusuchen, die ich hörte. Ich kaufte das Keyboard tatsächlich. Eines Abends nahm ich ängstlich und mit zitternden Händen einen Filzstift zur Hand und beschriftete die Tasten. (Das C kannte ich noch aus der Schule und aus den paar Klavierstunden meines Lebens.) Dann versuchte ich, die Töne in meinem Kopf den Tasten zuzuordnen und den daraus entstehenden Code zu Papier zu bringen. Es war primitiv, und es war beängstigend. Aber es war Musik. Ich konnte meine alphabetische Minestrone tatsächlich in Töne zurückverwandeln, mir die Tasten anhand meiner Aufzeichnungen wieder zusammensuchen und ein Lied hören. Mein Lied!

»Oh, mein Gott!« Tränen rannen mir über die Wangen. Ein Lied! Wenn ich den Code in Noten verwandelte, könnte es jedermann spielen! Irgendwie war mir, so wie mir prophezeit worden war, ein Schlüssel in die Hand gedrückt worden, der mir das Tor zur Musik öffnete. Ich konnte tatsächlich ein strahlendes Lied schreiben. Als Freunde zu Besuch kamen, sang ich es ihnen vor, und irgendwie löste sich auch in meiner Stimme etwas. Als Alt war sie nicht schlecht, aber als Sopran kam ich sehr hoch hinauf.

Die nächsten Wochen lebte ich wie in einem Rausch. Ich lauschte und lernte, ich hörte und transkribierte. Ja, die Songs paßten für ein Musical, und das Thema war Merlin. Ja, ja, ja!

Nachdem ich aufgehört hatte, zu sagen: »Ja, aber«, gelangte ich in ein neues kreatives Reich, in ein Reich, nach dem ich mich immer gesehnt hatte und von dem ich immer geglaubt hatte, daß es außerhalb meiner Reichweite läge. Anders ausgedrückt: Wenn ich meine Hand gläubig ausstreckte, streckte sich mir eine andere helfende Hand entgegen, faßte die meine und zog mich durch meine kreative Decke hindurch in das weit offene Reich der göttlichen Kreativität.

AVALON

Just close your eyes and you'll see it.
Just cross the bridge and it's there.
Open your heart – that's the dangerous part –
The Other World's there if we dare.

It's never been story or legend.
It's part of who we are.
It's never been myth or invention.
We're the ones drifted too far.

Isle of apples,
Sunlight dapples,
Starshine, moonglow –
The starry night
Is very bright
So look and I'll show you.

See the way the emerald green is glowing?
Close your eyes and you'll catch the drift.
See the way the Other World is showing?
We're the ones who let the magic slip.

So, »A« is for Avalon.
The boat that we travel on
Is waiting at the shore.
And »B« is begin again
To be what we can as men,
And »C« is for see something more.

Did you ask your soul what dreams it's had lately?
Did you know all your dreams can come true?
The soul gets its dreams and its schemes
On the beams of the Other World's light sifting through –

Just close your eyes and you'll see it.
Just cross the bridge and it's there.
Open your heart – that's the dangerous part –
The Other World's there if we dare!

Lest you forget,
That's the reason we met!
Take my hand,
Make a stand,
As we planned!

Übung: Erinnern Sie sich an Ihre unmöglichen Träume

Denken Sie an einen »unmöglichen« Traum, den Sie wieder für sich in Anspruch nehmen möchten. Dies ist eine Übung, bei der man am besten sanft vorgeht. Sehen Sie in Ihrer Lebenserzählung nach, um Ihre Erinnerung aufzufrischen. Welcher Kunstform gingen Sie als Kind nach, oder wohin wiesen Ihre Wünsche?

Die Autorin Donna Zerner erinnert sich: »Heute fällt es mir schwer, zu glauben, aber ich war einmal Tänzerin, Musikerin, Bildhauerin, Schauspielerin und Malerin. Als ich ganz klein war, zu erfüllt von der Freude, mich auszudrücken, um zu wissen, daß ich nicht besonders talentiert war. Aber irgendwann einmal bekam ich Wind davon, daß meine kreativen Versuche nicht ganz dem Niveau einer ›professionellen Künstlerin‹ entsprachen, und alle diese geliebten Tätigkeiten nahmen ein jähes Ende.«

Erheben Sie wieder Anspruch auf die geliebten Aktivitäten Ihrer Kindheit. Schreiben Sie eine Seite oder zwei, auf denen Sie die Erinnerung auf einen geliebten kreativen Zeitvertreib wieder in Besitz nehmen.

Übung: Mit Träumen spielen

Gestatten Sie es sich, mit einem längst aufgegebenen Traum zu spielen. »Spielen« ist hier das Schlüsselwort. Statten Sie dem Kramladen einen Besuch ab. Kostümie-

ren Sie sich. Verkleiden Sie sich als Bildhauerin, wie das kleine Mädchen sie sich vorstellte. Kaufen Sie Lehm. Besorgen Sie sich billige Wasser- oder Ölfarben. Ziehen Sie einen Malerkittel an und verkleiden Sie sich als Malerin, wie sich Ihr kleines Kind eine Malerin vorstellte. Seien Sie so kindisch wie möglich!
Wenn Sie merken, daß Sie sich gegen diese Übung sperren, lesen Sie, was der Anthropologe Stephen Larsen zu sagen hat. Vielleicht lassen Sie sich von seinen Worten überzeugen!

Der Miesmacher, der »Spielverderber«, der Positivist, der nicht spielen kann oder nicht spielen will, muß auf Distanz gehalten werden. Dazu sind die Wächter da, die an den heiligen Orten zu beiden Seiten des Eingangs stehen: Löwen, Stiere oder furchterregende Krieger mit erhobenen Schwertern. Sie sind dazu da, die »Spielverderber«, die Verfechter der aristotelischen Logik, diejenigen, für die A niemals B sein kann, fernzuhalten ... diejenigen, für die sich der Schauspieler nie in der Rolle verlieren darf ... diejenigen, für die die Maske, das Bild, der heilige Gastgeber, der Baum oder das Tier nicht Gott werden können, sondern lediglich als Hinweis auf Ihn zu verstehen sind. Solche Schwerdenker müssen draußen bleiben.

Wecken diese Worte in Ihnen nicht den Wunsch, einer von jenen zu sein, die spielen dürfen?
Sobald Sie Ihr Kostüm anhaben, lassen Sie Ihren »Künstler« mit den Ingredienzien des unmöglichen Traums

spielen. Bedenken Sie, daß diese Übung Spaß machen soll und sonst nichts. Bedenken Sie auch, daß »Kleider Leute machen« und daß die Kostüme eine Art Brücke sind, die wir dazu verwenden können, uns Eingang in unsere Imagi-Nation zu verschaffen.

Übung: Der »Ich vertraue mir«-Tanz

Legen Sie Trommelmusik mit einer starken, pulsierenden Energie auf. Dann nehmen Sie ein Blatt unliniertes Papier und zeichnen einen großen Kreis. In diesen Kreis schreiben Sie zwanzig Dinge, die Sie tun würden, wenn Sie sie sich zutrauten. Außerhalb des Kreises schreiben Sie alle Ängste auf, die Sie davon abhalten, sich selbst zu trauen. (Der Umriß des Kreises sind Sie.)
Nun legen Sie das Blatt Papier mit Ihren Träumen und Ängsten auf den Boden. Tanzen Sie sich mindestens fünf Minuten lang aus Ihren Ängsten heraus und in Ihre Träume hinein. Sie können auch vokalisieren:

Ich glaube, ich kann! Ich weiß, ich kann!
Ich glaube, ich bin! Ich weiß, ich bin!
Ich bin! Ich bin!

Aufbruch

Ich möchte Ihnen an dieser Stelle für den Mut danken, den Sie aufbrachten, indem Sie mit diesen Werkzeugen und vielleicht auch mit den Werkzeugen von *Der Weg des Künstlers* arbeiteten. Ich bin davon überzeugt, daß wir gemeinsam eine Art Krankenhaus oder Hospiz errichten können, wo wir den kreativen Geist gesund pflegen.

Ich bin auch davon überzeugt, daß der kreative Geist, der uns allen innewohnt, die Medizin ist, die wir brauchen, um uns selbst und die Welt zu heilen. Ich bin davon überzeugt, daß wir das intuitiv wissen. Aus diesem Grund versammeln wir uns zur künstlerischen Zusammenarbeit in einem Stamm, als die Künstler, die wir, wie wir auf der Ebene unserer Seele wissen, sind. Als dieser Stamm wollen wir Anspruch auf unser göttliches Geburtsrecht und auf unser Recht erheben, die Zukunft unseres Planeten zu lenken und mitzuerschaffen.

Stammesregeln

Künstlerische Stammesregeln

Überlebensregel Nummer eins: Akzeptanz. »Es sieht so aus, als wollte ich Künstler/in sein.« Akzeptieren Sie die Tatsache, daß Sie Künstler/in sind, und hören Sie auf, an sich selbst herumzukritisieren. Seien Sie einfach Künstler.

Überlebensregel Nummer zwei: Nicht urteilen. Konzentrieren Sie sich auf den Prozeß, nicht auf das Produkt.

Überlebensregel Nummer drei: Verteidigen Sie Ihren künstlerischen Schaffensprozeß. Früher oder später werden Sie auf jemanden stoßen, der nicht will, daß Sie kreativ sind, oder der möchte, daß Sie es auf eine bestimmte Weise sind. Denken Sie an die Quelle. Machen Sie *Ihre* Kunst? Tun Sie, was Sie tun müssen.

Überlebensregel Nummer vier: Lassen Sie es niemals zu, daß Ihnen jemand vorschreibt, was Sie schaffen sollen. Schaffen Sie für sich selbst. Schaffen Sie jeden Tag etwas.

Überlebensregel Nummer fünf: Erhalten Sie sich Ihre kreative Gesundheit. Künstler sind Athleten. Kreativität ist wie Langstreckenlauf. Gestehen Sie sich für jede schnelle Meile zehn langsame zu. Wenn wir konsequent sind und dem Prozeß vertrauen, gewinnen wir an Stärke und Standfestigkeit. Das bringt uns zu:

Überlebensregel Nummer sechs: Betrauern Sie Ihre Verluste. In jedem kreativen Leben gibt es welche, und einige tun weh. Es gibt aber nur eines, das die Trauer verscheucht: noch mehr Kreativität.

Überlebensregel Nummer sieben: Seien Sie kreativ als Revanche. Seien Sie ein Kobold der Spiritualität. Zahlen Sie es den Bastarden heim.

Überlebensregel Nummer acht: Bedenken Sie, daß der Teil von uns, der kreativ ist, ein inneres Kind ist. Gestehen Sie Ihrem kreativen Kind Spielgefährten und Spielsachen zu.

Überlebensregel Nummer neun: Suchen Sie sich einen Vertrauensspiegel und halten Sie sich an ihn. Sie haben Aufmunterung verdient.

Überlebensregel Nummer zehn: Ignorieren Sie die Gesetze der Wahrscheinlichkeit. Wir haben unsere Quellen alle in einem unendlichen Universum. Unsere Träume kommen von dem Gott, der in uns allen wohnt, und dieser Gott hat die Macht, uns unsere Träume zu erfüllen. Vertrauen Sie sich selbst. Nehmen Sie göttliche Hilfe von jeder menschlichen Quelle an, die sie Ihnen anbietet, und bedenken Sie immer, daß Gott der Große Schöpfer ist – und daß Künstler andere Künstler lieben.

Ein Leitfaden für die Gründung einer Kreativgruppe

Als das Buch *Der Weg des Künstlers* herauskam, gab ich meinem Wunsch nach der Gründung von Gruppen Ausdruck. Ich stellte sie mir als Gruppen gleichberechtigter Mitglieder – als Kreativgruppen – vor, deren Mitglieder einander in ihrem gemeinsamen Ziel, ihre kreativen Blockaden aufzulösen, als Vertrauensspiegel dienen konnten. Meine Vision war es, daß die Teilnahme an diesen Zirkeln kostenlos sein würde, daß jeder einen gründen könnte und daß das Buch als Leitfaden verwendet werden sollte. Viele solcher Kreise bildeten sich tatsächlich, und viele weitere entstehen.

Es überrascht nicht, daß viele Therapeuten, Volkshochschulen, Wellness-Center, Universitäten und Lehrer bald begannen, moderierte Gruppen zu gründen, für die sie eine Teilnahmegebühr verlangten. Diese Gruppen waren geleitete Gruppen. In dem Maß, in dem sie sich an die spirituellen Prinzipien der kreativen Gesundung hielten und die Teilnehmer zur Verwendung der Werkzeuge anhielten, waren – und sind – sie wertvoll. Jede Gruppe, die mit einem Leiter beginnt, sollte mit der Zeit jedoch autonom werden und sich zu einem Non-Profit-Status und zur Gleichberechtigung hinentwickeln.

In den Jahren, in denen ich lehrte und herumreiste, traf ich oft auf kollegiale Gruppen, die ausgezeichnete Ergebnisse zu vermelden hatten. Gelegentlich stieß ich aber auch auf moderierte Gruppen, die *Der Weg des*

Künstlers auf unzulässige Weise abgeändert hatten. Sobald ein übermäßiges Schwergewicht auf intellektuelle »Analysen« und therapeutische »Prozeßarbeit« gelegt wird, entsteht das Risiko, daß die kreative Entfaltung nicht gefördert, sondern gehemmt wird.

Sowohl *Der Weg des Künstlers* als auch *Der Weg zum kreativen Selbst* sind experimentelle Bücher. Sie sollen die Leser lehren, durch *Akte* der Kreativität Prozesse in Gang zu setzen und ihr Leben zu verändern. Beide Bücher und *alle* Kreativgruppen sollten durch kreatives Tun praktiziert werden und nicht in der Theorie verhaftet bleiben. Oft ist das, was als »Neurose« oder als tiefsitzendes Problem interpretiert wird, nichts anderes als Widerstand gegen die Kreativität. Als Künstlerin weiß ich das. *Der Weg des Künstlers* und *Der Weg zum kreativen Selbst* sind das Destillat aus dreißig Jahren künstlerischer Praxis.

Nach meiner Überzeugung und Erfahrung als Lehrerin sind wir alle gesund genug, um kreativ zu sein. Kreativität ist kein gefährliches Unterfangen, für dessen Umsetzung ausgebildete Moderatoren erforderlich wären. Sie ist unser Geburtsrecht als Menschen und etwas, das wir auf sanfte Weise gemeinsam erreichen können. Kreativität ist Atmen – Hinweise können hilfreich sein, aber der Prozeß ist uns selbst überlassen. Kreativgruppen, wo wir einander als gleichberechtigte Mitglieder treffen, um gemeinsam unsere Stärken zu entwickeln, sind am ehesten mit Stammesversammlungen vergleichbar, in denen sich kreative Menschen erheben, miteinander feiern und die kreative Kraft, die alle durchflutet, in die Wirklichkeit umsetzen.

1. Treffen Sie sich einmal pro Woche für zwei oder drei Stunden. Morgenseiten, tägliche Spaziergänge und künstlerische Rendezvous sind für jedes Mitglied der Gruppe einschließlich des Moderators verpflichtend. Die Übungen werden der Reihe nach in der Gruppe durchgeführt, und jeder, einschließlich des Moderators, beantwortet die Fragen und teilt seine Antworten der Gruppe mit. Die Morgenseiten sind aber weder für die Gruppe noch für sonst jemanden bestimmt. Lesen Sie Ihre Morgenseiten erst zu einem späteren Zeitpunkt des Kurses, wenn Ihr Moderator oder Ihre innere Stimme dies verlangen.
2. Hüten Sie sich vor selbsternannten Gurus. Wenn es so etwas geben sollte, dann nur als die Arbeit des Kollektivs, zusammengesetzt aus allen, die zu Hause oder anderswo an dem Kurs teilnehmen. Jedes Gruppenmitglied ist ein gleichberechtigter Teil dieses Kollektivs, und niemand ist wichtiger als ein anderer. Wenn es »Lehrer« oder Moderatoren gibt, die die anderen während des gesamten Kurses führen, müssen diese bereit sein, auch etwas von sich selbst herzugeben und eigene kreative Risiken einzugehen. Hier geht es nicht um einen Monolog, sondern um Dialektik; es geht um einen gleichberechtigten Gruppenprozeß und nicht um einen hierarchischen.
3. Zuhören. Wir können uns aus dem Gruppenprozeß das holen, was wir brauchen, indem wir etwas von uns selbst hergeben und anderen zuhören. Wir brau-

chen die Beiträge der anderen Teilnehmer nicht zu kommentieren, um ihnen zu helfen, ja, wir müssen uns sogar davor hüten, andere »heilen« zu wollen. Jede Gruppe entwickelt ein kooperatives »Kreativlied« der künstlerischen Gesundung. Jedes Lied ist einzigartig. Sehen Sie sich beim Zuhören im Kreis um, ohne das, was Sie zu hören bekommen, in ungebührlicher Weise zu kommentieren. Der Kreis ist als Form sehr wichtig. Wir sollen Zeugen füreinander sein und nicht einander kontrollieren. Beim Austausch über Übungen ist die Bildung von Vierergruppen wichtig: Fünf sind bereits zu viele, so daß die Zeit nicht reicht, und drei bieten nicht genügend gegensätzliche Erfahrungen. Es liegt auf der Hand, daß nicht alle Gruppen genau durch vier teilbar sind. Versuchen Sie es einfach und halten Sie die Zahl ein, wann immer es möglich ist.

4. Respektieren Sie einander. Achten Sie darauf, daß jedem Mitglied gleichermaßen Respekt und Mitgefühl zuteil werden. Jeder kann über seine eigenen Verwundungen und Träume sprechen, und niemand soll von einem anderen Gruppenmitglied »geheilt« werden. Dies ist ein tiefer innerer Prozeß, für den es keine »richtige« Methode gibt. Liebe ist wichtig. Seien Sie lieb zu sich selbst und zueinander.
5. Gehen Sie davon aus, daß sich die Zusammensetzung der Gruppe verändern wird. Viele der Teilnehmer werden den Prozeß vollenden, andere nicht. Oft gibt es Zeiten der Rebellion oder des Leerlaufs, und die Leute kehren zu einem späteren Zeitpunkt in die

Gruppe zurück. Wenn sie es tun, stellen sie oft fest, daß sich der Prozeß ein Jahr, einige Jahre oder viele Jahre später in ihnen weiterentwickelt.

6. Seien Sie autonom. Sie können Ihren eigenen Prozeß nicht kontrollieren, geschweige denn den Prozeß eines anderen. Sie sollten wissen, daß Sie sich von Zeit zu Zeit auflehnen werden – daß Sie keine Morgenseiten schreiben wollen oder daß Sie verschiedene Übungen im Lauf dieser zwölf Wochen nicht machen wollen. Solche Rückfälle sind ganz normal. Sie können diesen Prozeß nicht »perfekt« absolvieren. Entspannen Sie sich also, seien Sie lieb zu sich und halten Sie Ihren Hut fest. Selbst wenn Sie das Gefühl haben, daß nichts passiert, werden Sie sich mit großer Geschwindigkeit verändern. Diese Veränderung besteht auf ein Hineingehen in Ihre eigene Intuition, in Ihr eigenes kreatives Selbst. Die Struktur des Kurses ist so angelegt, daß Sie die Brücken in neue Reiche kreativen, spirituellen Bewußtseins sicher überschreiten.
7. Lieben Sie sich selbst. Falls Sie das Gefühl haben, daß der Moderator für Sie irgendwie nicht »richtig« ist, wechseln Sie die Gruppe oder gründen Sie eine eigene. Hören Sie immer auf Ihre innere Stimme und nicht auf Anweisungen von außen. Ihr Ziel ist es schließlich, eine Beziehung von Künstler zu Künstler zum Großen Schöpfer aufzubauen. Halten Sie sich von Gurus fern, denn Sie tragen Ihre eigenen Antworten in sich.

Ein Wort an Therapeuten, Lehrer, Kunst- und Schreibinstruktoren und andere Leiter von diesen Gruppen: Vielen Dank für die wundervolle Arbeit, die Sie leisten. Obwohl ich weiß, daß viele von Ihnen mit den Büchern *Der Weg des Künstlers* oder *Der Weg zum kreativen Selbst* arbeiten, wenn sie eine Gruppe leiten, glaube und hoffe ich, daß Sie mit Hilfe der beiden Bücher für Ihren persönlichen Prozeß auch Ihre eigenen Interessen erforschen. Ich möchte Sie bitten, Ihrer eigenen kreativen Vision zu folgen und Ihre eigene, wahre Musik zu suchen. Sie werden feststellen, daß der Prozeß der Moderation auch Ihrer eigenen Wachstumserfahrung dienlich ist. Ich kann nicht oft genug betonen, daß weder die Namen noch die Methoden von *Der Weg des Künstlers* und *Der Weg zum kreativen Selbst* so verwendet werden dürfen, daß sie sich substantiell von den Techniken unterscheiden, die in den Büchern geschrieben sind. Ich habe die darin vorgeschlagenen Werkzeuge anderthalb Jahrzehnte lang getestet, bis ich sie schließlich für »tauglich« befunden habe. Ich bitte Sie, sich nicht öffentlich als Experten darzustellen, auch wenn Sie die Bücher in Ihrer Arbeit verwenden. Ich bitte Sie auch, daran zu denken, daß die in *Der Weg des Künstlers* und *Der Weg zum kreativen Selbst* festgehaltene Weisheit eine kollektive, nicht hierarchische Weisheit ist. Mir sind in dieser Hinsicht mißbräuchliche Verwendungen zu Ohren gekommen, zum Beispiel von einem Gruppenleiter, der verlangte, die Morgenseiten der ganzen Gruppe vorzulesen. Das ist nicht im Sinne des Buches. Moderierte Gruppen sollten sich zu freien, kollegialen Gruppen »emanzipieren«.

Ein Wort an Mitglieder der Gruppen: Bitte denken Sie daran, daß das Buch selbst die Hauptquelle der Methoden von *Der Weg des Künstlers* und *Der Weg zum kreativen Selbst* ist und daß Ihre Interpretation und Ihre Arbeit mit den Büchern und ihren Werkzeugen entscheidend für Ihren kreativen Gesundungsprozeß sind. Ich möchte Sie daran erinnern, daß die Arbeit Ihnen selbst gehört und nicht etwas ist, das Sie unter dem Einfluß eines magischen Lehrers tun. Bitte nehmen Sie Ihre kreative Gesundung als Ihre eigene in Besitz.

Danke. Ich freue mich, daß *Der Weg des Künstlers* und *Der Weg zum kreativen Selbst* auf so vielfältige Weise verwendet werden. Ich möchte noch einmal daran erinnern, daß beide Bücher gemäß ihrem Geist verwendet werden sollten. Sie können immer in dem betreffenden Buch nachschlagen. Hier geht es um eine individuelle Reise, die durch den Gruppenprozeß moderiert werden kann. Wenn Sie keine Gruppe finden oder gründen können, betrachten Sie sich selbst und das Buch als eine Gruppe!

Glossar der Werkzeuge von *Der Weg des Künstlers* und *Der Weg zum kreativen Selbst*

Die Wahrscheinlichkeit in Betracht ziehen: Die Phrase wird von uns selbst und anderen oft verwendet, um uns davon abzuhalten, Kunst zu »begehen«. (Frage: »Ja, aber wie groß ist die Wahrscheinlichkeit schon, daß du ein originelles Fernsehspiel verkaufen kannst?« Antwort: »Viel größer, wenn ich eines schreibe!«)

Erweiterungsmusik: die Musik, die Ihr Herz und Ihre Vorstellungskraft erweitert und befreit und in Ihnen den Traum eines größeren Selbst erweckt. Dabei kann es sich um jede Art von Musik von Vangelis »Chariots of Fire« bis hin zu Mozart, Beethoven oder Rodgers and Hammerstein handeln. Auch hier geht es darum, daß Sie Ihre persönliche »Ich kann«-Musik wählen und nicht die eines anderen.

Film-Selbst: eine überlebensgroße Filmversion Ihrer Person. Dabei handelt es sich um die Leinwandversion, bei der Sie Ihr Leben vergrößert, aufgepeppt und glamourös sehen – in jenen Bereichen, die Sie tatsächlich genießen oder die Ihnen gefallen würden. (»Welches Auto fährt das Film-Selbst? Welche Fähigkeiten hat es, die ich noch nicht habe? Welches ist das liebste Kleidungsstück des Film-Selbst? Welche drei Eigenschaftswörter fallen beim Begräbnis des Film-Selbst am häufigsten? Wen würde das Film-Selbst im Film verkörpern?«)

Geheimes Selbst: innere Persönlichkeiten, die einen wichtigen Einfluß auf unsere Lebensentscheidungen haben. Manche von ihnen sind Freudtöter, aber es sind auch unterschätzte, positive Aspekte unseres Selbst unter ihnen. Manchmal werden sie sich mit Ihnen kleine Kämpfe liefern. (Märtyrerin Maria: »Ich glaube nicht, daß du dir diesen Mantel kaufen solltest! Er ist viel zu teuer!« Bon-Bon: »Du wirst diesen Mantel lieben! Kauf ihn dir und iß eben das nächste halbe Jahr Spaghetti, wenn es sein muß!«)

Gehen: ein unschätzbares Kreativitätswerkzeug, das für die Entwicklung von kreativen Ideen, Plänen und Projekten verwendet wird. Neben den Morgenseiten und künstlerischen Stelldicheins ist dies das wirkungsvollste Werkzeug, um sich die innere Stimme und die Kreativität zu Verbündeten zu machen.

Goldader: das Gebiet, auf dem Sie Ihr wahres Ich sind und aus dem heraus sich Ihre Begabungen und Interessen auf die beste und stärkste Weise verbinden (z. B. Robert DeNiro in Filmen, in denen es um Männerbündnisse geht; Kevin Kline in Komödien).

Kreative Decke: die oft willkürlich und niedrig eingezogene Decke, die wir für uns selbst und für unsere Möglichkeiten schaffen. (»In meinem Alter kann ich nie mehr Klavierspielen lernen.« – »Ich bin wahrscheinlich nicht komisch genug, um mich an einer Parodie zu versuchen.« – »Ich werde nie lernen, Noten vom Blatt zu lesen.« – »Einen Roman zu schreiben ist mir einfach zuviel ...«)

Kreativgruppe: eine zufällig zusammengewürfelte Gruppe von Menschen, die daran interessiert sind, ihre Kreativität und die der anderen zu erweitern. Wöchentliche Treffen von zwei bis drei Stunden sind empfehlenswert. (Gruppen können auch telefonisch oder brieflich geführt werden, aber die persönliche Art ist die wirkungsvollste.)

Kreativitätsmonster: eine zerstörerische Figur aus der Gegenwart oder der Vergangenheit, die Ihr Selbstwertgefühl in bezug auf Ihre Kreativität geschädigt hat. (»Diese Arbeit ist unglaublich gut, John, hat jemand anderer sie für Sie geschrieben?« – »Mary, ich bin mir nicht sicher, ob du das Zeug zu einer künstlerischen Karriere hast ... wie wäre es mit einer Lehrerausbildung?«)

Kreativitätswohltäter: jemand, der Sie und Ihre kreativen Träume positiv unterstützt. (»Natürlich kannst du einen Roman schreiben. Du schreibst doch ständig, und ich verschlinge deine Texte mit Begeisterung.« – »Warum immatrikulierst du nicht wieder an der Universität? Du wärst bei weitem nicht die einzige.« – »Ich sehe keinen Grund, warum du nicht nach Italien fahren kannst.«)

Künstlerische Realität: Wir sind alle kreativ, und zwar weit kreativer, als wir wissen oder anerkennen. Es ist der Prozeß des künstlerischen Tuns und nicht das Produkt oder dessen Anerkennung oder Bezahlung, der uns zu Künstlern macht.

Künstlerische Wahrheit: Wir alle sind dazu ausersehen, schöpferisch tätig zu sein. Kreativität ist unsere spirituelle DNS.

Künstlerisches Stelldichein: einmal pro Woche ein Ausflug mit Ihrem »Kreativen Selbst« in ein neues, interessantes und erweiterndes Gebiet. Das Ziel dieser Expeditionen braucht nicht »hohe Kunst« zu sein, sondern ein Besuch im Aquariengeschäft, im Konzert, im Schallplatten-Antiquariat oder eine Fahrt durch die Landschaft eignen sich ebensogut – alles, was Ihren »Brunnen füllt«. Künstlerische Stelldicheins werden allein, ohne Begleitung, durchgeführt und erlebt.

Künstlermythos: Künstler sind ein elitäres Trüppchen ganz besonderer Leute (sie tragen schwarze Kleidung und leben in New York südlich der vierzehnten Straße), die in dem Wissen geboren wurden, echte Künstler zu sein, die niemals von Selbstzweifeln geplagt werden, die gute Verbindungen haben, anerkannt sind, konzentriert, diszipliniert und visionär arbeiten, die veröffentlicht oder in Galerien ausgestellt werden, anerkannte, berühmte und reiche Vollzeitkünstler ... anders als wir.

Lebenserzählung: eine handgeschriebene Autobiographie, entstanden aus einem Bewußtseinsstrom – Ihr Leben, erzählt von Ihnen selbst. Die Lebenserzählung sollte mindestens fünfzehn Seiten umfassen, doch oft fällt sie wesentlich länger aus. Dieses Werkzeug ermöglicht es Ihnen, Ihre eigene Version Ihres Selbst zu entdecken, und nicht die offizielle Familienversion, die wir so oft übernehmen und nachplappern. (»Dann zogen wir in dieses wundervolle Haus auf dem Land ...« – »Moment mal! Ich haßte dieses Haus. Es war zu einsam. Ich brauchte drei Jahre, bis ich Freunde gefunden hatte.«)

Leseentzug: eine Woche Medienentzug, der es Ihnen gestattet, mit Ihrer inneren Stimme in Kontakt zu kommen und auf sie zu hören anstatt auf die Gedanken, Meinungen und Stimmen anderer. Ein solcher Entzug, der oft als bedrohlich empfunden wird, ist ein extrem wirkungsvolles Werkzeug, ein Schnellstart für ins Stocken geratene Projekte und Entscheidungen. Für viele von uns sind die Medien eine negative Sucht. Wir dämpfen unseren eigenen Appetit auf Leben mit den stellvertretenden Erfahrungen anderer.

Möglicher Traum: dasselbe wie der unmögliche Traum. Wir müssen nur die Werkzeuge kennenlernen und unsere kreative Decke anheben.

Morgenseiten: drei handgeschriebene Seiten jeden Morgen. Hier geht es ausschließlich um den Bewußtseinsstrom und nicht um »Kunst«. Die Morgenseiten sind eine westliche Form der Meditation, die dem Tag Prioritäten geben, die Gedanken klären und fokussieren und für viele Probleme Alternativlösungen bieten.

Schädliche Spielgefährten: die Menschen um uns, oft selbst in ihrer Kreativität blockiert, die unsere Erweiterungs- und Wachstumsbestrebungen durch ihre eigenen giftigen, gut plazierten Zweifel untergraben. (»Ich weiß nicht, Liebes, findest du wirklich, daß du darin gut bist?«)

Schattenkünstler: jemand, der seine Kreativität in den Dienst der Kunst von jemand anderem stellt oder sich für einen Beruf in der Nähe oder im Dienst seines eigentlichen Traums entschieden hat. (Der Manager eines Künstlers will vielleicht in Wirklichkeit Schauspieler sein, und ein Verleger kann den sehnlichen Wunsch in sich tragen, selbst zu schreiben etc.)

Sicherheitsmusik: die Musik, bei der Sie sich sicher und geschützt fühlen. Das kann alles, von Michael Hoppés »The Yearning« über Brahms' »Wiegenlied« bis hin zu »Rock-a-bye-Baby« oder »Amazing Grace«, sein. Es braucht keine Musik zu sein, von der Sie glauben, daß andere von ihr beeindruckt sein würden. Hier geht es ausschließlich um Ihre eigene, persönliche Entscheidung.

Unmöglicher Traum: jene künstlerische Tat, die wir am liebsten vollbringen würden, von der wir uns aber einreden, daß wir sie unmöglich erreichen können.

Weiterführende Literatur

Aftel, Mandy, *The Story of your Life – Becoming the Author of your Experience,* New York, 1996.

Berendt, Joachim Ernst, *Die Welt ist Klang: Nada Brahma,* Frankfurt, 1993.

Buck, R. M., *Die Erfahrung des kosmischen Bewußtseins,* Freiburg, 1988.

Cameron, Julia, *Der Weg des Künstlers,* München, 1996.

Campbell, Don, *Music Physician, For Times to Come,* Wheaton, Ill., 1991.

Campbell, J., *Lebendiger Mythos. Gedanken über die inneren Horizonte,* München, 1988.

Cassou, Michell / Cubley, Stewart, *Life, Paint and Passion: Reclaiming the Magic of Spontaneous Expression,* New York, 1996.

Chatwin, Bruce, *Traumpfade,* Frankfurt/Main, 1987.

Choquette, Sonia, *The Psychic Pathway,* New York, 1964.

dies., *The Heart's Desire,* New York, 1997.

Darke, Michael, *The Shamanic Drum: A Guide to Sacred Drumming,* Bend, Oreg., 1991.

Ealy, Diane C., *Lebe kreativer! Ein Handlungsbuch für Frauen,* München, 1998.

Franck, Frederick, *Zen Seeing, Zen Drawing,* New York, 1993.

Gawain, Shakti, *Stell dir vor. Kreativ visualisieren,* Reinbek b. Hamburg, 1986.

ders., / King, Laurel, *Leben im Licht. Quelle und Weg zu einem neuen Bewußtsein,* München, 1989.

Halifax, Joan, *The Fruitful Darkness: Reconnecting with the Body of the Earth,* New York, 1993.

dies., *Shamanic Voices: A Survey for Visionary Narratives,* New York, 1979.

Hart, Mickey / Stevens, Jay, *Die magische Trommel. Eine Reise zu den Quellen des Rhythmus,* München, 1993.

Heller, Eva, *Wie Farben wirken,* Reinbek b. Hamburg, 1989.

Heywood, Rosalind, *ESP: A Personal Memoir,* New York, 1964.

Holmes, Ernest, *Creative Ideas,* Los Angeles, 1973.

Jacobi, Jolande, *Vom Bilderreich der Seele,* Freiburg, 1990.

Jung, C. G., *Die Archetypen und das kollektive Unbewußte,* Freiburg, 1989.

ders., *Der Mensch und seine Symbole,* Sonderausgabe, Düsseldorf, 1968.

Kraaz, Ingrid / Rohr, Wulfing von, *Die richtige Schwingung heilt,* München, 1990.

Leadbeater, C. W., *Der sichtbare und der unsichtbare Mensch,* Freiburg, 1985.

Matthews, Caitlin, *Singing the Soul Back Home: Shamanism in Daily Life,* Rockport, Mass., 1995.

Noble, Vicki, *Shakti Woman – Feeling Our Fire,* Healing Our World, New York, 1991.

Riedel, Ingrid, *Farben in Religion, Gesellschaft, Kunst und Psychotherapie,* Stuttgart, 1990.

Sher, Barbara / Gottlieb, Annie: *Wishcraft: How to Get What You Really Want,* New York, 1979.

Starhawk, *Der Hexenkult als Ur-Religion der großen Göttin,* Freiburg, 1987.
Vollmar, Klausbernd, *Farben – ihre natürliche Heilkraft,* München, 1991.
Walsh, Roger, *The Spirit of Shamanism,* New York, 1990.
Wright, Machaelle Small, *Behaving as is the God in All Life Mattered,* Jeffersonton, Va., 1987.

Danksagungen

Folgenden Menschen möchte ich dafür danken, daß sie meine Arbeit inspiriert und unterstützt haben:
Zuallererst gilt mein Dank Mark Bryan für seine innovativen Gedanken, sein einfühlendes Vorbild und seine kreative Unterstützung. Er glaubte an mich und war mir ein Vertrauensspiegel. Dann möchte ich der Cameron-Großfamilie danken; vor allem Elizabeth Cameron-Evans für ihren Kunstsinn und ihre Inspiration. Zur Cameron-Großfamilie gehören: Mom, Dad, Connie, Jaimie, Libby, Chris, Lorrie und Pegi. Ihnen allen gilt mein herzlicher Dank.
Auch meiner Seelen-Familie möchte ich danken:
Mitchell Canoff für seinen ganz besonderen Blick und für seine Persönlichkeit, Rosario Carelli für den pulsierenden Rhythmus seines Bewußtseins, Armando Casillas für seine Reiseerfahrungen und seinen Richtungssinn, Alexander Cassini für seine Augen und Ohren, Miel Castagna für ihr feuriges Herz, Jim Casteel für seine erfahrenen Ohren, Sonia Choquette für ihre Klugheit und ihre Großzügigkeit, Kathy Churay für ihre Hilfe und ihren klaren Blick, Jay Cooks für seine Persönlichkeit und seine Sichtweise, Richard Cole für seine Ritterlichkeit und seine Kreativität, Mauna Eichner für ihren unvergleichlich klaren Blick, Rhonda Flemming für ihre innige Freundschaft und Inspiration, Natalie Goldberg für ihr Beispiel und ihre Großzügigkeit, Rosemarie Greco für ihre Weisheit, Wärme und Musik, Erin Greenberg für ihre gewandte, intuitive und intelligente Unterstützung,

Jennifer Greene für ihr künstlerisches Herz, Gerard Hackett für seine Freundschaft, seine Logik und Loyalität, Pam Hogan für ihren Mut und ihre spirituelle Großzügigkeit, Anthony Hopkins für seine angewandten spirituellen und kreativen Prinzipien, Michael Hoppé für seine heilende Musik, Elberta Honstein für ihr leuchtendes Herz, Be Hubbard für ihre einfühlende Hilfe, Ezra Hubbard für seine kreative Hilfe und seinen Geist, Jo Ann Ianotti für ihre Persönlichkeit und ihre Sichtweise, Aloma Ichinose für Schönheit und das Auge der Betrachterin, Chris James dafür, daß er den Träumen der Menschen eine Stimme gibt, Ellen und Derek Jamison für ihre liebevollen und andächtigen Herzen, Jan Johnson für ihre redaktionelle Hilfe, Arnold Jones für seine Weisheit, seinen Witz und sein Mitgefühl, David Koral für seinen Einsatz jenseits aller Pflicht, Bill La Vallee für seinen respektlosen Geist, Michele Lowrance für ihre Klarheit und Kreativität, Laura Leddy für ihre liebevolle Freundschaft und ihre Klugheit, Larry Lonerghan für seine Güte und seine Einsicht, Ellen Longo für ihre spirituelle (und steuerliche!) Klarsichtigkeit, Howard Mandel für seine Vision und sein Engagement, Billy May für seinen anmutigen Notenpfad, Julianna McCarthy für ihr Feuer und ihr Eis, Joseph McClellan für seine feinen Ohren und sein musikalisches Herz, Kekuni Minton für Lebendigkeit des Klangs, des Körpers und des Geistes, Karma Nabusi für ihre spirituelle Gastfreundschaft, James Navé für seine Kunst und sein Herz, John Newland für seine leidenschaftliche Klarheit, David Nichols für sein einfühlsames Herz und seine Kunst, John

Nichols für seine Kunst und sein Beispiel, Al Okas für seine exzellenten Ohren und sein großzügiges Leitbild, Birgitta Royall – der Name sagt alles; Susan Schulman, meiner geliebten Freundin (und Agentin), für die Klarheit ihres Urteils, ihre Genauigkeit, ihr Mitgefühl und ihre Vision, Martin Scorsese für seine kreative DNS, Gayle Seminara für ihre dynamische Führung und ihre künstlerischen Qualitäten, Sambhu für sein Mitgefühl und seine Musik, Tami Simon für ihr Bekenntnis zur heilenden Welt der Musik, Terrell Smith für ihr mitfühlendes Herz, Martha Snyder für ihre Freundschaft und ihre sanfte Führung, Jeremy Tarcher, meinem geliebten Freund (Herausgeber und Verleger), für seine inspirierte Führung und seine künstlerische Seele, Jo Dean Tipton für ihr kreatives Beispiel und ihr liebevolles Herz, Ed Towle für seine Freundschaft, sein Mitgefühl und seine Kreativität, Jenny Trindel für ihre Hilfe und ruhige administrative Unterstützung, Patrick Tully für sein beschützendes und künstlerisches Herz, Chris Vinella für seine Freundschaft und seine spirituelle Unterstützung, Dori Vinella für ihre Freundschaft und spirituelle Unterstützung, Robert Welsch für seine erfinderische, begeisterte und kreative Arbeit, Tim Wheater, Bildermacher, Magellan, für seine Mission, seine Musik und seine Magie; Jacqueline Woolsey für ihren Witz und ihre Bestätigung, Peter Ziminsky für seine Stärke, Klarheit, Loyalität und Fröhlichkeit, Zuleika für ihr Herz.

Schließlich möchte ich noch allen danken, deren Namen sich hier nicht finden, weil sie anonym bleiben wollten.

Julia Cameron

Der Weg des Künstlers

Ein spiritueller Pfad zur Aktivierung unserer Kreativität

Julia Cameron zeigt mit ihrem 12-Wochen-Programm, welche Hindernisse die Freisetzung Ihrer Kreativität hemmen und wie Sie diese überwinden. Im Lauf des Programms lernen Sie, die Verbindung zu Ihrem Höheren Selbst wieder herzustellen und Vertrauen, Individualität, Autonomie und Stärke zu entwickeln.

Mark Bryan / Julia Cameron / Catherine Allen

Der Weg des Künstlers im Beruf

Das 12-Wochen-Programm zur Steigerung der Kreativität

Das Buch unterstützt dabei, die unterschiedlichsten Herausforderungen des Berufslebens zu meistern. Ein Praxisbuch für alle, die mehr als nur einen »Job« machen wollen und die ihre soziale, emotionale und intuitive Kompetenz im Berufsleben virtuos zum Einsatz bringen möchten.

Knaur MensSana

Julia Cameron

Von der Kunst des Schreibens

... und der spielerischen Freude, die Worte fließen zu lassen

Julia Cameron zeigt, wie man Schreibblockaden und -hemmungen überwindet und einen spielerischen Zugang zum Prozess des Schreibens findet. Sie ermutigt dazu, mit kindlicher Freude spontan loszulegen und die Worte fließen zu lassen.

Julia Cameron

Kreative Spiritualität

Selbstbewusst dem inneren Kompass folgen

Die Bestseller-Autorin Julia Cameron gibt in diesem Buch praktische Hinweise, wie wir lernen können, Tag für Tag dem inneren Kompass zu folgen. Denn nur so stärken wir unsere persönliche Verbindung mit dem Göttlichen und finden unseren spirituellen Weg.